Début d'une série de documents en couleur

BIBLIOTHÈQUE CONTEMPORAINE

# ERNEST RENAN

# SOUVENIRS D'ENFANCE

ET

# DE JEUNESSE

VINGT-HUITIÈME ÉDITION

PARIS
CALMANN LÉVY, ÉDITEUR
RUE AUBER, 3, ET BOULEVARD DES ITALIENS, 15
A LA LIBRAIRIE NOUVELLE

1897

# DERNIÈRES PUBLICATIONS

Format grand in-18, à 3 fr. 50 le volume

| | vol. | | vol. |
|---|---|---|---|
| **G. D'ANNUNZIO** | | **LOUIS LÉTANG** | |
| Les Vierges aux Rochers | 1 | Le Collier de cheveux | 1 |
| **RENÉ BAZIN** | | **PIERRE LOTI** | |
| De toute son âme | 1 | Ramuntcho | 1 |
| **JULIEN BERR DE TURIQUE** | | **VICOMTE DE MEAUX** | |
| Comme ils sont tous ! | 1 | Montalembert | 1 |
| **MAURICE BÉRARD** | | **PAUL MIMANDE** | |
| La Macédoine | 1 | Forçats et Proscrits | 1 |
| **CH. BUET** | | **GABRIEL MONOD** | |
| Saphyr | 1 | Portraits et Souvenirs | 1 |
| **MARY FLORAN** | | **RICHARD O'MONROY** | |
| Adoptée | 1 | Tutur et Toto | 1 |
| **ANATOLE FRANCE** | | **HENRY RABUSSON** | |
| L'Orme du Mail | 1 | Vaine rencontre | 1 |
| **EDMOND GONDINET** | | **J. RICARD** | |
| Théâtre complet, tome V | 1 | Ménages de Paris | 1 |
| **FERNAND GREGH** | | **H. SUDERMANN** | |
| La Maison de l'Enfance | 1 | L'Indestructible passé | 1 |
| **GYP** | | **LÉON DE TINSEAU** | |
| Joies d'amour | 1 | Dans la brume | 1 |
| **HENRI LAVEDAN** | | **AUGUSTE VACQUERIE** | |
| Les Jeunes | 1 | Théâtre inédit | 1 |

Paris. — Imprimerie A. DELAFOY, 3, rue Auber.

# SOUVENIRS
# D'ENFANCE ET DE JEUNESSE

# CALMANN LÉVY, ÉDITEUR

# ŒUVRES COMPLÈTES D'ERNEST RENAN

### HISTOIRE DES ORIGINES DU CHRISTIANISME

VIE DE JÉSUS.
LES APÔTRES.
SAINT PAUL, avec une carte des voyages de saint Paul.
L'ANTÉCHRIST.
LES ÉVANGILES ET LA SECONDE GÉNÉRATION CHRÉTIENNE.
L'ÉGLISE CHRÉTIENNE.
MARC-AURÈLE ET LA FIN DU MONDE ANTIQUE.

INDEX GÉNÉRAL pour les sept volumes de l'HISTOIRE DES ORIGINES DU CHRISTIANISME.

### FORMAT IN-8

| | |
|---|---|
| LE LIVRE DE JOB, traduit de l'hébreu avec une étude sur le plan, l'âge et le caractère du poème............ | 1 vol. |
| LE CANTIQUE DES CANTIQUES, traduit de l'hébreu, avec une étude sur le plan, l'âge et le caractère du poème............ | 1 — |
| L'ECCLÉSIASTE, traduit de l'hébreu, avec une étude sur l'âge et le caractère du livre............ | 1 — |
| HISTOIRE GÉNÉRALE DES LANGUES SÉMITIQUES............ | 1 — |
| HISTOIRE DU PEUPLE D'ISRAEL, tomes I, II, III et IV............ | 4 — |
| ÉTUDES D'HISTOIRE RELIGIEUSE............ | 1 — |
| NOUVELLES ÉTUDES D'HISTOIRE RELIGIEUSE............ | 1 — |
| AVERROÈS ET L'AVERROÏSME............ | 1 — |
| ESSAIS DE MORALE ET DE CRITIQUE............ | 1 — |
| MÉLANGES D'HISTOIRE ET DE VOYAGES............ | 1 — |
| QUESTIONS CONTEMPORAINES............ | 1 — |
| LA RÉFORME INTELLECTUELLE ET MORALE............ | 1 — |
| DE L'ORIGINE DU LANGAGE............ | 1 — |
| DIALOGUES PHILOSOPHIQUES............ | 1 — |
| DRAMES PHILOSOPHIQUES, édition complète............ | 1 — |
| CALIBAN, drame philosophique............ | 1 — |
| L'EAU DE JOUVENCE, drame philosophique............ | 1 — |
| LE PRÊTRE DE NEMI, drame philosophique............ | 1 — |
| L'ABBESSE DE JOUARRE, drame............ | 1 — |
| VIE DE JÉSUS, édition illustrée............ | 1 — |
| SOUVENIRS D'ENFANCE ET DE JEUNESSE............ | 1 — |
| DISCOURS ET CONFÉRENCES............ | 1 — |

MISSION DE PHÉNICIE. — Cet ouvrage comprend un volume in-4° de 888 pages de texte, et un volume in-folio, composé de 70 planches, un titre et une table des planches.

### FORMAT GRAND IN-18

| | |
|---|---|
| CONFÉRENCES D'ANGLETERRE............ | 1 vol. |
| ÉTUDES D'HISTOIRE RELIGIEUSE............ | 1 — |
| VIE DE JÉSUS, édition populaire............ | 1 — |
| SOUVENIRS D'ENFANCE ET DE JEUNESSE............ | 1 — |

*En collaboration avec* M. VICTOR LE CLERC:

HISTOIRE LITTÉRAIRE DE LA FRANCE AU XIV° SIÈCLE.   Deux volumes grand in-8°

# SOUVENIRS

# D'ENFANCE ET DE JEUNESSE

PAR

## ERNEST RENAN

MEMBRE DE L'INSTITUT

(ACADÉMIE FRANÇAISE ET ACADÉMIE DES INSCRIPTIONS)

VINGT-HUITIÈME ÉDITION

PARIS
CALMANN LÉVY, ÉDITEUR
ANCIENNE MAISON MICHEL LÉVY FRÈRES
3, RUE AUBER, 3
—
1897
Droits de reproduction et de traduction réservés.

# PRÉFACE

Une des légendes les plus répandues en Bretagne est celle d'une prétendue ville d'Is, qui, à une époque inconnue, aurait été engloutie par la mer. On montre, à divers endroits de la côte, l'emplacement de cette cité fabuleuse, et les pêcheurs vous en font d'étranges récits. Les jours de tempête, assurent-ils, on voit, dans le creux des vagues, le sommet des flèches de ses églises; les jours de calme, on entend monter de l'abîme le son de ses cloches, modulant l'hymne du jour. Il me semble souvent que j'ai au fond du cœur une ville d'Is qui sonne encore des cloches obstinées à convoquer aux offices sacrés des fidèles qui n'entendent plus. Parfois je m'arrête pour prêter l'oreille à ces tremblantes vibrations, qui me paraissent venir de profondeurs infinies, comme des voix d'un autre monde. Aux approches de la vieillesse surtout, j'ai pris plaisir, pendant le repos de l'été, à recueillir ces bruits lointains d'une Atlantide disparue.

De là sont sortis les six morceaux qui composent ce volume. Les *Souvenirs d'enfance* n'ont pas la prétention de former un récit complet et suivi. Ce sont, presque sans ordre, les images qui me sont apparues et les réflexions qui me sont venues à l'esprit, pendant que j'évoquais ainsi un passé vieux de cinquante ans. Gœthe choisit, pour titre de ses Mémoires, *Vérité et Poésie,* montrant par là qu'on ne saurait faire sa propre biographie de la même manière qu'on fait celle des autres. Ce qu'on dit de soi est toujours poésie. S'imaginer que les menus détails sur sa propre vie valent la peine d'être fixés, c'est donner la preuve d'une bien mesquine vanité. On écrit de telles choses pour transmettre aux autres la théorie de l'univers qu'on porte en soi. La forme de *Souvenirs* m'a paru commode pour exprimer certaines nuances de pensée que mes autres écrits ne rendaient pas. Je ne me suis nullement proposé de fournir des renseignements par avance à ceux qui feront sur moi des notices ou des articles.

Ce qui est une qualité dans l'histoire eût été ici un défaut ; tout est vrai dans ce petit volume, mais non de ce genre de vérité qui est requis pour une *Biographie universelle.* Bien des choses ont été mises afin qu'on sourie ; si l'usage l'eût permis, j'aurais dû écrire plus d'une fois à la marge : *cum grano salis*. La simple discrétion me commandait des réserves. Beaucoup des personnes dont je parle peuvent vivre encore ; or ceux qui ne sont point familiarisés avec la publicité en ont une sorte de crainte. J'ai donc changé plusieurs noms propres. D'autres fois, au moyen d'interversions légères de temps et de lieu, j'ai dépisté toutes les identifications qu'on pourrait être tenté d'établir. L'histoire du « Broyeur de lin » est arrivée comme je la raconte. Le nom seul du manoir est de ma façon. En ce qui regarde « le bonhomme Système », j'ai reçu de M. Duportal du Goasmeur des détails nouveaux, qui ne confirment pas certaines suppositions que faisait ma mère sur ce qu'il y avait de mystérieux dans les allures du vieux solitaire. Je n'ai rien changé cependant à ma rédaction première, pensant qu'il valait mieux laisser à M. Duportal le soin de publier la vérité, qu'il est seul à savoir, sur ce personnage singulier.

Ce que j'aurais surtout à excuser, si ce livre avait la moindre prétention à être de vrais mémoires, ce sont les lacunes qui s'y trouvent. La personne qui a eu la plus grande influence sur ma vie, je veux dire ma sœur Henriette, n'y occupe presque aucune place[1]. En septembre 1862, un an après la mort de cette précieuse amie, j'é-

---

1. Le jour même où j'allais donner le bon à tirer de cette feuille, la mort de mon frère est venue rompre le dernier lien qui m'attachait aux souvenirs du toit paternel. Mon frère Alain fut pour moi un ami bon et sûr; il me comprit, m'approuva, m'aima toujours. Sa claire et ferme intelligence, sa grande puissance de travail, l'appelaient soit aux carrières qui supposent l'étude des sciences mathématiques, soit aux fonctions de la magistrature. Les malheurs de notre famille lui firent prendre une autre direction, et il traversa de dures épreuves, où son courage ne se démentit pas un seul instant. Il ne se plaignit jamais de la vie, quoique la vie n'ait guère eu pour lui que les récompenses qu'on se donne par les joies de l'intérieur. Celles-là sont assurément les meilleures.

crivis, pour le petit nombre des personnes qui l'avaient connue, un opuscule consacré à son souvenir. Il n'a été tiré qu'à cent exemplaires. Ma sœur était si modeste, elle avait tant d'aversion pour le bruit du monde, que j'aurais cru la voir, de son tombeau, m'adressant des reproches, si j'avais livré ces pages au public. Quelquefois, j'ai eu l'idée de les joindre à ce volume. Puis, j'ai trouvé qu'il y aurait en cela une espèce de profanation. L'opuscule sur ma sœur a été lu avec sympathie par quelques personnes animées pour elle et pour moi d'un sentiment bienveillant. Je ne dois pas exposer une mémoire qui m'est sainte aux jugements rogues qui font partie du droit qu'on acquiert sur un livre en l'achetant. Il m'a semblé qu'en insérant ces pages sur ma sœur dans un volume livré au commerce, je ferais aussi mal que si j'exposais son portrait dans un hôtel des ventes. Cet opuscule ne sera donc réimprimé qu'après ma mort. Peut-être pourra-t-on y joindre alors quelques lettres de mon amie, dont je ferai moi-même par avance le choix.

L'ordre naturel de ce livre, qui n'est autre que l'ordre même des périodes diverses de ma vie, amène une sorte de contraste entre les récits de Bretagne et ceux du séminaire, ces derniers étant tout entiers remplis par une lutte sombre, pleine de raisonnements et d'âpre scolastique, tandis que les souvenirs de mes premières années ne présentent guère que des impressions de sensibilité enfantine, de candeur, d'innocence et d'amour. Cette opposition n'a rien qui doive surprendre. Presque tous nous sommes doubles. Plus l'homme se développe par la tête, plus il rêve le pôle contraire, c'est-à-dire l'irrationnel, le repos dans la complète ignorance, la femme qui n'est que femme, l'être instinctif qui n'agit que par l'impulsion d'une conscience obscure. Cette rude école de dispute, où l'esprit européen s'est engagé depuis Abélard, produit des moments de sécheresse, des heures d'aridité. Le cerveau brûlé par le raisonnement a soif de simplicité, comme le désert a soif d'eau pure. Quand la réflexion nous a menés au dernier terme du doute, ce qu'il y a d'affirmation spontanée du bien et du beau dans la conscience féminine nous enchante et tranche pour nous la question. Voilà pourquoi la religion n'est plus maintenue dans le monde que par la femme. La femme belle et vertueuse est le mirage qui peuple de lacs et d'allées de saules notre grand désert moral. La supériorité de la science moderne consiste en ce que chacun de ses progrès est un degré de plus dans l'ordre des abstractions. Nous faisons la chimie de la chimie, l'algèbre de l'algèbre; nous nous éloignons de la nature, à force de la sonder. Cela est bien; il faut continuer : la vie est au bout de cette dissection à outrance. Mais qu'on ne s'étonne pas de l'ardeur fiévreuse qui, après ces débauches de dialectique, n'est étanchée que par les baisers de l'être naïf en qui la nature vit et sourit. La femme nous remet en communication avec l'éternelle source où Dieu se mire. La candeur d'une enfant qui ignore sa beauté et qui voit Dieu clair comme le jour est la grande révélation de l'idéal, de même que l'inconsciente coquetterie de la fleur est la preuve que la nature se pare en vue d'un époux.

On ne doit jamais écrire que de ce qu'on aime. L'oubli et le silence sont la punition qu'on inflige à ce qu'on a trouvé laid ou commun, dans la promenade à travers la vie. Parlant d'un passé qui m'est cher, j'en ai parlé avec sympathie; je ne voudrais pas cependant que cela produisît de malentendu

*a.*

et que l'on me prît pour un bien grand réactionnaire. J'aime le passé, mais je porte envie à l'avenir. Il y aura eu de l'avantage à passer sur cette planète le plus tard possible. Descartes serait transporté de joie s'il pouvait lire quelque chétif traité de physique et de cosmographie écrit de nos jours. Le plus simple écolier sait maintenant des vérités pour lesquelles Archimède eût sacrifié sa vie. Que ne donnerions-nous pas pour qu'il nous fût possible de jeter un coup d'œil furtif sur tel livre qui servira aux écoles primaires dans cent ans?

Il ne faut pas, pour nos goûts personnels, peut-être pour nos préjugés, nous mettre en travers de ce que fait notre temps. Il le fait sans nous, et probablement il a raison. Le monde marche vers une sorte d'américanisme, qui blesse nos idées raffinées, mais qui, une fois les crises de l'heure actuelle passées, pourra bien n'être pas plus mauvais que l'ancien régime pour la seule chose qui importe, c'est-à-dire l'affranchissement et le progrès de l'esprit humain. Une société où la distinction personnelle a peu de prix, où le talent et l'esprit n'ont aucune cote officielle, où la haute fonction n'ennoblit pas, où la politique devient l'emploi des déclassés et des gens de troisième ordre, où les récompenses de la vie vont de préférence à l'intrigue, à la vulgarité, au charlatanisme qui cultive l'art de la réclame, à la rouerie qui serre habilement les contours du Code pénal, une telle société, dis-je, ne saurait nous plaire. Nous avons été habitués à un système plus protecteur, à compter davantage sur le gouvernement pour patronner ce qui est noble et bon. Mais par combien de servitudes n'avons-nous pas payé ce patronage! Richelieu et Louis XIV regardaient comme un devoir de pensionner les gens de mérite du monde entier; combien ils eussent mieux fait, si le temps l'eût permis, de laisser les gens de mérite tranquilles, sans les pensionner ni les gêner! Le temps de la Restauration passe pour une époque libérale; or, certainement, nous ne voudrions plus vivre sous un régime qui fit gauchir un génie comme Cuvier, étouffa en de mesquins compromis l'esprit si vif de M. Cousin, retarda la critique de cinquante ans. Les concessions qu'il fallait faire à la cour, à la société, au clergé étaient pires que les petits désagréments que peut nous infliger la démocratie.

Le temps de la monarchie de Juillet fut vraiment un temps de liberté; mais la direction officielle des choses de l'esprit fut souvent superficielle, à peine supérieure aux jugements d'une mesquine bourgeoisie. Quant au second Empire, si les dix dernières années réparèrent un peu le mal qui s'était fait dans les huit premières, il ne faut pas oublier combien ce gouvernement fut fort lorsqu'il s'agit d'écraser l'esprit, et faible lorsqu'il s'agit de le relever. Le temps présent est sombre, et je n'augure pas bien de l'avenir prochain. Notre pauvre pays est toujours sous la menace de la rupture d'un anévrisme, et l'Europe entière est travaillée de quelque mal profond. Mais, pour nous consoler, songeons à ce que nous avons souffert. Il faudra que les temps auxquels nous sommes réservés soient bien mauvais pour que nous ne puissions dire :

*O passi graviora, dabit Deus his quoque finem.*

Le but du monde est le développement de l'esprit, et la première condition du développement de l'esprit, c'est sa liberté. Le plus mauvais état social, à ce point de vue, c'est l'état théocratique, comme l'islamisme et l'ancien État Pontifical, où le dogme règne directement d'une manière absolue. Les pays à religion d'État exclusive comme l'Espagne ne valent pas beaucoup mieux. Les pays reconnaissant une religion de la majorité ont aussi de graves inconvénients. Au nom des croyances réelles ou prétendues du grand nombre, l'État se croit obligé d'imposer à la pensée des exigences qu'elle ne peut accepter. La croyance ou l'opinion des uns ne saurait être une chaîne pour les autres. Tant qu'il y a eu des masses croyantes, c'est-à-dire des opinions presque universellement professées dans une nation, la liberté de recherche et de discussion n'a pas été possible. Un poids colossal de stupidité a écrasé l'esprit humain. L'effroyable aventure du moyen âge, cette interruption de mille ans dans l'histoire de la civilisation, vient moins des barbares que du triomphe de l'esprit dogmatique chez les masses.

Or, c'est là un état de choses qui prend

fin de notre temps, et on ne doit pas s'étonner qu'il en résulte quelque ébranlement. Il n'y a plus de masses croyantes; une très grande partie du peuple n'admet plus le surnaturel, et on entrevoit le jour où les croyances de ce genre disparaîtront dans les foules, de la même manière que la croyance aux farfadets et aux revenants a disparu. Même, si nous devons traverser, comme cela est très probable, une réaction catholique momentanée, on ne verra pas le peuple retourner à l'église. La religion est irrévocablement devenue une affaire de goût personnel. Or, les croyances ne sont dangereuses que quand elles se présentent avec une sorte d'unanimité ou comme le fait d'une majorité indéniable. Devenues individuelles, elles sont la chose du monde la plus légitime, et l'on n'a dès lors qu'à pratiquer envers elles le respect qu'elles n'ont pas toujours eu pour leurs adversaires, quand elles se sentaient appuyées.

Assurément, il faudra du temps pour que cette liberté, qui est le but de la société humaine, s'organise chez nous comme elle est organisée en Amérique. La démocratie française a quelques principes essentiels à conquérir pour devenir un régime libéral. Il serait nécessaire avant tout que nous eussions des lois sur les associations, les fondations et la faculté de tester, analogues à celles que possèdent l'Amérique et l'Angleterre. Supposons ce progrès obtenu (si c'est là une utopie pour la France, ce n'en est pas une pour l'Europe, où le goût de la liberté anglaise devient chaque jour dominant); nous n'aurions réellement pas grand'-chose à regretter des faveurs que l'ancien régime avait pour l'esprit. Je crois bien que, si les idées démocratiques venaient à triompher définitivement, la science et l'enseignement scientifique perdraient assez vite leurs modestes dotations. Il en faudrait faire son deuil. Les fondations libres pourraient remplacer les instituts d'État, avec quelques déchets, amplement compensés par l'avantage de n'avoir plus à faire aux préjugés supposés de la majorité ces concessions que l'État imposait en retour de son aumône. Dans les instituts d'État, la déperdition de force est énorme. On peut dire que tel chapitre du budget voté en faveur de la science, de l'art ou de la littérature, n'a guère d'effet utile que dans la proportion de cinquante pour cent. Les fondations privées seraient sujettes à une déperdition bien moindre. Il est très vrai que la science charlatanesque s'épanouirait, sous un tel régime, à côté de la science sérieuse, avec les mêmes droits, et qu'il n'y aurait plus de critérium officiel, comme il y en a encore un peu de nos jours, pour faire la distinction de l'une et de l'autre. Mais ce critérium devient chaque jour plus incertain. Il faut que la raison sache se résigner à être primée par les gens qui ont le verbe tranchant et l'affirmation hautaine. Longtemps encore les applaudissements et la faveur du public seront pour le faux. Mais le vrai a une grande force, quand il est libre ; le vrai dure ; le faux change sans cesse et tombe. C'est ainsi qu'il se fait que le vrai, quoique n'étant compris que d'un très petit nombre, surnage toujours et finit par l'emporter.

En somme, il se peut fort bien que l'état social à l'américaine vers lequel nous marchons, indépendamment de toutes les formes de gouvernement, ne soit pas plus insupportable pour les gens d'esprit que les états sociaux mieux garantis que nous avons traversés. On pourra se créer, en un tel monde, des retraites fort tranquilles. « L'ère de la médiocrité en toute chose commence, disait naguère un penseur distingué[1]. L'égalité engendre l'uniformité, et c'est en sacrifiant l'excellent, le remarquable, l'extraordinaire, que l'on se débarrasse du mauvais. Tout devient moins grossier ; mais tout est plus vulgaire. » Au moins peut-on espérer que la vulgarité ne sera pas de sitôt persécutrice pour le libre esprit. Descartes, en ce brillant xvii⁰ siècle, ne se trouvait nulle part mieux qu'à Amsterdam, parce que, « tout le monde y exerçant la marchandise, » personne ne se souciait de lui. Peut-être la vulgarité générale sera-t-elle un jour la condition du bonheur des élus. La vulgarité américaine ne brûlerait point Giordano Bruno, ne persécuterait point Galilée. Nous n'avons pas le droit d'être fort difficiles. Dans le passé, aux meilleures heures, nous n'avons été que

[1]. M. Amiel, de Genève.

tolérés. Cette tolérance, nous l'obtiendrons bien au moins de l'avenir. Un régime démocratique borné est, nous le savons, facilement vexatoire. Des gens d'esprit vivent cependant en Amérique, à condition de n'être pas trop exigeants. *Noli me tangere* est tout ce qu'il faut demander à la démocratie. Nous traverserons encore bien des alternatives d'anarchie et de despotisme avant de trouver le repos en ce juste milieu. Mais la liberté est comme la vérité : presque personne ne l'aime pour elle-même, et cependant, par l'impossibilité des extrêmes, on y revient toujours.

Laissons donc, sans nous troubler, les destinées de la planète s'accomplir. Nos cris n'y feront rien; notre mauvaise humeur serait déplacée. Il n'est pas sûr que la Terre ne manque pas sa destinée, comme cela est probablement arrivé à des mondes innombrables; il est même possible que notre temps soit un jour considéré comme le point culminant après lequel l'humanité n'aura fait que déchoir; mais l'univers ne connaît pas le découragement; il recommencera sans fin l'œuvre avortée; chaque échec le laisse jeune, alerte, plein d'illusions. Courage, courage, nature! Poursuis, comme l'astérie sourde et aveugle qui végète au fond de l'Océan, ton obscur travail de vie; obstine-toi ; répare pour la millionième fois la maille de filet qui se casse, refais la tarière qui creuse, aux dernières limites de l'attingible, le puits d'où l'eau vive jaillira. Vise, vise encore le but que tu manques depuis l'éternité; tâche d'enfiler le trou imperceptible du pertuis qui mène à un autre ciel. Tu as l'infini de l'espace et l'infini du temps pour ton expérience. Quand on a le droit de se tromper impunément, on est toujours sûr de réussir.

Heureux ceux qui auront été les collaborateurs de ce grand succès final qui sera le complet avènement de Dieu ! Un paradis perdu est toujours, quand on veut, un paradis reconquis. Bien qu'Adam ait dû souvent regretter l'Éden, je pense que, s'il a vécu, comme on le prétend, neuf cent trente ans après sa faute, il a dû bien souvent s'écrier : *Felix culpa !* La vérité est, quoi qu'on dise, supérieure à toutes les fictions. On ne doit jamais regretter d'y voir plus clair. En cherchant à augmenter le trésor des vérités qui forment le capital acquis de l'humanité, nous serons les continuateurs de nos pieux ancêtres, qui aimèrent le bien et le vrai sous la forme reçue en leur temps. L'erreur la plus fâcheuse est de croire qu'on sert sa patrie en calomniant ceux qui l'ont fondée. Tous les siècles d'une nation sont les feuillets d'un même livre. Les vrais hommes de progrès sont ceux qui ont pour point de départ un respect profond du passé. Tout ce que nous faisons, tout ce que nous sommes, est l'aboutissant d'un travail séculaire. Pour moi, je ne suis jamais plus ferme en ma foi libérale que quand je songe aux miracles de la foi antique, ni plus ardent au travail de l'avenir que quand je suis resté des heures à écouter sonner les cloches de la ville d'Is.

# SOUVENIRS
## D'ENFANCE ET DE JEUNESSE

I

LE BROYEUR DE LIN

I

Tréguier, ma ville natale, est un ancien monastère fondé, dans les dernières années du vᵉ siècle, par saint Tudwal ou Tual, un des chefs religieux de ces grandes émigrations qui portèrent dans la péninsule armoricaine le nom, la race et les institutions religieuses de l'île de Bretagne. Une forte couleur monacale était le trait dominant de ce christianisme britannique. Il n'y avait pas d'évêques, au moins parmi les émigrés. Leur premier soin après leur arrivée sur le sol de la péninsule hospitalière, dont la côte septentrionale devait être alors très peu peuplée, fut d'établir de grands couvents dont l'abbé exerçait sur les populations environnantes la cure pastorale. Un cercle sacré d'une ou deux lieues, qu'on appelait le *minihi,* entourait le monastère et jouissait des plus précieuses immunités.

Les monastères, en langue bretonne, s'appelaient *pabu,* du nom des moines (*papæ*). Le monastère de Tréguier s'appelait ainsi *Pabu-Tual.* Il fut le centre religieux de toute la partie de la péninsule qui s'avance vers le nord Les monastères analogues de Saint-Pol-de-Léon, de Saint-Brieuc, de Saint-Malo, de Saint-Samson, près de Dol, jouaient sur toute la côte un rôle du même genre. Ils avaient, si on peut s'exprimer ainsi, leur diocèse ; on ignorait complètement, dans ces contrées séparées du reste de la chrétienté, le pouvoir de Rome et les institutions religieuses qui régnaient dans le monde latin, en particulier dans les villes gallo-romaines de Rennes et de Nantes, situées tout près de là.

Quand Noménoé, au IXe siècle, organisa pour la première fois d'une manière un peu régulière cette société d'émigrés à demi sauvages, et créa le duché de Bretagne en réunissant au pays qui parlait breton la *marche de Bretagne*, établie par les carlovingiens pour contenir les pillards de l'Ouest, il sentit le besoin d'étendre à son duché l'organisation religieuse du reste du monde. Il voulut que la côte du nord eût des évêques, comme les pays de Rennes, de Nantes et de Vannes. Pour cela, il érigea en évêchés les grands monastères de Saint-Pol-de-Léon, de Tréguier, de Saint-Brieuc, de Saint-Malo, de Dol. Il eût bien voulu aussi avoir un archevêque et former ainsi une province ecclésiastique à part. On employa toutes les pieuses fraudes pour prouver que saint Samson avait été métropolitain; mais les cadres de l'Église universelle étaient déjà trop arrêtés pour qu'une telle intrusion pût réussir, et les nouveaux évêchés furent obligés de s'agréger à la province gallo-romaine la plus voisine : celle de Tours.

Le sens de ces origines obscures se perdit avec le temps. De ce nom de *Pabu Tual, Papa Tual*, retrouvé, dit-on, sur d'anciens vitraux, on conclut que saint Tudwal avait été pape. On trouva la chose toute simple. Saint Tudwal fit le voyage de Rome; c'était un ecclésiastique si exemplaire que, naturellement, les cardinaux, ayant fait sa connaissance, le choisirent pour le siège vacant. De pareilles choses arrivent tous les jours... Les personnes pieuses de Tréguier étaient très fières du pontificat de leur saint patron. Les ecclésiastiques modérés avouaient cependant qu'il était difficile de reconnaître, dans les listes papales, le pontife qui, avant son élection, s'était appelé Tudwal.

Il se forma naturellement une petite ville autour de l'évêché; mais la ville laïque, n'ayant pas d'autre raison d'être que l'église, ne se développa guère. Le port resta insignifiant; il ne se constitua pas de bourgeoisie aisée. Une admirable cathédrale s'éleva vers la fin du xiii$^e$ siècle; les couvents pullulèrent à partir du xvii⁰ siècle. Des rues entières étaient formées des longs et hauts murs de ces demeures cloîtrées. L'évêché, belle construction du xvii⁰ siècle, et quelques hôtels de chanoines étaient les seules maisons civilement habitables. Au bas de la ville, à l'entrée de la Grand'Rue, flanquée de constructions en tourelles, se groupaient quelques auberges destinées aux gens de mer.

Ce n'est que peu de temps avant la Révolution qu'une petite noblesse s'établit à côté de l'évêché ; elle venait en grande partie des campagnes voisines. La Bretagne a eu deux noblesses bien distinctes. L'une a dû son titre au roi de France, et a montré au plus haut degré les défauts et les qualités ordinaires de la noblesse française ; l'autre était d'origine celtique et vraiment bretonne. Cette dernière comprenait, dès l'époque de l'invasion, les chefs de paroisse, les premiers du peuple, de même race que lui, possédant par héritage le droit de marcher à sa tête et de le représenter. Rien de plus respectable que ce noble de campagne quand il restait paysan, étranger à l'intrigue et au souci de s'enrichir; mais, quand il venait à la ville, il perdait presque toutes ses qualités, et ne contribuait plus que médiocrement à l'éducation intellectuelle et morale du pays.

La Révolution, pour ce nid de prêtres et de moines, fut en apparence un arrêt de mort. Le dernier évêque de Tréguier sortit un soir, par une porte de derrière du bois qui avoisine l'évêché, et se réfugia en Angleterre. Le Concordat supprima l'évêché. La pauvre ville décapitée n'eut pas même un sous-préfet; on lui préféra Lannion et Guingamp, villes plus profanes, plus bourgeoises; mais de grandes constructions, aménagées de façon à ne pouvoir servir qu'à une seule chose, reconstituent presque toujours la chose pour laquelle elles ont été faites. Au moral, il est permis de dire ce qui n'est pas vrai au physique : quand les creux d'une coquille sont très profonds, ces creux ont le pouvoir de reformer l'animal qui s'y était moulé. Les immenses édifices monastiques de Tréguier se repeuplèrent; l'ancien séminaire servit à l'établissement d'un collège ecclésiastique très estimé dans toute la province. Tréguier, en peu d'années, redevint ce que l'avait fait saint Tudwal treize cents ans auparavant, une ville tout ecclésiastique, étrangère au commerce, à l'industrie, un vaste monastère où nul bruit du dehors ne pénétrait, où l'on appelait vanité ce que les autres hommes poursuivent, et où ce que les laïques appellent chimère passait pour la seule réalité.

C'est dans ce milieu que se passa mon enfance, et j'y contractai un indestructible pli. Cette cathédrale, chef-d'œuvre de légèreté, fol essai pour réaliser en granit un idéal impossible, me faussa tout d'abord. Les longues heures que j'y passais ont été la cause de ma complète incapacité pratique. Ce paradoxe architectural a fait de moi un homme chimérique, disciple de saint Tudwal, de saint Iltud et de saint Cadoc, dans un siècle où l'enseignement de ces saints n'a plus aucune application. Quand j'allais à Guingamp, ville plus laïque, et où j'avais des parents dans la classe moyenne, j'éprouvais de l'ennui et de l'embarras. Là, je ne me plaisais qu'avec une

pauvre servante, à qui je lisais des contes.
J'aspirais à revenir à ma vieille ville sombre,
écrasée par sa cathédrale, mais où l'on sentait
vivre une forte protestation contre tout ce
qui est plat et banal. Je me retrouvais
moi-même, quand j'avais revu mon haut clocher, la nef aiguë, le cloître et les tombes du
xv⁰ siècle qui y sont couchées; je n'étais à
l'aise que dans la compagnie des morts, près de
ces chevaliers, de ces nobles dames, dormant
d'un sommeil calme, avec leur levrette à leurs
pieds et un grand flambeau de pierre à la main.

Les environs de la ville présentaient le
même caractère religieux et idéal. On y
nageait en plein rêve, dans une atmosphère
aussi mythologique au moins que celle de
Bénarès ou de Jagatnata. L'église de Saint-
Michel, du seuil de laquelle on apercevait la
pleine mer, avait été détruite par la foudre,
et il s'y passait encore des choses merveil-
leuses. Le jeudi saint, on y conduisait les
enfants pour voir les cloches aller à Rome.
On nous bandait les yeux, et alors il était
beau de voir toutes les pièces du carillon, par

ordre de grandeur, de la plus grosse à la plus petite, revêtues de la belle robe de dentelle brodée qu'elles portèrent le jour de leur baptême, traverser l'air pour aller, en bourdonnant gravement, se faire bénir par le pape. Vis-à-vis, de l'autre côté de la rivière, était la charmante vallée du Tromeur, arrosée par une ancienne divonne ou fontaine sacrée, que le christianisme sanctifia en y rattachant le culte de la Vierge. La chapelle brûla en 1828; elle ne tarda pas à être rebâtie, et l'ancienne statue fut remplacée par une autre beaucoup plus belle. On vit bien dans cette circonstance la fidélité qui est le fond du caractère breton. La statue neuve, toute blanche et or, trônant sur l'autel avec ses belles coiffes fraîchement empesées, ne recevait presque pas de prières; il fallut conserver dans un coin le tronc noir, calciné : tous les hommages allaient à celui-ci. En se tournant vers la Vierge neuve, on eût cru faire une infidélité à la vieille.

Saint Yves était l'objet d'un culte encore plus populaire. Le digne patron des avocats est né dans le *minihi* de Tréguier, et sa petite église y est entourée d'une grande vénération. Ce défenseur des pauvres, des veuves, des orphelins, est devenu dans le pays le grand justicier, le redresseur de torts. En l'adjurant avec certaines formules, dans sa mystérieuse chapelle de *Saint-Yves de la Vérité*, contre un ennemi dont on est victime, en lui disant : « Tu étais juste de ton vivant, montre que tu l'es encore, » on est sûr que l'ennemi mourra dans l'année. Tous les délaissés deviennent ses pupilles. A la mort de mon père, ma mère me conduisit à sa chapelle et le constitua mon tuteur. Je ne peux pas dire que le bon saint Yves ait merveilleusement géré nos affaires, ni surtout qu'il m'ait donné une remarquable entente de mes intérêts; mais je lui dois mieux que cela; il m'a donné contentement, qui passe richesse, et une bonne humeur naturelle qui m'a tenu en joie jusqu'à ce jour.

Le mois de mai, où tombait la fête de ce saint excellent, n'était qu'une suite de processions au *minihi*; les paroisses, précédées de leurs croix processionnelles, se rencontraient sur les chemins ; on faisait alors embrasser les croix en signe d'alliance. La veille de la fête, le peuple se réunissait le soir dans l'église, et, à minuit, le saint étendait le bras pour bénir l'assistance prosternée. Mais, s'il y avait dans la foule un seul incrédule qui levât les yeux pour voir si le miracle était réel, le saint, justement blessé de ce soupçon, ne bougeait pas, et, par la faute du mécréant, personne n'était béni.

Un clergé sérieux, désintéressé, honnête, veillait à la conservation de ces croyances avec assez d'habileté pour ne pas les affaiblir et néanmoins pour ne pas trop s'y compromettre. Ces dignes prêtres ont été mes premiers précepteurs spirituels, et je leur dois ce qu'il peut y avoir de bon en moi. Toutes leurs paroles me semblaient des oracles ; j'avais un tel respect pour eux, que je n'eus jamais un doute sur ce qu'ils me dirent avant l'âge de seize ans, quand je vins à Paris. J'ai eu depuis des maîtres autrement brillants et sagaces ; je n'en ai pas eu de plus vénérables, et voilà ce qui cause souvent des dissidences entre moi et quelques-uns de mes amis. J'ai eu le bonheur de connaître la vertu absolue; je sais ce que c'est que la foi, et, bien que plus tard j'aie reconnu qu'une grande part d'ironie a été cachée par le séducteur suprême dans nos plus saintes illusions, j'ai gardé de ce vieux temps de précieuses expériences. Au fond, je sens que ma vie est toujours gouvernée par une foi que je n'ai plus. La foi a cela de particulier que, disparue, elle agit encore. La grâce survit par l'habitude au sentiment vivant qu'on en a eu. On continue de faire machinalement ce qu'on faisait d'abord en esprit et en vérité. Après qu'Orphée, ayant perdu son idéal, eut été mis en pièces par les ménades, sa lyre ne savait toujours dire que « Eurydice! Eurydice! »

La règle des mœurs était le point sur lequel ces bons prêtres insistaient le plus, et ils en avaient le droit par leur conduite irréprochable. Leurs sermons sur ce sujet me faisaient une impression profonde, qui a suffi à me rendre chaste durant toute ma jeunesse. Ces prédications avaient quelque chose de solennel qui m'étonnait. Les traits s'en sont empreints si profondément dans mon cerveau, que je ne me les rappelle pas sans une sorte de terreur. Tantôt c'était l'exemple de Jonathas mourant pour avoir mangé un peu de miel : *Gustans gustavi paululum mellis, et ecce morior*. Cela me faisait faire des réflexions sans fin. Qu'était-ce que ce peu de miel qui fait mourir? Le prédicateur se gardait de le dire, et accentuait son effet par ces mots mystérieux : *Tetigisse periisse*, dits d'un ton profond et larmoyant. D'autres fois, le texte était ce passage de Jérémie : *Mors ascendit per fenestras*, qui m'intriguait encore beaucoup plus. Cette mort qui monte par les fenêtres, ces ailes de papillon que l'on souille dès qu'on les touche, qu'est-ce que cela pouvait être? Le prédicateur, en parlant ainsi, avait le front plissé, le regard au ciel. Ce qui mettait le comble à mes préoccupations était un endroit de la Vie de je ne sais quel saint personnage du xvii<sup>e</sup> siècle, lequel comparait les femmes à des armes à feu qui blessent de loin. Pour le coup, je n'en revenais pas; je faisais les plus folles hypothèses pour imaginer comment une femme peut ressembler à un pistolet. Quoi de plus incohérent? La femme blesse de loin, et voilà que d'autres fois on est perdu pour la toucher. C'était à n'y rien comprendre. Pour sortir de ces embarras insolubles, je m'enfonçais dans l'étude avec rage, et je n'y pensais plus.

Dans la bouche de personnes en qui j'avais une confiance absolue, ces saintes inepties prenaient une autorité qui me saisissait jusqu'au fond de mon être. Maintenant, avec ma pauvre âme déveloutée de cinquante ans [1], cette impression dure encore. La comparaison des armes à feu surtout me rendait extrêmement réservé. Il m'a fallu des années et presque les approches de la vieillesse pour voir que cela aussi est vanité, et que l'Ecclésiaste seul fut un sage quand il dit : « Va donc, mange ton pain en joie avec la femme que tu as une fois aimée. » Mes idées à cet égard survé-

[1]. J'écrivais ce morceau à Ischia, dans l'automne de 1875.

curent à mes croyances religieuses, et c'est ce qui me préserva de la choquante inconvenance qu'il y aurait eue, si l'on avait pu prétendre que j'avais quitté le séminaire pour d'autres raisons que celles de la philologie. L'éternel lieu commun : « Où est la femme? » par lequel les laïques croient expliquer tous les cas de ce genre, est quelque chose de fade, qui porte à sourire ceux qui connaissent les choses comme elles sont.

Mon enfance s'écoulait dans cette grande école de foi et de respect. La liberté, où tant d'étourdis se trouvent portés du premier bond, fut pour moi une acquisition lente. Je n'arrivai au point d'émancipation que tant de gens atteignent sans aucun effort de réflexion qu'après avoir traversé toute l'exégèse allemande. Il me fallut six années de méditation et de travail forcené pour voir que mes maîtres n'étaient pas infaillibles. Le plus grand chagrin de ma vie a été, en entrant dans cette nouvelle voie, de contrister ces maîtres vénérés; mais j'ai la certitude absolue que j'avais raison, et que la peine qu'ils éprouvèrent fut la conséquence de ce qu'il y avait de respectablement borné dans leur manière d'envisager l'univers.

## II

*(du collège de Tréguier)*

L'éducation que ces bons prêtres me donnaient était aussi peu littéraire que possible. Nous faisions beaucoup de vers latins ; mais on n'admettait pas que, depuis le poème de *la Religion* de Racine le fils, il y eût aucune poésie française. Le nom de Lamartine n'était prononcé qu'avec ricanement ; l'existence de Victor Hugo était inconnue. Faire des vers français passait pour un exercice des plus dangereux et eût entraîné l'exclusion. De là vient en partie mon inaptitude à laisser ma pensée se gouverner par la rime, inaptitude que j'ai depuis bien vivement regrettée ; car souvent le mouvement et le rythme me viennent en vers ; mais une invincible association d'idées me fait écarter l'assonance, que l'on m'avait habitué à regarder comme un défaut, et pour laquelle mes maîtres m'inspiraient une sorte de crainte. Les études d'histoire et de sciences naturelles étaient également nulles. En revanche, on nous faisait pousser assez loin l'étude des mathématiques. J'y apportais une extrême passion; ces combinaisons abstraites me faisaient rêver jour et nuit. Notre professeur, l'excellent abbé Duchesne, nous donnait des soins particuliers, à moi et à mon émule et ami de cœur, Guyomar, singulièrement doué pour ces études. Nous revenions toujours ensemble du collège. Notre chemin le plus court était de prendre par la place, et nous étions trop consciencieux pour nous écarter d'un pas de l'itinéraire qui était rationnellement indiqué; mais, quand nous avions eu en composition quelque curieux problème, nos discussions se prolongeaient bien au delà de la classe, et alors nous revenions par l'hôpital général. Il y avait de ce côté de grandes portes cochères, toujours fermées, sur lesquelles nous tracions nos figures et nos calculs avec de la craie;

les traces s'en voient peut-être encore; car ces portes appartenaient à de grands couvents, et, dans ces sortes de maisons, l'on ne change jamais rien.

L'hôpital général, ainsi nommé parce que la maladie, la vieillesse et la misère s'y donnaient rendez-vous, était un bâtiment énorme, couvrant, comme toutes les vieilles constructions, beaucoup d'espace pour loger peu de monde. Devant la porte était un petit auvent, où se réunissaient, quand il faisait beau, les convalescents et les bien portants. L'hospice, en effet, ne contenait pas seulement des malades; il comprenait aussi des pauvres, remis à la charité publique, et même des pensionnaires, qui, pour un capital insignifiant, y vivaient chétivement, mais sans souci. Toute cette compagnie venait, à chaque rayon de soleil, à l'ombre de l'auvent, s'asseoir sur de vieilles chaises de paille. C'était l'endroit le plus vivant de la petite ville. En passant, Guyomar et moi, nous saluions et l'on nous saluait; car, quoique très jeunes, nous étions déjà censés clercs. Cela nous paraissait na-

turel ; une seule chose excitait notre surprise.
Bien que nous fussions trop inexpérimentés
pour rien voir de ce qui suppose la connaissance de la vie, il y avait parmi les pauvres
de l'hôpital une personne devant laquelle
nous ne passions jamais sans quelque étonnement.

C'était une vieille fille de quarante-cinq ans,
coiffée d'une large capote d'une forme impossible à classer. D'ordinaire, elle était à peu
près immobile, l'air sombre, égaré, l'œil terne
et fixe. En nous apercevant, cet œil mort s'animait. Elle nous suivait d'un regard étrange,
tantôt doux et triste, tantôt dur et presque
féroce. En nous retournant, nous lui trouvions
l'air cruel et irrité. Nous nous regardions
sans rien comprendre. Cela interrompait nos
conversations, et jetait un nuage sur notre
gaieté. Elle ne nous faisait pas précisément
peur ; elle passait pour folle ; or les fous
n'étaient pas alors traités de la manière cruelle
que les habitudes administratives ont depuis
inventée. Loin de les séquestrer, on les laissait vaguer tout le jour. Tréguier a d'ordinaire

beaucoup de fous ; comme toutes les races du rêve, qui s'usent à la poursuite de l'idéal, les Bretons de ces parages, quand ils ne sont pas maintenus par une volonté énergique, s'abandonnent trop facilement à un état intermédiaire entre l'ivresse et la folie, qui n'est souvent que l'erreur d'un cœur inassouvi. Ces fous inoffensifs, échelonnés à tous les degrés de l'aliénation mentale, étaient une sorte d'institution, une chose municipale. On disait « nos fous », comme, à Venise, on disait « *nostre carampane.* » On les rencontrait presque partout ; ils vous saluaient, vous accueillaient de quelque plaisanterie nauséabonde, qui tout de même faisait sourire. On les aimait, et ils rendaient des services. Je me souviendrai toujours du bon fou Brian, qui s'imaginait être prêtre, passait une partie du jour à l'église, imitant les cérémonies de la messe. La cathédrale était pleine tout l'après-midi d'un murmure nasillard ; c'était la prière du pauvre fou, qui en valait bien une autre. On avait le bon goût et le bon sens de le laisser faire et de ne pas établir de frivoles distinctions entre les simples et les humbles qui viennent s'agenouiller devant Dieu.

La folle de l'hôpital général, par sa mélancolie obstinée, n'avait pas cette popularité. Elle ne parlait à personne, personne ne songeait à elle, son histoire était évidemment oubliée. Elle ne nous dit jamais un seul mot ; mais cet œil fauve et hagard nous frappait profondément, nous troublait. J'avais souvent pensé depuis à cette énigme sans arriver à me l'expliquer. J'en eus la clef il y a huit ans, quand ma mère, arrivée à quatre-vingt-cinq ans sans infirmités, fut atteinte d'une maladie cruelle, qui la mina lentement.

Ma mère était tout à fait de ce vieux monde par ses sentiments et ses souvenirs. Elle parlait admirablement le breton, connaissait tous les proverbes des marins et une foule de choses que personne au monde ne sait plus aujourd'hui. Tout était peuple en elle, et son esprit naturel donnait une vie surprenante aux longues histoires qu'elle racontait et qu'elle était presque seule à savoir. Ses souffrances ne portèrent aucune atteinte à son étonnante gaieté ; elle plaisantait encore l'après-midi où elle mourut. Le soir, pour la distraire, je passais une heure avec elle dans sa chambre, sans autre lumière (elle aimait cette demi-obscurité) que la faible clarté du gaz de la rue. Sa vive imagination s'éveillait alors, et, comme il arrive d'ordinaire aux vieillards, c'étaient les souvenirs d'enfance qui lui revenaient le plus souvent à l'esprit. Elle revoyait Tréguier, Lannion, tels qu'ils furent avant la Révolution ; elle passait en revue toutes les maisons, désignant chacune par le nom de son propriétaire d'alors. J'entretenais par mes questions cette rêverie, qui lui plaisait et l'empêchait de songer à son mal.

Un jour, la conversation tomba sur l'hôpital général. Elle m'en fit toute l'histoire.

« Je l'ai vu changer bien des fois, me dit-elle. Il n'y avait nulle honte à y être ; car on y avait connu les personnes les plus respectées. Sous le premier Empire, avant les indemnités, il servit d'asile aux vieilles demoiselles nobles les mieux élevées. On les voyait

rangées à la porte sur de pauvres chaises.
Jamais on ne surprit chez elles un murmure;
cependant, quand elles apercevaient venir
de loin les acquéreurs des biens de leur
famille, personnes relativement grossières et
bourgeoises, roulant équipage et étalant leur
luxe, elles rentraient et allaient prier à la
chapelle afin de ne pas les rencontrer. C'était
moins pour s'épargner à elles-mêmes un regret sur des biens dont elles avaient fait le
sacrifice à Dieu, que par délicatesse, de peur
que leur présence ne parût un reproche à
ces parvenus. Plus tard, les rôles furent
bien changés; mais l'hôpital continua de recevoir toute sorte d'épaves. Là mourut le
pauvre Pierre Renan, ton oncle, qui mena
toujours une vie de vagabond et passait ses
journées dans les cabarets à lire aux buveurs les livres qu'il prenait chez nous, et le
bonhomme Système, que les prêtres n'aimaient pas, quoique ce fût un homme de
bien, et Gode, la vieille sorcière, qui, le
lendemain de ta naissance, alla consulter
pour toi l'étang du Minihi, et Marguerite

Calvez, qui fit un faux serment et fut frappée d'une maladie de consomption le jour où elle sut que l'on avait adjuré saint Yves de la Vérité de la faire mourir dans l'année[1].

« — Et cette folle, lui dis-je, qui était d'ordinaire sous l'auvent, et qui nous faisait peur, à Guyomar et à moi? »

Elle réfléchit un moment pour voir de qui je parlais, et, reprenant vivement :

« Ah! celle-là, mon fils, c'était la fille du broyeur de lin.

— Qu'est-ce que le broyeur de lin?

— Je ne t'ai jamais conté cette histoire. Vois-tu, mon fils, on ne comprendrait plus cela maintenant; c'est trop ancien. Depuis que je suis dans ce Paris, il y a des choses que je n'ose plus dire... Ces nobles de campagne étaient si respectés! J'ai toujours pensé que c'étaient les vrais nobles. Ah! si on racontait cela à ces Parisiens, ils riraient. Ils n'admettent que leur Paris ; je les trouve bornés au fond... Non, on ne peut plus comprendre

---

1. Je raconterai peut-être un jour ces histoires

combien ces vieux nobles de campagne sont respectés, quoiqu'ils fussent pauvres. »

Elle s'arrêta quelque temps, puis reprit :

## III

« Te souviens-tu de la petite commune de Trédarzec, dont on voyait le clocher de la tourelle de notre maison? A moins d'un quart de lieue du village, composé alors presque uniquement de l'église, de la mairie et du presbytère, s'élevait le manoir de Kermelle. C'était un manoir comme tant d'autres, une ferme soignée, d'apparence ancienne, entourée d'un long et haut mur, de belle teinte grise. On entrait dans la cour par une grande porte cintrée, surmontée d'un abri d'ardoises, à côté de laquelle se trouvait une porte plus petite pour l'usage de tous les jours. Au fond de la cour était la maison, au toit aigu, au pignon tapissé de lierre. Un colombier, une tourelle, deux ou trois fenêtres bien bâties, presque comme des fenêtres d'église, indiquaient une demeure noble, un de ces vieux castels qui étaient habités avant la Révolution par une classe de personnes dont il est maintenant impossible de se figurer le caractère et les mœurs.

» Ces nobles de campagne étaient des paysans comme les autres, mais chefs des autres. Anciennement il n'y en avait qu'un dans chaque paroisse : ils étaient les têtes de colonne de la population ; personne ne leur contestait ce droit, et on leur rendait de grands honneurs[1]. Mais déjà, vers le temps de la Révolution, ils étaient devenus rares. Les paysans les tenaient pour les chefs laïques de la paroisse, comme le curé était le chef ecclésiastique. Celui de Trédarzec, dont je te parle, était un beau vieillard, grand et vigoureux comme un jeune homme, à la figure franche et loyale. Il portait les cheveux longs relevés par un peigne, et ne les laissait

---

1. Quels beaux chefs de *Landwehr* ces gens-là eussent fait ! On ne remplacera pas cela.

tomber que le dimanche quand il allait communier. Je le vois encore (il venait souvent chez nous à Tréguier), sérieux, grave, un peu triste, car il était presque seul de son espèce. Cette petite noblesse de race avait disparu en grande partie; les autres étaient venus se fixer à la ville depuis longtemps. Toute la contrée l'adorait. Il avait un banc à part à l'église; chaque dimanche, on l'y voyait assis au premier rang des fidèles, avec son ancien costume et ses gants de cérémonie, qui lui montaient presque jusqu'au coude. Au moment de la communion, il prenait par le bas du chœur, dénouait ses cheveux, déposait ses gants sur une petite crédence préparée pour lui près du jubé, et traversait le chœur, seul, sans perdre une ligne de sa haute taille. Personne n'allait à la communion que quand il était de retour à sa place et qu'il avait achevé de remettre ses gantelets.

» Il était très pauvre; mais il le dissimulait par devoir d'état. Ces nobles de campagne avaient autrefois certains privilèges qui les aidaient à vivre un peu différemment des paysans ; tout cela s'était perdu avec le temps. Kermelle était dans un grand embarras. Sa qualité de noble lui défendait de travailler aux champs ; il se tenait renfermé chez lui tout le jour, et s'occupait à huis clos à une besogne qui n'exigeait pas le plein air. Quand le lin a roui, on lui fait subir une sorte de décortication qui ne laisse subsister que la fibre textile. Ce fut le travail auquel le pauvre Kermelle crut pouvoir se livrer sans déroger. Personne ne le voyait, l'honneur professionnel était sauf ; mais tout le monde le savait, et, comme alors chacun avait un sobriquet, il fut bientôt connu dans le pays sous le nom de *broyeur de lin*. Ce surnom, ainsi qu'il arrive d'ordinaire, prit la place du nom véritable, et ce fut de la sorte qu'il fut universellement désigné.

» C'était comme un patriarche vivant. Tu rirais si je te disais avec quoi le broyeur de lin suppléait à l'insuffisante rémunération de son pauvre petit travail. On croyait que, comme chef, il était dépositaire de la force de son sang, qu'il possédait éminemment les dons de sa race, et qu'il pouvait, avec sa salive et ses attouchements, la relever quand elle était affaiblie. On était persuadé que, pour opérer des guérisons de cette sorte, il fallait un nombre énorme de quartiers de noblesse, et que lui seul les avait. Sa maison était entourée, à certains jours, de gens venus de vingt lieues à la ronde. Quand un enfant marchait tardivement, avait les jambes faibles, on le lui apportait. Il trempait son doigt dans sa salive, traçait des onctions sur les reins de l'enfant, que cela fortifiait. Il faisait tout cela gravement, sérieusement. Que veux-tu! on avait la foi alors; on était si simple et si bon! Lui, pour rien au monde, il n'aurait voulu être payé, et puis les gens qui venaient étaient trop pauvres pour s'acquitter en argent; on lui offrait en cadeau une douzaine d'œufs, un morceau de lard, une poignée de lin, une motte de beurre, un lot de pommes de terre, quelques fruits. Il acceptait. Les nobles des villes se moquaient de lui, mais bien à tort : il connaissait le pays; il en était l'âme et l'incarnation.

» A l'époque de la Révolution, il émigra à

Jersey; on ne voit pas bien pourquoi ; certainement on ne lui aurait fait aucun mal, mais les nobles de Tréguier lui dirent que le roi l'ordonnait, et il partit avec les autres. Il revint de bonne heure, trouva sa vieille maison, que personne n'avait voulu occuper, dans l'état où il l'avait laissée. A l'époque des indemnités, on essaya de lui persuader qu'il avait perdu quelque chose, et il y avait plus d'une bonne raison à faire valoir. Les autres nobles étaient fâchés de le voir si pauvre, et auraient voulu le relever; cet esprit simple n'entra pas dans les raisonnements qu'on lui fit. Quand on lui demanda de déclarer ce qu'il avait perdu : « Je n'avais rien, » dit-il, « je » n'ai pu rien perdre. » On ne réussit pas à tirer de lui d'autre réponse, et il resta pauvre comme auparavant.

» Sa femme mourut, je crois, à Jersey. Il avait une fille qui était née vers l'époque de l'émigration. C'était une belle et grande fille (tu ne l'as vue que fanée); elle avait de la sève de nature, un teint splendide, un sang pur et fort. Il eût fallu la marier jeune, mais c'était impossible. Ces faillis petits nobles de petite ville, qui ne sont bons à rien et qui ne valaient pas le quart du vieux noble de campagne, n'auraient pas voulu d'elle pour leurs fils. Les principes empêchaient de la marier à un paysan. La pauvre fille restait ainsi suspendue comme une âme en peine : elle n'avait pas de place ici-bas. Son père était le dernier de sa race, et elle semblait jetée à plaisir sur la terre pour n'y pas trouver un coin où se caser. Elle était douce et soumise. C'était un beau corps, presque sans âme. L'instinct chez elle était tout. C'eût été une mère excellente. A défaut du mariage, on eût dû la faire religieuse : la règle et les austérités l'eussent calmée ; mais il est probable que le père n'était pas assez riche pour payer la dot, et sa condition ne permettait pas de la faire sœur converse. Pauvre fille ! jetée dans le faux, elle était condamnée à y périr.

» Elle était née droite et bonne, n'eut jamais de doute sur ses devoirs ; elle n'eut d'autre tort que d'avoir des veines et du sang. Aucun jeune homme du village n'aurait osé être indiscret avec elle, tant on respectait son père. Le sentiment de sa supériorité l'empêchait de se tourner vers les jeunes paysans ; pour ceux-ci, elle était une demoiselle ; ils ne pensaient pas à elle. La pauvre fille vivait ainsi dans une solitude absolue. Il n'y avait dans la maison qu'un jeune garçon de douze ou treize ans, neveu de Kormelle, que celui-ci avait recueilli, et auquel le vicaire, digne homme s'il en fût, apprenait ce qu'il savait : le latin.

» L'église restait la seule diversion de la pauvre enfant. Elle était pieuse par nature, quoique trop peu intelligente pour rien comprendre aux mystères de notre religion. Le vicaire, un bon prêtre, très attaché à ses devoirs, avait pour le broyeur de lin le respect qu'il devait ; les heures que lui laissaient son bréviaire et les soins de son ministère, il les passait chez ce dernier. Il faisait l'éducation du jeune neveu ; pour la fille, il avait ces manières réservées qu'ont nos ecclésiastiques bretons avec les « personnes du sexe », comme ils disent. Il la saluait, lui demandait de ses nouvelles, mais ne causait jamais avec elle, si ce n'est de choses insignifiantes. La malheureuse s'éprenait de lui de plus en plus. Le vicaire était la seule personne de son rang qu'elle vît, s'il est permis de parler de la sorte. Ce jeune prêtre était avec cela une personne très attrayante. A la pudeur exquise que respirait tout son extérieur se joignait un air triste, résigné, discret. On sentait qu'il avait un cœur et des sens, mais qu'un principe plus élevé les dominait, ou plutôt que le cœur et les sens se transformaient chez lui en quelque chose de supérieur. Tu sais le charme infini de quelques-uns de nos bons ecclésiastiques bretons. Les femmes sentent cela bien vivement. Cet invincible attachement à un vœu, qui est à sa manière un hommage à leur puissance, les enhardit, les attire, les flatte. Le prêtre devient pour elles un frère sûr, qui a dépouillé à cause d'elles son sexe et ses joies. De là un sentiment où se mêlent la confiance, la pitié, le regret, la reconnaissance. Mariez le prêtre, et vous détruirez un des éléments les plus nécessaires, une des nuances les plus délicates de notre société. La femme protestera; car il y a une chose à laquelle la femme tient encore plus qu'à être aimée, c'est qu'on attache de l'importance à l'amour. On ne flatte jamais plus la femme qu'en lui témoignant qu'on la craint. L'Église, en imposant pour premier devoir à ses ministres la chasteté, caresse la vanité féminine en ce qu'elle a de plus intime.

» La pauvre fille se prit ainsi pour le vicaire d'un amour profond, qui occupa bientôt son être tout entier. La vertueuse et mystique race à laquelle elle appartenait ne connaît pas la frénésie qui renverse les obstacles, et qui estime ne rien avoir si elle n'a pas tout. Oh! elle se fût contenté de bien peu de chose. Qu'il admît seulement son existence, elle eût été heureuse. Elle ne lui demandait pas un regard: une pensée eût suffi. Le vicaire était naturellement son confesseur; il n'y avait pas d'autre prêtre dans la paroisse. Les habitudes de la confession catholique, si belles mais si périlleuses, excitaient étrangement son imagination. Une fois par semaine, le samedi, c'était une douceur inexprimable pour elle d'être une demi-heure seule avec lui, comme face à face avec Dieu, de le voir, de le sentir remplissant le rôle de Dieu, de respirer son haleine, de subir la douce humiliation de ses réprimandes, de lui dire ses pensées les plus intimes, ses scrupules, ses appréhensions. Il ne faut pas croire néanmoins qu'elle en abusât. Bien rarement une femme pieuse ose se servir de la confession pour une confidence d'amour. Elle y peut jouir beaucoup, elle risque de s'y abandonner à des sentiments qui ne sont pas sans danger; mais ce que de tels sentiments ont toujours d'un peu mystique est inconciliable avec l'horreur d'un sacrilège. En tout cas, notre pauvre fille était si timide, que la parole eût expiré sur ses lèvres. Sa passion était un feu silencieux, intime, dévorant. Avec cela, le voir tous les jours, plusieurs fois par jour, lui, beau, jeune, toujours occupé de fonctions majestueuses, officiant avec dignité au milieu d'un peuple incliné, ministre, juge et directeur de sa propre âme! C'en était trop La tête de la malheureuse enfant n'y tint pas, elle s'égarait. Des désordres de plus en plus graves se produisaient dans cette organisation forte et qui ne souffrait pas d'être déviée. Le vieux père attribuait à une certaine faiblesse d'esprit ce qui était le résultat des ravages intimes de rêves impossibles en un cœur que l'amour avait percé de part en part.

» Comme un violent cours d'eau qui, rencontrant un obstacle infranchissable, renonce à son cours direct et se détourne, la pauvre fille, n'ayant aucun moyen de dire son amour à celui qu'elle aimait, se rabattait sur des riens : obtenir un instant son attention, ne pas être pour lui la première venue, être admise à lui rendre de petits services, pouvoir s'imaginer qu'elle lui était utile, cela lui suffisait. « Mon » Dieu, qui sait? » pouvait-elle se dire, « il » est homme après tout; peut-être au fond se » sent-il touché et n'est-il retenu que par la » discipline de son état... » Tous ces efforts rencontrèrent une barre de fer, un mur de glace. Le vicaire ne sortit pas d'une froideur absolue. Elle était la fille de l'homme qu'il respectait le plus; mais elle était une femme.

Oh! s'il l'avait évitée, s'il l'avait traitée durement, c'eût été pour elle un triomphe et la preuve qu'elle l'avait atteint au cœur; mais cette politesse toujours la même, cette résolution de ne pas voir les signes les plus évidents d'amour, étaient quelque chose de terrible. Il ne la reprenait pas, ne se cachait pas d'elle; il ne sortait pas du parti inébranlable qu'il avait pris de n'admettre son existence que comme une abstraction.

» Au bout de quelque temps, ce fut cruel. Repoussée, désespérée, la pauvre fille dépérissait, son œil s'égara, mais elle s'observait; au fond personne ne voyait son secret, elle se rongeait intérieurement. « Quoi! » se disait-elle, « je ne pourrai arrêter un moment son re-
» gard? il ne m'accordera pas que j'existe? je
» ne serai, quoi que je fasse, pour lui qu'une
» ombre, qu'un fantôme, qu'une âme entre
» cent autres? Son amour, ce serait trop dé-
» sirer; mais son attention, son regard?...
» Être son égale, lui si savant, si près de
» Dieu, je n'y saurais prétendre; être mère
» par lui, oh! ce serait un sacrilège; mais être

» à lui, être Marthe pour lui, la première de
» ses servantes, chargée des soins modestes
» dont je suis bien capable, et de la sorte
» avoir tout en commun avec lui, tout, c'est-
» à-dire la maison, ce qui importe à l'humble
» femme qui n'a pas été initiée à de plus
» hautes pensées, oh! ce serait le paradis! »
Elle restait des après-midi entiers immobile,
assise en sa chaise, attachée à cette idée fixe.
Elle le voyait, s'imaginait être avec lui, l'entourant de soins, gouvernant sa maison, baisant le bas de sa robe. Elle repoussait ces
rêves insensés; mais, après s'y être livrée
des heures, elle était pâle, à demi morte. Elle
n'existait plus pour ceux qui l'entouraient.
Son père aurait dû le voir; mais que pouvait le simple vieillard contre un mal dont
son âme honnête ne pouvait même concevoir la pensée?

» Cela se continua ainsi peut-être une année.
Il est probable que le vicaire ne s'aperçut
de rien, tant nos prêtres vivent à cet égard
dans le convenu, dans une sorte de résolution
de ne pas voir. Cette chasteté admirable ne

faisait qu'exciter l'imagination de la pauvre enfant. L'amour chez elle devint culte, adoration pure, exaltation. Elle trouvait ainsi un repos relatif. Son imagination se portait vers des jeux inoffensifs ; elle voulait se dire qu'elle travaillait pour lui, qu'elle était occupée à faire quelque chose pour lui. Elle était arrivée à rêver éveillée, à exécuter comme une somnambule des actes dont elle n'avait qu'une demi-conscience. Nuit et jour, elle n'avait plus qu'une pensée ; elle se figurait le servant, le soignant, comptant son linge, s'occupant de ce qui était trop au-dessous de lui pour qu'il y pensât. Toutes ces chimères arrivèrent à prendre un corps et l'amenèrent à un acte étrange qui ne peut être expliqué que par l'état de folie où elle était décidément depuis quelque temps. »

Ce qui suit, en effet, serait incompréhensible, si l'on ne tenait compte de certains traits du caractère breton. Ce qu'il y a de plus particulier chez les peuples de race bretonne, c'est l'amour. L'amour est chez eux un sentiment tendre, profond, affectueux, bien plus qu'une passion. C'est une volupté intérieure qui use et tue. Rien ne ressemble moins au feu des peuples méridionaux. Le paradis qu'ils rêvent est frais, vert, sans ardeurs. Nulle race ne compte plus de morts par amour; le suicide y est rare; ce qui domine, c'est la lente consomption. Le cas est fréquent chez les jeunes conscrits bretons. Incapables de se distraire par des amours vulgaires et vénales, ils succombent à une sorte de langueur indéfinissable. La nostalgie n'est que l'apparence ; la vérité est que l'amour chez eux s'associe d'une manière indissoluble au village, au clocher, à l'*Angelus* du soir, au paysage favori. L'homme passionné du Midi tue son rival, tue l'objet de sa passion. Le sentiment dont nous parlons ne tue que celui qui l'éprouve, et voilà pourquoi la race bretonne est une race facilement chaste ; par son imagination vive et fine, elle se crée un monde aérien qui lui suffit. La vraie poésie d'un tel amour, c'est la chanson de printemps du Cantique des cantiques, poème admirable, bien plus voluptueux que passionné. *Hiems transiit; imber abiit et reces-*

*sit... Vox turturis audita est in terra nostra...
Surge, amica mea, et veni!*


## IV

Ma mère continua ainsi :

« Tout n'est au fond qu'une grande illusion, et ce qui le prouve, c'est que, dans beaucoup de cas, rien n'est plus facile que de duper la nature par des singeries qu'elle ne sait pas distinguer de la réalité. Je n'oublierai jamais la fille de Marzin, le menuisier de la Grand'Rue, qui, folle aussi par suppression de sentiment maternel, prenait une bûche, l'emmaillotait de chiffons, lui mettait un semblant de bonnet d'enfant, puis passait les jours à dorloter dans ses bras ce poupon fictif, à le bercer, à le serrer contre son sein, à le couvrir de baisers. Quand on le mettait le soir dans un berceau à côté d'elle, elle restait tranquille jusqu'au lendemain. Il y a des instincts pour qui l'apparence suffit et qu'on endort par des fictions. La pauvre Kermelle arriva ainsi à réaliser ses songes, à faire ce qu'elle rêvait. Ce qu'elle rêvait, c'était la vie en commun avec celui qu'elle aimait, et la vie qu'elle partageait en esprit, ce n'était pas naturellement la vie du prêtre, c'était la vie du ménage. La pauvre fille était faite pour l'union conjugale. Sa folie était une sorte de folie ménagère, un instinct de ménage contrarié. Elle imaginait son paradis réalisé, se voyait tenant la maison de celui qu'elle aimait, et, comme déjà elle ne séparait plus bien ses rêves de ce qui était vrai, elle fut amenée à une incroyable aberration. Que veux-tu ! ces pauvres folles prouvent par leurs égarements les saintes lois de la nature et leur inévitable fatalité.

» Ses journées se passaient à ourler du linge, à le marquer. Or, dans sa pensée, ce linge était destiné à la maison qu'elle imaginait, à ce nid en commun où elle eût passé sa vie aux pieds de celui qu'elle adorait. L'hallucination allait si loin, que, ces draps, ces serviettes, elle les marquait aux initiales du vicaire ; souvent même les initiales du vicaire et les siennes propres se mêlaient. Elle faisait bien ces petits travaux de femme. Son aiguille allait, allait sans cesse, et elle filait des heures délicieuses plongée dans les songes de son cœur, croyant qu'elle et lui ne faisaient qu'un. Elle trompait ainsi sa passion et y trouvait des moments de volupté qui la rassasiaient pour des journées.

» Les semaines s'écoulaient de la sorte à tracer point par point les lettres du nom qu'elle aimait, à les marier aux siennes, et ce passe-temps était pour elle une grande consolation. Sa main était toujours occupée pour lui ; ces linges piqués par elle lui semblaient elle-même. Ils seraient près de lui, le toucheraient, serviraient à ses usages ; ils seraient elle-même près de lui. Quelle joie qu'une telle pensée ! Elle serait toujours privée de lui, c'est vrai ; mais l'impossible est l'impossible ; elle se serait approchée de lui autant que c'était permis. Durant un an, elle savoura ainsi en imagination son pauvre petit bonheur. Seule, les yeux fixés sur son ouvrage, elle était d'un autre monde, se croyait sa femme

dans la faible mesure du possible. Les heures coulaient d'un mouvement lent comme son aiguille ; sa pauvre imagination était soulagée. Et puis elle avait parfois quelque espérance : peut-être se laisserait-il toucher, peut-être une larme lui échapperait-elle en découvrant cette surprise, marque de tant d'amour. « Il verra
» comme je l'aime, il songera qu'il est doux
» d'être ensemble. » Elle se perdait ainsi durant des jours dans ses rêves, qui se terminaient d'ordinaire par des accès de complète prostration.

» Enfin le jour vint où le ménage fut complet. Qu'en faire ? L'idée de le forcer à accepter un service, à être son obligé en quelque chose, s'empara d'elle absolument. Elle voulait, si j'ose le dire, voler sa reconnaissance, l'amener par violence à lui savoir gré de quelque chose. Voici ce qu'elle imagina. Cela n'avait pas le sens commun, c'était cousu de fil blanc ; mais sa raison sommeillait, et depuis longtemps elle ne suivait plus que les feux follets de son imagination détraquée.

» On était à l'époque des fêtes de Noël.

Après la messe de minuit, le vicaire avait coutume de recevoir au presbytère le maire et les notables pour leur donner une collation. Le presbytère touchait à l'église. Outre l'entrée principale sur la place du village, il avait deux issues : l'une donnant à l'intérieur de la sacristie et mettant ainsi l'église et la cure en communication; l'autre, au fond du jardin, débouchant sur les champs. Le manoir de Kermelle était à un demi-quart de lieue de là. Pour épargner un détour au jeune garçon qui venait prendre les leçons du vicaire, on lui avait donné la clef de cette porte de derrière. La pauvre obsédée s'empara de cette clef pendant la messe de minuit et entra dans la cure. La servante du vicaire, pour pouvoir assister à la messe, avait mis le couvert d'avance Notre folle enleva rapidement tout le linge et le cacha dans le manoir.

» Au sortir de la messe, le vol se révéla sur-le-champ. L'émoi fut extrême. On s'étonna tout d'abord que le linge seul eût disparu. Le vicaire ne voulut pas renvoyer ses hôtes sans collation. Au moment du plus vif embarras,

la fille apparaît : « Ah! pour cette fois, vous
» accepterez nos services, monsieur le curé.
» Dans un quart d'heure, notre linge va être
» porté chez vous. » Le vieux Kermelle se
joignit à elle, et le vicaire laissa faire, ne
se doutant pas naturellement d'un pareil raffi-
nement de supercherie chez une créature à
laquelle on n'accordait que l'esprit le plus
borné.

» Le lendemain, on réfléchit à ce vol singulier. Il n'y avait nulle trace d'effraction.
La principale porte du presbytère et celle du
jardin étaient intactes, fermées comme elles
devaient l'être. Quant à l'idée que la clef
confiée à Kermelle eût pu servir à l'exécution
du vol, une pareille idée eût semblé extrava-
gante; elle ne vint à personne. Restait la porte
de la sacristie; il parut évident que le vol
n'avait pu se faire que par là. Le sacristain
avait été vu dans l'église tout le temps de l'office. La sacristine, au contraire, avait fait des
absences; elle avait été à l'âtre du presbytère
chercher des charbons pour les encensoirs;
elle avait vaqué à deux ou trois autres petits

soins ; le soupçon se porta donc sur elle. C'était une excellente femme, sa culpabilité paraissait souverainement invraisemblable ; mais que faire contre des coïncidences accablantes ? On ne sortait pas de ce raisonnement : « Le voleur » est entré par la porte de la sacristie ; or » la sacristine seule a pu passer par cette » porte, et il est prouvé qu'elle y a passé » en réalité ; elle-même l'avoue. » On cédait trop alors à l'idée qu'il était bon que tout crime fût suivi d'une arrestation. Cela donnait une haute idée de la sagacité extraordinaire de la justice, de la promptitude de son coup d'œil, de la sûreté avec laquelle elle saisissait la piste d'un crime. On emmena l'innocente femme à pied entre les gendarmes. L'effet de la gendarmerie, quand elle arrivait dans un village, avec ses armes luisantes et ses belles buffleteries, était immense. Tout le monde pleurait ; la sacristine seule restait calme et disait à tous qu'elle était certaine que son innocence éclaterait.

» Effectivement, dès le lendemain ou le surlendemain, on reconnut l'impossibilité de la supposition qu'on avait faite. Le troisième jour, les gens du village osaient à peine s'aborder, se communiquer leurs réflexions. Tous, en effet, avaient la même pensée et n'osaient se la dire. Cette pensée leur paraissait à la fois évidente et absurde : c'est que la clef du broyeur de lin avait seule pu servir au vol. Le vicaire évitait de sortir pour n'avoir pas à exprimer un doute qui l'obsédait. Jusque-là, il n'avait pas examiné le linge que l'on avait substitué au sien. Ses yeux tombèrent par hasard sur les marques ; il s'étonna, réfléchit tristement, ne se rendit pas compte du mystère des deux lettres, tant les bizarres hallucinations d'une pauvre folle étaient impossibles à deviner.

» Il était plongé dans les plus sombres pensées, quand il vit entrer le broyeur de lin, droit en sa haute taille et plus pâle que la mort. Le vieillard resta debout, fondit en larmes. « C'est elle, » dit-il, « oh! la malheu-
» reuse! J'aurais dû la surveiller davantage,
» entrer mieux dans ses pensées; mais, tou-
» jours mélancolique, elle m'échappait. » Il révéla le mystère; un instant après, on rap-

portait au presbytère le linge qui avait été volé.

» La pauvre fille, vu son peu de raison, avait espéré que l'esclandre s'apaiserait et qu'elle jouirait doucement de son petit stratagème amoureux. L'arrestation de la sacristine et l'émotion qui en fut la suite gâtèrent toute son intrigue. Si le sens moral n'avait pas été chez elle aussi oblitéré qu'il l'était, elle n'eût pensé qu'à délivrer la sacristine ; mais elle n'y songeait guère. Elle était plongée dans une sorte de stupeur, qui n'avait rien de commun avec le remords. Ce qui l'abattait, c'était l'avortement évident de sa tentative sur l'esprit du vicaire. Toute autre âme que celle d'un prêtre eût été touchée de la révélation d'un si violent amour. Celle du vicaire n'éprouva rien. Il s'interdit de penser à cet événement extraordinaire, et, dès qu'il vit clairement l'innocence de la sacristine, il dormit, dit sa messe et son bréviaire avec le même calme que tous les jours.

» La maladresse qu'on avait faite en arrêtant la sacristine parut alors dans son énormité. Sans cela, l'affaire aurait pu être étouffée. Il n'y avait pas eu vol réel; mais, après qu'une innocente **avait** fait plusieurs jours de prison pour un fait qualifié de vol, il était bien difficile de laisser impunie la vraie coupable. La folie n'était pas évidente ; il faut même dire que cette folie n'était qu'intérieure. Avant cela, il n'était venu à la pensée de personne que la fille de Kermelle fût folle. Extérieurement elle était comme tout le monde, sauf son mutisme presque absolu. On pouvait donc contester l'aliénation mentale ; en outre, l'explication vraie était si bizarre, si incroyable, qu'on n'osait même pas la présenter. La folie n'étant pas constatée, le fait d'avoir laissé arrêter la sacristine était impardonnable. Si le vol n'avait été qu'un jeu, l'auteur de l'espièglerie aurait dû la faire cesser plus tôt, dès qu'une tierce personne en était victime. La malheureuse fut arrêtée et conduite à Saint-Brieuc pour les assises. Elle ne sortit pas un moment de son complet anéantissement ; elle semblait hors du monde. Son rêve était fini ; l'espèce de chimère qu'elle avait nourrie quelque temps et qui l'avait soutenue étant tombée à plat, elle n'existait plus. Son état n'avait rien de violent, c'était un silence morne ; les médecins alors la virent et jugèrent son fait avec discernement.

» Aux assises, la cause fut vite entendue. On ne put tirer d'elle une seule parole. Le broyeur de lin entra, droit et ferme, la figure résignée. Il s'approcha de la table du prétoire, y déposa ses gants, sa croix de Saint-Louis, son écharpe. « Messieurs, » dit-il, « je ne peux
» les reprendre que si vous l'ordonnez ; mon
» honneur vous appartient. C'est elle qui a‘
» tout fait, et pourtant ce n'est pas une vo-
» leuse... Elle est malade. » Le brave homme fondait en larmes, il suffoquait. « Assez, assez ! » entendit-on de toutes parts. L'avocat général montra du tact, et sans faire une dissertation sur un cas de rare physiologie amoureuse, il abandonna l'accusation.

» La délibération du jury ne fut pas longue non plus. Tous pleuraient. Quand l'acquittement fut prononcé, le broyeur de lin reprit ses insignes, se retira rapidement, emmenant sa fille, et revint au village de nuit.

» Au milieu de cet éclat public, le vicaire ne put éviter d'apprendre la vérité sur une foule de points qu'il se dissimulait. Il n'en fut pas plus ému. Les faits évidents dont tout le monde s'entretenait, il feignait de les ignorer. Il ne demanda pas son changement, l'évêque ne songea pas à le lui proposer. On pourrait croire que, la première fois qu'il revit Kermelle et sa fille, il éprouva quelque trouble. Il n'en fut rien. Il se rendit au manoir à l'heure où il savait devoir rencontrer le père et la fille. « Vous avez péché gravement, » dit-il à celle-ci, «moins par votre folie, que Dieu vous
» pardonnera, qu'en laissant emprisonner la
» meilleure des femmes. Une innocente, par
» votre faute, a été traitée pendant plusieurs
» jours comme une voleuse. La plus hon-
» nête femme de la paroisse a été emmenée
» par les gendarmes, à la vue de tous. Vous
» lui devez réparation. Dimanche, la sacris-
» tine sera à son banc, au dernier rang, près
» de la porte de l'église ; au *Credo,* vous
» irez la prendre, et vous la conduirez par

» la main à votre banc d'honneur, qu'elle
» mérite plus que vous d'occuper. »

» La pauvre folle fit machinalement ce qui lui était enjoint. Ce n'était plus un être sentant. Depuis ce temps, on ne vit presque plus le broyeur de lin ni sa famille. Le manoir était devenu une sorte de tombeau, d'où l'on n'entendait sortir aucun signe de vie.

» La sacristine mourut la première. L'émotion avait été trop forte pour cette simple femme. Elle n'avait pas douté un moment de la Providence; mais tout cela l'avait ébranlée. Elle s'affaiblit peu à peu. C'était une sainte. Elle avait un sentiment exquis de l'église. On ne comprendrait plus cela maintenant à Paris, où l'église signifie peu de chose. Un samedi soir, elle sentit venir sa fin. Sa joie fut grande. Elle fit appeler le vicaire; une faveur inouïe occupait son imagination : c'était que, pendant la grand'messe du dimanche, son corps restât exposé sur le petit appareil qui sert à porter les cercueils. Assister à la messe encore une dernière fois, quoique morte; entendre ces paroles consolantes, ces chants qui sauvent;

être là sous le drap mortuaire, au milieu de l'assemblée des fidèles, famille qu'elle avait tant aimée, tout entendre sans être vue, pendant que tous penseraient à elle, prieraient pour elle, seraient occupés d'elle ; communier encore une fois avec les personnes pieuses avant de descendre sous la terre, quelle joie ! Elle lui fut accordée. Le vicaire prononça sur sa tombe des paroles d'édification.

» Le vieux vécut encore quelques années, mourant peu à peu, toujours renfermé chez lui, ne causant plus avec le vicaire. Il allait à l'église, mais il ne se mettait pas à son banc. Il était si fort, qu'il résista huit ou dix ans à cette morne agonie.

» Ses promenades se bornaient à faire quelques pas sous les hauts tilleuls qui abritaient le manoir. Or, un jour, il vit à l'horizon quelque chose d'insolite. C'était le drapeau tricolore qui flottait sur le clocher de Tréguier ; la révolution de juillet venait de s'accomplir. Quand il apprit que le roi était parti, il comprit mieux que jamais qu'il avait été de la fin d'un monde. Ce devoir professionnel, auquel il avait tout sacrifié, devenait sans objet. Il ne regretta pas de s'être attaché à une idée trop haute du devoir; il ne songea pas qu'il aurait pu s'enrichir comme les autres; mais il douta de tout, excepté de Dieu. Les carlistes de Tréguier allaient répétant partout que cela ne durerait pas, que le roi légitime allait revenir. Il souriait de ces folles prédictions. Il mourut peu après, assisté par le vicaire, qui lui commenta ce beau passage qu'on lit à l'office des morts: « Ne » soyez pas comme les païens, qui n'ont pas » d'espérance. »

» Après sa mort, sa fille se trouva sans ressources. On s'entendit pour qu'elle fût placée à l'hospice; c'est là que tu l'as vue. Maintenant, sans doute, elle est morte aussi, et d'autres ont occupé son lit à l'hôpital général. »

# II

## PRIÈRE SUR L'ACROPOLE
## SAINT RENAN — MON ONCLE PIERRE
## LE BONHOMME SYSTÈME
## ET LA PETITE NOÉMI

### I

Je n'ai commencé d'avoir des souvenirs que fort tard. L'impérieux devoir qui m'obligea, durant les années de ma jeunesse, à résoudre pour mon compte, non avec le laisser aller du spéculatif, mais avec la fièvre de celui qui lutte pour la vie, les plus hauts problèmes de la philosophie et de la religion, ne me laissait pas un quart d'heure pour regarder en arrière. Jeté ensuite dans le courant de mon siècle, que j'ignorais totalement, je me trouvai en face d'un spectacle en réalité aussi nouveau pour moi que le serait la société de Saturne ou de Vénus pour ceux à qui il serait donné de la voir. Je trouvais tout cela faible, inférieur moralement à ce que j'avais vu à Issy et à Saint-Sulpice ; cependant la supériorité de science et de critique d'hommes tels qu'Eugène Burnouf, l'incomparable vie qui s'exhalait de la conversation de M. Cousin, la grande rénovation que l'Allemagne opérait dans presque toutes les sciences historiques, puis les voyages, puis l'ardeur de produire, m'entraînèrent et ne me permirent pas de songer à des années qui étaient déjà loin de moi. Mon séjour en Syrie m'éloigna encore davantage de mes anciens souvenirs. Les sensations entièrement nouvelles que j'y trouvai, les visions que j'y eus d'un monde divin, étranger à nos froides et mélancoliques contrées, m'absorbèrent tout entier. Mes rêves, pendant quelque temps, furent la chaîne brûlée de Galaad, le pic de Safed, où apparaîtra le Messie; le Carmel et ses champs d'anémones semés par Dieu; le gouffre d'Aphaca, d'où sort le fleuve Adonis. Chose singulière! ce fut à Athènes, en 1865, que j'éprouvai pour la première fois un vif sentiment de retour en arrière, un effet comme celui d'une brise fraîche, pénétrante, venant de très loin.

L'impression que me fit Athènes est de beaucoup la plus forte que j'aie jamais ressentie. Il y a un lieu où la perfection existe; il n'y en a pas deux : c'est celui-là. Je n'avais jamais rien imaginé de pareil. C'était l'idéal cristallisé en marbre pentélique qui se montrait à moi. Jusque-là, j'avais cru que la perfection n'est pas de ce monde; une seule révélation me paraissait se rapprocher de l'absolu. Depuis longtemps, je ne croyais plus au miracle, dans le sens propre du mot; cependant la destinée unique du peuple juif, aboutissant à Jésus et au christianisme, m'apparaissait comme quelque chose de tout à fait à part. Or voici qu'à côté du miracle juif venait se placer pour moi le miracle grec, une chose qui n'a existé qu'une fois, qui ne s'était jamais vue, qui ne se reverra plus, mais dont l'effet durera éternellement, je veux dire un type de beauté éternelle, sans nulle tache locale ou nationale. Je savais bien, avant mon voyage, que la Grèce avait créé la science, l'art, la philosophie, la civilisation; mais l'échelle me manquait. Quand je vis l'Acropole, j'eus la révélation du divin, comme je l'avais eue la première fois que je sentis vivre l'Évangile, en apercevant la vallée du Jourdain des hauteurs de Casyoun. Le monde entier alors me parut barbare. L'Orient me choqua par sa pompe, son ostentation, ses impostures. Les Romains ne furent que de grossiers soldats; la majesté du plus beau Romain, d'un Auguste, d'un Trajan, ne me sembla que pose auprès de l'aisance, de la noblesse simple de ces citoyens fiers et tranquilles. Celtes, Germains, Slaves m'apparurent comme des espèces de Scythes consciencieux, mais péniblement civilisés. Je trouvai notre moyen âge sans élégance ni tournure, entaché de fierté pédlacée et de pédantisme. Charlemagne m'apparut comme un gros palefrenier allemand; nos chevaliers me semblèrent des lourdauds, dont Thémistocle et Alcibiade eussent souri. Il y a eu un peuple d'aristocrates, un public tout entier composé de connaisseurs, une démocratie qui a saisi des nuances d'art tellement fines que nos raffinés les aperçoivent à peine. Il y a eu un public pour comprendre ce qui fait la beauté des Propylées et la supériorité des sculptures du Parthénon. Cette révélation de la grandeur vraie et simple m'atteignit jusqu'au fond de l'être. Tout ce que j'avais connu jusque-là me sembla l'effort maladroit d'un art jésuitique, un rococo composé de pompe niaise, de charlatanisme et de caricature.

C'est principalement sur l'Acropole que ces sentiments m'assiégeaient. Un excellent architecte avec qui j'avais voyagé avait coutume de me dire que, pour lui, la vérité des dieux était en proportion de la beauté solide des temples qu'on leur a élevés. Jugée sur ce pied-là, Athéné serait au-dessus de toute rivalité. Ce qu'il y a de surprenant, en effet, c'est que le beau n'est ici que l'honnêteté absolue, la raison, le respect même envers la divinité. Les parties cachées de l'édifice sont aussi soignées que celles qui sont vues. Aucun de ces trompe-l'œil qui, dans nos églises en particulier, sont comme une tentative perpétuelle pour induire la divinité en erreur sur la valeur de la chose offerte. Ce sérieux, cette droiture, me faisaient rougir d'avoir plus d'une fois sacrifié à un idéal moins pur. Les heures que je passais sur la colline sacrée étaient des heures de prière. Toute ma vie repassait, comme une confession générale, devant mes yeux. Mais ce qu'il y avait de plus singulier, c'est qu'en confessant mes péchés, j'en venais à les aimer ; mes résolutions de devenir classique finissaient par me précipiter plus que jamais au pôle opposé. Un vieux papier que je retrouve parmi mes notes de voyage contient ceci :

**PRIÈRE QUE JE FIS SUR L'ACROPOLE QUAND JE FUS ARRIVÉ A EN COMPRENDRE LA PARFAITE BEAUTÉ.**

« O noblesse ! ô beauté simple et vraie ! déesse dont le culte signifie raison et sagesse, toi dont le temple est une leçon éternelle de conscience et de sincérité, j'arrive tard au seuil de tes mystères ; j'apporte à ton autel beaucoup de remords. Pour te trouver, il m'a fallu des recherches infinies. L'initiation que tu conférais à l'Athénien naissant par un sourire, je l'ai conquise à force de réflexions, au prix de longs efforts.

» Je suis né, déesse aux yeux bleus, de parents barbares, chez les Cimmériens bons et vertueux qui habitent au bord d'une mer sombre, hérissée de rochers, toujours battue par les orages. On y connaît à peine le soleil ; les fleurs sont les mousses marines, les algues et les coquillages coloriés qu'on trouve au fond des baies solitaires. Les nuages y paraissent sans couleur, et la joie même y est un peu triste ; mais des fontaines d'eau froide y sortent du rocher, et les yeux des jeunes filles y sont comme ces vertes fontaines où, sur des fonds d'herbes ondulées, se mire le ciel.

» Mes pères, aussi loin que nous pouvons remonter, étaient voués aux navigations lointaines, dans des mers que tes Argonautes ne connurent pas. J'entendis, quand j'étais jeune, les chansons des voyages polaires ; je fus bercé au souvenir des glaces flottantes, des mers brumeuses semblables à du lait, des îles peuplées d'oiseaux qui chantent à leurs heures et qui, prenant leur volée tous ensemble, obscurcissent le ciel.

» Des prêtres d'un culte étranger, venu des Syriens de Palestine, prirent soin de m'élever. Ces prêtres étaient sages et saints. Ils m'apprirent les longues histoires de Cronos, qui a créé le monde, et de son fils, qui a, dit-on, accompli un voyage sur la terre. Leurs temples sont trois fois hauts comme le tien, ô Eurhythmie, et semblables à des forêts ; seulement ils ne sont pas solides ; ils tombent en ruine au bout de cinq ou six cents ans ; ce sont des fantaisies de barbares, qui s'imaginent qu'on peut faire quelque chose de bien en dehors des règles que tu as tracées à tes inspirés, ô Raison. Mais ces temples me plaisaient ; je n'avais pas étudié ton art divin ; j'y trouvais Dieu. On y chantait des cantiques dont je me souviens

encore : « Salut, étoile de la mer,... reine de
» ceux qui gémissent en cette vallée de larmes. »
ou bien : « Rose mystique, Tour d'ivoire, Mai-
» son d'or, Étoile du matin... » Tiens, déesse,
quand je me rappelle ces chants, mon cœur se
fond, je deviens presque apostat. Pardonne-
moi ce ridicule ; tu ne peux te figurer le charme
que les magiciens barbares ont mis dans ces
vers, et combien il m'en coûte de suivre la
raison toute nue.

» Et puis si tu savais combien il est devenu
difficile de te servir ! Toute noblesse a disparu.
Les Scythes ont conquis le monde. Il n'y
a plus de république d'hommes libres ; il
n'y a plus que des rois issus d'un sang lourd,
des majestés dont tu sourirais. De pesants
Hyperboréens appellent légers ceux qui te
servent... Une *pambéotie* redoutable, une
ligue de toutes les sottises, étend sur le monde
un couvercle de plomb, sous lequel on étouffe.
Même ceux qui t'honorent, qu'ils doivent te
faire pitié ! Te souviens-tu de ce Calédonien
qui, il y a cinquante ans, brisa ton temple à
coups de marteau pour l'emporter à Thulé ?

Ainsi font-ils tous... J'ai écrit, selon quelques-unes des règles que tu aimes, ô Théonoé, la vie du jeune dieu que je servis dans mon enfance; ils me traitent comme un Évhémère; ils m'écrivent pour me demander quel but je me suis proposé; ils n'estiment que ce qui sert à faire fructifier leurs tables de trapézites. Et pourquoi écrit-on la vie des dieux, ô ciel! si ce n'est pour faire aimer le divin qui fut en eux, et pour montrer que ce divin vit encore et vivra éternellement au cœur de l'humanité?

» Te rappelles-tu ce jour, sous l'archontat de Dionysodore, où un laid petit Juif, parlant le grec des Syriens, vint ici, parcourut tes parvis sans te comprendre, lut tes inscriptions tout de travers et crut trouver dans ton enceinte un autel dédié à un dieu qui serait *le Dieu inconnu*. Eh bien, ce petit Juif l'a emporté; pendant mille ans, on t'a traitée d'idole, ô Vérité; pendant mille ans, le monde a été un désert où ne germait aucune fleur. Durant ce temps, tu te taisais, ô Salpinx, clairon de la pensée. Déesse de l'ordre, image de la stabilité céleste, on était coupable pour t'aimer, et, aujourd'hui qu'à force de consciencieux travail nous avons réussi à nous rapprocher de toi, on nous accuse d'avoir commis un crime contre l'esprit humain en rompant des chaînes dont se passait Platon.

» Toi seule es jeune, ô Cora; toi seule es pure, ô Vierge; toi seule es saine, ô Hygie; toi seule es forte, ô Victoire. Les cités, tu les gardes, ô Promachos; tu as ce qu'il faut de Mars, ô Aréa; la paix est ton but, ô Pacifique. Législatrice, source des constitutions justes; Démocratie[1], toi dont le dogme fondamental est que tout bien vient du peuple, et que, partout où il n'y a pas de peuple pour nourrir et inspirer le génie, il n'y a rien, apprends-nous à extraire le diamant des foules impures. Providence de Jupiter, ouvrière divine, mère de toute industrie, protectrice du travail, ô Ergané, toi qui fais la noblesse du travailleur civilisé et le mets si fort au-dessus du Scythe paresseux; Sagesse, toi que Zeus enfanta après s'être replié sur lui-même, après avoir

---

1. ΑΘΗΝΑΣ ΔΗΜΟΚΡΑΤΙΑΣ. Le Bas, *Inscr.*, I, 32*.

respiré profondément; toi qui habites dans ton père, entièrement unie à son essence ; toi qui es sa compagne et sa conscience ; Énergie de Zeus, étincelle qui allumes et entretiens le feu chez les héros et les hommes de génie, fais de nous des spiritualistes accomplis. Le jour où les Athéniens et les Rhodiens luttèrent pour le sacrifice, tu choisis d'habiter chez les Athéniens, comme plus sages. Ton père cependant fit descendre Plutus dans un nuage d'or sur la cité des Rhodiens, parce qu'ils avaient aussi rendu hommage à sa fille. Les Rhodiens furent riches; mais les Athéniens eurent de l'esprit, c'est-à-dire la vraie joie, l'éternelle gaieté, la divine enfance du cœur.

» Le monde ne sera sauvé qu'en revenant à toi, en répudiant ses attaches barbares. Courons, venons en troupe. Quel beau jour que celui où toutes les villes qui ont pris des débris de ton temple, Venise, Paris, Londres, Copenhague, répareront leurs larcins, formeront des théories sacrées pour rapporter les débris qu'elles possèdent, en disant: « Par-

» donne-nous, déesse! c'était pour les sauver
» des mauvais génies de la nuit, » et rebâtiront
tes murs au son de la flûte, pour expier le
crime de l'infâme Lysandre! Puis ils iront à
Sparte maudire le sol où fut cette maîtresse
d'erreurs sombres, et l'insulter parce qu'elle
n'est plus.

» Ferme en toi, je résisterai à mes fatales
conseillères; à mon scepticisme, qui me fait
douter du peuple; à mon inquiétude d'esprit,
qui, quand le vrai est trouvé, me le fait chercher encore; à ma fantaisie, qui, après que la
raison a prononcé, m'empêche de me tenir en
repos. O Archégète, idéal que l'homme de
génie incarne en ses chefs-d'œuvre, j'aime
mieux être le dernier dans ta maison que le
premier ailleurs. Oui, je m'attacherai au stylobate de ton temple; j'oublierai toute discipline hormis la tienne, je me ferai stylite sur
tes colonnes, ma cellule sera sur ton architrave. Chose plus difficile! pour toi, je me
ferai, si je peux, intolérant, partial. Je n'aimerai que toi. Je vais apprendre ta langue,
désapprendre le reste. Je serai injuste pour

ce qui ne te touche pas ; je me ferai le serviteur du dernier de tes fils. Les habitants actuels de la terre que tu donnas à Érechthée, je les exalterai, je les flatterai. J'essayerai d'aimer jusqu'à leurs défauts ; je me persuaderai, ô Hippia, qu'ils descendent des cavaliers qui célèbrent là-haut, sur le marbre de ta frise, leur fête éternelle. J'arracherai de mon cœur toute fibre qui n'est pas raison et art pur. Je cesserai d'aimer mes maladies, de me complaire en ma fièvre. Soutiens mon ferme propos, ô Salutaire ; aide-moi, ô toi qui sauves !

» Que de difficultés, en effet, je prévois ! que d'habitudes d'esprit j'aurai à changer ! que de souvenirs charmants je devrai arracher de mon cœur ! J'essayerai ; mais je ne suis pas sûr de moi. Tard je t'ai connue, beauté parfaite. J'aurai des retours, des faiblesses. Une philosophie, perverse sans doute, m'a porté à croire que le bien et le mal, le plaisir et la douleur, le beau et le laid, la raison et la folie se transforment les uns dans les autres par des nuances aussi indiscernables que celles du cou de la colombe. Ne rien aimer, ne rien haïr absolument, devient alors une sagesse. Si une société, si une philosophie, si une religion eût possédé la vérité absolue, cette société, cette philosophie, cette religion aurait vaincu les autres et vivrait seule à l'heure qu'il est. Tous ceux qui, jusqu'ici, ont cru avoir raison se sont trompés, nous le voyons clairement. Pouvons-nous sans folle outrecuidance croire que l'avenir ne nous jugera pas comme nous jugeons le passé? Voilà les blasphèmes que me suggère mon esprit profondément gâté. Une littérature qui, comme la tienne, serait saine de tout point n'exciterait plus maintenant que l'ennui.

» Tu souris de ma naïveté. Oui, l'ennui... Nous sommes corrompus: qu'y faire? J'irai plus loin, déesse orthodoxe, je te dirai la dépravation intime de mon cœur. Raison et bon sens ne suffisent pas. Il y a de la poésie dans le Strymon glacé et dans l'ivresse du Thrace. Il viendra des siècles où tes disciples passeront pour les disciples de l'ennui. Le monde est plus grand que tu ne crois. Si tu avais vu les neiges du pôle et les mystères du ciel austral, ton front, ô déesse toujours calme, ne serait pas si serein ; ta tête, plus large, embrasserait divers genres de beauté.

» Tu es vraie, pure, parfaite ; ton marbre n'a point de tache ; mais le temple d'Hagia-Sophia, qui est à Byzance, produit aussi un effet divin avec ses briques et son plâtras. Il est l'image de la voûte du ciel. Il croulera ; mais, si ta cella devait être assez large pour contenir une foule, elle croulerait aussi.

» Un immense fleuve d'oubli nous entraîne dans un gouffre sans nom. O abîme, tu es le Dieu unique. Les larmes de tous les peuples sont de vraies larmes ; les rêves de tous les sages renferment une part de vérité. Tout n'est ici-bas que symbole et que songe. Les dieux passent comme les hommes, et il ne serait pas bon qu'ils fussent éternels. La foi qu'on a eue ne doit jamais être une chaîne. On est quitte envers elle quand on l'a soigneusement roulée dans le linceul de pourpre où dorment les dieux morts. »

II

Au fond, quand je m'étudie, j'ai en effet très peu changé ; le sort m'avait en quelque sorte rivé dès l'enfance à la fonction que je devais accomplir. J'étais fait en arrivant à Paris ; avant de quitter la Bretagne, ma vie était écrite d'avance. Bon gré, mal gré, et nonobstant tous mes efforts consciencieux en sens contraire, j'étais prédestiné à être ce que je suis, un romantique protestant contre le romantisme, un utopiste prêchant en politique le terre-à-terre, un idéaliste se donnant inutilement beaucoup de mal pour paraître bourgeois, un tissu de contradictions, rappelant l'*hircocerf* de la scolastique, qui avait deux natures. Une de mes moitiés devait être occupée à démolir l'autre, comme cet animal fabuleux de Ctésias qui se mangeait les pattes sans s'en douter. C'est ce que ce grand observateur, Challemel-Lacour, a dit excellemment : « Il pense comme un homme, il sent comme une femme, il agit comme un enfant. » Je ne m'en plains pas, puisque cette constitution morale m'a procuré les plus vives jouissances intellectuelles qu'on puisse goûter.

Ma race, ma famille, ma ville natale, le milieu si particulier où je me développai, en m'interdisant les visées bourgeoises et en me rendant absolument impropre à tout ce qui n'est pas le maniement pur des choses de l'esprit, avaient fait de moi un idéaliste, fermé à tout le reste. L'application eût pu varier ; le fond eût toujours été le même. La vraie marque d'une vocation est l'impossibilité d'y forfaire, c'est-à-dire de réussir à autre chose que ce pour quoi l'on a été créé. L'homme qui a une vocation sacrifie tout involontairement à sa maîtresse œuvre. Des circonstances extérieures auraient pu, comme il arrive souvent, dérouter ma vie et m'empêcher de suivre ma voie naturelle ; mais l'absolue incapacité où j'aurais été de réussir à ce qui n'était pas ma destinée eût été la protestation du devoir contrarié, et la prédestination eût triomphé à sa manière en montrant le sujet qu'elle avait choisi absolument impuissant en dehors du travail pour lequel elle l'avait choisi. Toute application intellectuelle, j'y aurais réussi. Toute carrière ayant pour objet la recherche d'un intérêt quelconque, j'y aurais été nul, maladroit, au-dessous du médiocre.

Le trait caractéristique de la race bretonne, à tous ses degrés, est l'idéalisme, la poursuite d'une fin morale ou intellectuelle, souvent erronée, toujours désintéressée. Jamais race ne fut plus impropre à l'industrie, au commerce. On obtient tout d'elle par le sentiment de l'honneur; ce qui est lucre lui paraît peu digne du galant homme ; l'occupation noble est à ses yeux celle par laquelle on ne gagne rien, par exemple celle du soldat, celle du marin, celle du prêtre, celle du vrai gentilhomme qui ne tire de sa terre que le fruit convenu par l'usage sans chercher à l'augmenter, celle du magistrat, celle de l'homme voué au travail de la pensée. Au fond de la plupart de ses raisonnements, il y a cette opinion, fausse sans doute, que la fortune ne s'acquiert qu'en exploitant les autres et en pressurant les pauvres. La conséquence d'une telle manière de voir, c'est que le riche n'est pas très considéré ; on estime beaucoup plus l'homme qui se consacre au bien public ou qui représente l'esprit du pays. Ces braves gens s'indignent contre la prétention qu'ont ceux qui font leur fortune de rendre par surcroît un service social. Quand on leur avait dit autrefois : « Le roi fait cas des Bretons, » cela leur suffisait. Le roi jouissait pour eux, était riche pour eux. Persuadés que ce que l'on gagne est pris sur un autre, ils tenaient l'avidité pour chose basse. Une telle conception d'économie politique est devenue très arriérée ; mais le cercle des opinions humaines y ramènera peut-être un jour. Grâce, au moins, pour les petits groupes de survivants d'un autre monde, où cette inoffensive erreur a entretenu la tradition du sacrifice ! N'améliorez pas leur sort, ils ne seraient pas plus heureux ; ne les enrichissez pas, ils seraient moins dévoués : ne les gênez pas pour les faire aller à l'école primaire, ils y perdraient peut-être quelque chose de leurs qualités et n'acquerraient pas celles que donne la haute culture; mais ne les méprisez pas. Le dédain est la seule chose pénible pour les natures simples; il trouble leur foi au bien ou les porte à douter que les gens d'une classe supérieure en soient bons appréciateurs.

Cette disposition, que j'appellerais volontiers romantisme moral, je l'eus au plus haut degré, par une sorte d'atavisme. J'avais reçu, avant de naître, le coup de quelque fée. Gode, la vieille sorcière, me le disait souvent. Je naquis avant terme et si faible que, pendant deux mois, on crut que je ne vivrais pas. Gode vint dire à mère qu'elle avait un moyen sûr pour savoir mon sort. Elle prit une de mes petites chemises, alla un matin à l'étang sacré; elle revint la face resplendissante. « Il veut vivre, il veut vivre! criait-elle. A peine jetée sur l'eau, la petite chemise s'est soulevée. » Plus tard, chaque fois que je la rencontrais, ses yeux étincelaient : « Oh! si vous aviez vu, disait-elle, comme les deux bras s'élancèrent ! » Dès lors, j'étais aimé des fées, et je les aimais. Ne riez pas de nous autres Celtes. Nous ne ferons pas de Parthénon, le marbre nous manque ; mais nous savons prendre à poignée le cœur et l'âme ; nous avons des coups de stylet qui n'appartiennent qu'à nous ; nous plongeons les mains dans les entrailles de l'homme, et, comme les sorcières de Macbeth, nous les en retirons pleines des secrets de l'infini. La grande profondeur de notre art est de savoir faire de notre maladie un charme. Cette race a au cœur une éternelle source de folie. Le « royaume de féerie », le plus beau qui soit en terre, est son domaine. Seule, elle sait remplir les bizarres conditions que la fée Gloriande impose à qui veut y entrer. Le cor qui ne résonne que touché par des lèvres pures, le hanap magique qui n'est plein que pour l'amant fidèle, n'appartiennent vraiment qu'à nous.

La religion est la forme sous laquelle les races celtiques dissimulent leur soif d'idéal ; mais l'on se trompe tout à fait quand on croit que la religion est pour elles une chaîne, un assujettissement. Aucune race n'a le sentiment religieux plus indépendant. Ce n'est qu'à partir du xii⁰ siècle, et par suite de l'appui que les Normands de France donnèrent au siège de Rome, que le christianisme breton fut entraîné bien nettement dans le courant de la catholicité. Il n'eût fallu que quelques circonstances favorables pour que les Bretons de France fussent devenus protestants, comme leurs frères les Gallois d'Angleterre. Au xvii⁰ siècle, notre Bretagne française fut tout à fait conquise par les habitudes jésuitiques et le genre de piété du reste du monde. Jusque-là, la religion y avait eu un cachet absolument à part.

C'est surtout par le culte des saints qu'elle était caractérisée. Entre tant de particularités que la Bretagne possède en propre, l'hagiographie locale est sûrement la plus singulière. Quand on visite à pied le pays, une chose frappe au premier coup d'œil. Les églises paroissiales, où se fait le culte du dimanche, ne diffèrent pas essentiellement de celles des autres pays. Que si l'on parcourt la campagne, au contraire, on rencontre souvent dans une seule paroisse jusqu'à dix et quinze chapelles, petites maisonnettes n'ayant le plus souvent qu'une porte et une fenêtre, et dédiées à un saint dont on n'a jamais entendu parler dans le reste de la chrétienté. Ces saints locaux, que l'on compte par centaines, sont tous du v<sup>e</sup> ou du vi<sup>e</sup> siècle, c'est-à-dire de l'époque de l'émigration; ce sont des personnages ayant pour la plupart réellement existé, mais que la légende a entourés du plus brillant réseau de fables. Ces fables, d'une naïveté sans pareille, vrai trésor de mythologie celtique et d'imaginations populaires, n'ont jamais été complètement écrites. Les recueils édifiants faits par les bénédictins et les jésuites, même le naïf et curieux écrit d'Albert Legrand, dominicain de Morlaix, n'en présentent qu'une faible partie. Loin d'encourager ces vieilles dévotions populaires, le clergé ne fait que les tolérer; s'il le pouvait, il les supprimerait. Il sent bien que c'est là le reste d'un autre monde, d'un monde peu orthodoxe. On vient, une fois par an, dire la messe dans ces chapelles; les saints auxquels elles sont dédiées sont trop maîtres du pays pour qu'on songe à les chasser; mais on ne parle guère d'eux à la paroisse. Le clergé laisse le peuple visiter ces petits sanctuaires selon les rites antiques, y venir demander la guérison de telle ou telle maladie, y pratiquer ses cultes bizarres; il feint de l'ignorer. Où donc est caché le trésor de ces vieilles histoires? Dans la mémoire du peuple. Allez de chapelle en chapelle; faites parler les bonnes gens, et, s'ils ont confiance en vous, ils vous conteront, moitié sur un ton sérieux, moitié sur le ton de la plaisanterie, d'inappréciables récits, dont la mythologie comparée et l'histoire sauront tirer un jour le plus riche parti [1].

Ces récits eurent la plus grande influence sur le tour de mon imagination. Les chapelles dont je viens de parler sont toujours solitaires, isolées dans des landes, au-milieu

---

[1]. Un consciencieux et infatigable chercheur, M. Luzel, sera, j'espère, le Pausanias de ces petites chapelles locales et fixera par écrit toute cette magnifique légende, à la veille de se perdre.

des rochers ou dans des terrains vagues tout
à fait déserts. Le vent courant sur les bruyères,
gémissant dans les genêts, me causait de
folles terreurs. Parfois je prenais la fuite
éperdu, comme poursuivi par les génies du
passé. D'autres fois, je regardais, par la porte
à demi enfoncée de la chapelle, les vitraux ou
les statuettes en bois peint qui ornaient l'autel.
Cela me plongeait dans des rêves sans fin. La
physionomie étrange, terrible de ces saints,
plus druides que chrétiens, sauvages, vindica-
tifs, me poursuivait comme un cauchemar.
Tout saints qu'ils étaient, ils ne laissaient pas
d'être parfois sujets à d'étranges faiblesses.
Grégoire de Tours nous a conté l'histoire de ce
Winnoch, qui passa par Tours en allant à
Jérusalem, portant pour tout vêtement des
peaux de brebis dépouillées de leur laine. Il
parut si pieux, qu'on le garda et qu'on le fit
prêtre. Il ne mangeait que des herbes sauvages
et portait le vase de vin à sa bouche de telle
façon qu'on aurait dit que c'était seulement
pour l'effleurer. Mais la libéralité des dévots
lui ayant souvent apporté des vases remplis de

cette liqueur, il prit l'habitude d'en boire, et on le vit plusieurs fois ivre. Le diable s'empara de lui à tel point qu'armé de couteaux, de pierres, de bâtons, de tout ce qu'il pouvait saisir, il poursuivait les gens qu'il voyait. On fut obligé de l'attacher avec des chaînes dans sa cellule. Ce fut un saint tout de même. Saint Cadoc, saint Iltud, saint Conéry, saint Renan ou Ronan, m'apparaissaient de même comme des espèces de géants. Plus tard, quand je connus l'Inde, je vis que mes saints étaient de vrais *richis*, et que par eux j'avais touché à ce que notre monde aryen a de plus primitif, à l'idée de solitaires maîtres de la nature, la dominant par l'ascétisme et la force de la volonté.

Naturellement, le dernier saint que je viens de citer était celui qui me préoccupait le plus; puisque son nom était celui que je portais [1]. Entre tous les saints de Bretagne il n'y en a pas, du reste, de plus original. On

---

1. La forme ancienne est Ronan, qui se retrouve dans les noms de lieu, *Loc-Ronan*, les eaux de Saint-Ronan (pays de Galles), etc.

m'a raconté deux ou trois fois sa vie, et toujours avec des circonstances plus extraordinaires les unes que les autres. Il habitait la Cornouaille, près de la petite ville qui porte son nom (Saint-Renan). C'était un esprit de la terre plus qu'un saint. Sa puissance sur les éléments était effrayante. Son caractère était violent et un peu bizarre ; on ne savait jamais d'avance ce qu'il ferait, ce qu'il voudrait. On le respectait ; mais cette obstination à marcher seul dans sa voie inspirait une certaine crainte ; si bien que, le jour où on le trouva mort sur le sol de sa cabane, la terreur fut grande alentour. Le premier qui, en passant, regarda par la fenêtre ouverte et le vit étendu par terre, s'enfuit à toutes jambes. Pendant sa vie, il avait été si volontaire, si particulier, que nul ne se flattait de pouvoir deviner ce qu'il désirait que l'on fît de son corps. Si l'on ne tombait pas juste, on craignait une peste, quelque engloutissement de ville, un pays tout entier changé en marais, tel ou tel de ces fléaux dont il disposait de son vivant. Le mener à l'église de tout le monde eût été chose peu sûre. Il semblait parfois l'avoir en aversion. Il eût été capable de se révolter, de faire un scandale. Tous les chefs étaient assemblés dans la cellule, autour du grand corps noir, gisant à terre, quand l'un d'eux ouvrit un sage avis : « De son vivant, nous n'avons jamais pu le comprendre ; il était plus facile de dessiner la voie de l'hirondelle au ciel que de suivre la trace de ses pensées ; mort, qu'il fasse encore à sa tête. Abattons quelques arbres ; faisons un chariot, où nous attellerons quatre bœufs. Il saura bien les conduire à l'endroit où il veut qu'on l'enterre. » Tous approuvèrent. On ajusta les poutres, on fit les roues avec des tambours pleins, sciés dans l'épaisseur des gros chênes, et on posa le saint dessus.

Les bœufs, conduits par la main invisible de Ronan, marchèrent droit devant eux, au plus épais de la forêt. Les arbres s'inclinaient ou se brisaient sous leurs pas avec des craquements effroyables. Arrivé enfin au centre de la forêt, à l'endroit où étaient les plus grands chênes, le chariot s'arrêta. On comprit; on enterra le saint et on bâtit son église en ce lieu.

De tels récits me donnèrent de bonne heure le goût de la mythologie. La naïveté avec laquelle on les prenait reportait à des milliers d'années en arrière. On me conta la façon dont mon père, dans son enfance, fut guéri de la fièvre. Le matin, avant le jour, on le conduisit à la chapelle du saint qui en guérissait. Un forgeron vint en même temps, avec sa forge, ses clous, ses tenailles. Il alluma son fourneau, rougit ses tenailles, et, mettant le fer rouge devant la figure du saint : « Si tu ne tires pas la fièvre à cet enfant, dit-il, je vais te ferrer comme un cheval. » Le saint obéit sur-le-champ. La sculpture en bois a été longtemps florissante en Bretagne. Ces statues de saints sont d'un réalisme étonnant ; pour des imaginations plastiques, elles vivent. Je me souviens d'un brave homme, pas beaucoup plus fou que les autres, qui s'échappait quand il pouvait, le soir. Le matin, on le trouvait dans les églises en bras de chemise, suant sang et eau. Il avait passé la nuit à déclouer les christs en croix et à tirer les flèches du corps des saint Sébastien.

Ma mère, qui par un côté était Gasconne (mon grand-père du côté maternel était de Bordeaux), racontait ces vieilles histoires avec esprit et finesse, glissant avec art entre le réel et le fictif, d'une façon qui impliquait qu'au fond tout cela n'était vrai qu'en idée. Elle aimait ces fables comme Bretonne, elle en riait comme Gasconne, et ce fut là tout le secret de l'éveil et de la gaieté de sa vie. Quant à moi, ce milieu étrange m'a donné pour les études historiques les qualités que je peux avoir. J'y ai pris une sorte d'habitude de voir sous terre et de discerner des bruits que d'autres oreilles n'entendent pas. L'essence de la critique est de savoir comprendre des états très différents de celui où nous vivons. J'ai vu le monde primitif. En Bretagne, avant 1830, le passé le plus reculé vivait encore. Le $xiv^e$, le $xv^e$ siècle étaient le monde qu'on avait journellement sous les yeux dans les villes. L'époque de l'émigration galloise ($v^e$ et $vi^e$ siècles) était visible dans les campagnes pour un œil exercé. Le paganisme se dégageait derrière la couche chrétienne, souvent fort transparente. A cela se mêlaient des traits d'un monde plus vieux encore, que j'ai retrouvés chez les Lapons. En visitant, en 1870, avec le prince Napoléon, les huttes d'un campement de Lapons, près de Tromsoe, je crus plus d'une fois, dans des types de femmes et d'enfants, dans certains traits, dans certaines habitudes, voir ressusciter devant moi mes plus anciens souvenirs. L'idée me vint que, dans les temps antiques, il put y avoir des mélanges entre des branches perdues de la race celtique et les races analogues aux Lapons qui couvraient le sol à leur arrivée. Ma formule ethnique serait de la sorte : « Un Celte, mêlé de Gascon, mâtiné de Lapon. » Une telle formule devrait, je crois, représenter, d'après les théories des anthropologistes, le comble du crétinisme et de l'imbécillité ; mais ce que l'anthropologie traite de stupidité chez les vieilles races incomplètes n'est souvent qu'une force extraordinaire d'enthousiasme et d'intuition.

## III

Tout me prédestinait donc bien réellement au romantisme, je ne dis pas au romantisme de la forme (je compris assez vite que le romantisme de la forme est une erreur; que, s'il y a deux manières de sentir et de penser, il n'y a qu'une seule forme pour exprimer ce qu'on pense et ce qu'on sent), mais au romantisme de l'âme et de l'imagination, à l'idéal pur. Je sortais de la vieille race idéaliste en ce qu'elle avait de plus authentique. Il y a dans le pays de Goëlo ou d'Avaugour, sur le Trieux, un endroit que l'on appelle le Lédano, parce que, là, le Trieux s'élargit et forme une lagune avant de se jeter dans la mer. Sur le bord du Lédano est une grande ferme qui s'appelait Keranbélec ou Meskanbélec. Là était le centre du clan des Renan, bonnes gens venues du Cardigan, sous la conduite de Fragan, vers l'an 480. Ils vécurent là treize cents ans d'une vie obscure, faisant des économies de pensées et de sensations, dont le capital accumulé m'est échu. Je sens que je pense pour eux et qu'ils vivent en moi. Pas un de ces braves gens n'a cherché, comme disaient les Normands, à *gaaingner;* aussi restèrent-ils toujours pauvres. Mon incapacité d'être méchant, ou seulement de le paraître, vient d'eux. Ils ne connaissaient que deux genres d'occupations, cultiver la terre et se hasarder en barque dans les estuaires et les archipels de rochers que forme le Trieux à son embouchure. Peu avant la Révolution, trois d'entre eux gréèrent une barque en commun et se fixèrent à Lézardrieux. Ils vivaient ensemble sur la barque, le plus souvent retirée dans une anse du Lédano ; ils naviguaient à leur plaisir et quand la fantaisie leur en prenait. Ce n'étaient pas des bourgeois, car ils n'étaient pas jaloux des nobles; c'étaient des marins aisés et ne dépendant de personne.

Mon grand-père, l'un d'eux, fit une étape de

plus dans la vie citadine; il vint à Tréguier.
Quand éclata la Révolution, il se montra
patriote ardent, mais honnête. Il avait quelque argent; tous ceux qui étaient dans la
même situation que lui achetèrent des biens
nationaux : quant à lui, il n'en voulut pas; il
trouvait ces biens mal acquis. Il n'estimait
pas honorable de faire par surprise de grands
gains n'impliquant aucun travail. Les événements de 1814 et 1815 le mirent hors de lui.
Hegel n'avait pas encore découvert que le
vainqueur a toujours raison, et, en tout cas,
le bonhomme aurait eu peine à comprendre
que c'était la France qui avait vaincu à
Waterloo. Il me réservait le privilège de ces
belles théories, dont je commence du reste à
me dégoûter. Le soir du 19 mars 1815, il
vint voir ma mère : « Demain matin, dit-il,
lève-toi de bonne heure et regarde la tour. »
Effectivement, pendant la nuit, le sacristain
n'ayant pas voulu donner la clef de la tour,
il avait escaladé, avec quelques autres patriotes, une forêt d'arcs-boutants et de clochetons, au risque de se rompre vingt fois

le cou, pour arborer le drapeau national. Quelques mois après, quand le drapeau contraire l'eut emporté, à la lettre il perdit la raison. Il sortit dans la rue avec une énorme cocarde tricolore. « Je voudrais bien savoir, dit-il, qui est-ce qui va venir m'arracher cette cocarde. » On l'aimait dans le quartier. « Personne, capitaine, personne, » lui répondit-on, et on le ramena doucement par le bras à la maison. Mon père partageait les mêmes sentiments. Il fit les campagnes de l'amiral Villaret-Joyeuse. Pris par les Anglais, il passa plusieurs années sur les pontons. Chaque année, sa jouissance était d'aller, le jour où l'on tirait au sort, humilier les recrues nouvelles de ses souvenirs de volontaire. Regardant d'un œil de mépris ceux qui mettaient la main dans l'urne : « Autrefois, disait-il, nous ne faisions pas ainsi. » Et il haussait ostensiblement les épaules sur la décadence des temps.

C'est par ce que j'ai vu de ces excellents marins et ce que j'ai lu et entendu des paysans de Lithuanie ou même de Pologne, que j'ai formé mes idées sur la vertu innée de nos races, quand elles sont organisées selon le type du clan primitif. On ne comprendra jamais ce qu'il y avait de bonté dans ces vieux Celtes, et même de politesse et de douceur de mœurs. J'en ai vu encore le modèle expirant, il y a une trentaine d'années, dans la jolie petite île de Bréhat, avec ses mœurs patriarcales, dignes du temps des Phéaciens. Le désintéressement, l'incapacité pratique de ces braves gens, dépassaient toute imagination. Ce qui montrait leur noblesse, c'est que, dès qu'ils voulaient faire quelque chose qui ressemblât à un négoce, ils étaient sûrement trompés. Depuis que le monde existe, jamais on ne se ruina avec plus de fougue, plus d'imagination, plus d'entrain, plus de gaieté. C'était un feu roulant de paradoxes pratiques, d'amusantes fantaisies. Impossible de mépriser plus joyeusement toutes les lois du bon sens positif et de la saine économie.

« Maman, demandai-je un jour à ma mère, dans les dernières années de sa vie, est-ce que vraiment tous ceux de notre famille que vous avez connus étaient aussi réfractaires à la fortune que ceux que j'ai connus moi-même?

— Tous pauvres comme Job, me répondit-elle. A quoi penses-tu donc? Comment veux-tu qu'il en fût autrement? Aucun d'eux ne naquit riche et aucun d'eux n'a pillé ni rançonné personne. En ce temps-là, il n'y avait de riches que le clergé et les nobles. Il y a pourtant une exception, c'est Z.., qui est devenu millionnaire. Ah! celui-là est un homme considéré, bien établi dans le monde, presque un député, susceptible au moins de l'être.

— Comment donc Z... a-t-il fait une fortune considérable, quand tous autour de lui sont restés pauvres?

— Je ne peux pas te dire cela... Il y a des gens qui naissent pour être riches, d'autres qui ne le seront jamais. Il faut avoir des griffes, se servir le premier. Or c'est ce que nous n'avons jamais su faire. Dès qu'il s'agit de prendre la meilleure portion sur le plat qui passe, notre politesse naturelle s'y oppose. Aucun de tes ascendants n'a gagné d'argent. Ils n'ont rien pris à la masse, n'ont pas appauvri le monde. Ton grand-père ne voulut pas suivre l'exemple des autres, acheter des biens nationaux. Ton père était comme tous les marins. La preuve qu'il était né pour naviguer et se battre, c'est qu'il avait une complète inaptitude pour les affaires. Quand tu vins au monde, nous étions si tristes, que je te pris sur mes genoux et pleurai amèrement. Les marins, vois-tu, ne ressemblent pas au reste du monde. J'en ai vu qui, au début de leur engagement, avaient entre les mains des sommes assez fortes. Ils imaginaient un divertissement singulier. Ils faisaient chauffer les écus dans un poêlon, puis les jetaient dans la rue, riant aux éclats des efforts de la canaille pour s'en saisir. C'était une façon de marquer qu'on ne se fait pas tuer pour des pièces de six francs, et que le courage et le devoir ne se payent pas. Et ton pauvre oncle Pierre, en voilà encore un qui m'a donné du souci. O ciel!

— Parlez-moi de lui, dis-je; je ne sais pourquoi je l'aime.

— Tu l'as vu un jour; il nous rencontra

près du pont; il te salua; mais tu étais trop respecté dans le pays; il n'osa te parler, et je ne voulus pas te dire. C'était la meilleure créature de Dieu; mais on ne ne put jamais l'astreindre à travailler. Il était toujours par voies et par chemins, passant ses jours et ses nuits dans les cabarets; avec cela, bon et honnête; mais il fut impossible de lui donner un état. Tu ne peux te figurer comme il était charmant avant que la vie qu'il menait l'eût épuisé. Il était adoré dans le pays, on se l'arrachait. Ce qu'il savait de contes, de proverbes, d'histoires à faire mourir de rire ne peut se concevoir. Tout le pays le suivait. Avec cela, assez instruit; il avait beaucou plu. Dans les cabarets, on faisait cercle autour de lui, on l'applaudissait. Il était la vie, l'âme, le boute-en-train de tout le monde. Il fit une véritable révolution littéraire. Jusque-là, *les Quatre fils d'Aymon* et *Renaud de Montauban* avaient eu la vogue. On connaissait tous ces vieux personnages, on savait leur vie par cœur; chacun avait son héros particulier pour lequel il se passionnait. Pierre fit connaître des histoires moins vieillies, qu'il prenait dans les livres, mais qu'il accommodait au goût du pays.

» Nous avions alors une assez bonne bibliothèque. Quand vinrent les Pères de la mission, sous Charles X, le prédicateur fit un si beau sermon contre les livres dangereux, que chacun brûla tout ce qu'il avait de volumes chez lui. Le missionnaire avait dit qu'il valait mieux en brûler plus que moins, et que d'ailleurs tous pouvaient être dangereux selon les circonstances. Je fis comme tout le monde; mais ton père en jeta plusieurs sur le haut de la grande armoire. « Ceux-là sont trop jolis, » me dit-il. C'étaient *Don Quichotte, Gil Blas, le Diable boiteux.* Pierre les dénicha en cet endroit. Il les lisait aux gens du peuple et aux gens du port. Toute notre bibliothèque y a passé. De la sorte il mangea le peu qu'il avait, une petite aisance, et devint un pur vagabond; ce qui ne l'empêchait pas d'être doux, excellent, incapable de faire du mal à une mouche.

— Mais pourquoi, dis-je, ses tuteurs ne

le firent-ils pas embarquer comme marin? Cela l'eût entraîné et réglé un peu.

— Ç'aurait été impossible; tout le peuple l'eût suivi; on l'aimait trop. Si tu savais comme il avait de l'imagination. Pauvre Pierre! je l'aimais tout de même; je l'ai vu parfois si charmant! Il y avait des moments où un mot de lui vous faisait pâmer de rire. Il possédait une façon d'ironie, une manière de plaisanter sans qu'on fût averti, ni que rien préparât le trait, que je n'ai vues à personne. Je n'oublierai jamais le soir où l'on vint m'avertir qu'on l'avait trouvé mort au bord du chemin de Langoat. J'allai, je le fis habiller proprement. On l'enterra; le curé me dit de bien bonnes paroles sur la mort de ces vagabonds, dont le cœur n'est pas toujours aussi loin de Dieu que l'on pourrait croire. »

Pauvre oncle Pierre! j'ai bien souvent pensé à lui. Cette tardive estime sera sa seule récompense. Le paradis métaphysique ne serait pas sa place. Son imagination, son entrain, sa sensualité vive, firent de lui, dans son milieu, une apparition à part. Le caractère de mon père ne ressemblait nullement au sien. Mon père était plutôt doux et mélancolique. Il me donna le jour vieux, au retour d'un long voyage. Dans les premières lueurs de mon être, j'ai senti les froides brumes de la mer, subi la bise du matin, traversé l'âpre et mélancolique insomnie du banc de quart.

## IV

Je touchais par ma grand'mère maternelle à un monde de bourgeoisie beaucoup plus rangée. Ma bonne maman, comme je l'appelais, était un fort aimable modèle de la bourgeoisie d'autrefois. Elle avait été extrêmement jolie. Je l'ai connue dans ses dernières années, gardant toujours la mode du moment où elle devint veuve. Elle tenait à sa classe, ne quitta jamais ses coiffes de bourgeoise, ne souffrit jamais d'être appelée que *mademoiselle*. Les dames nobles l'avaient en haute estime. Quand elles rencontraient ma sœur Henriette, elles la caressaient : « Ma petite, lui disaient-elles, votre grand'mère était une personne bien recommandable, nous l'aimions beaucoup ; soyez comme elle. » En effet, ma sœur l'aimait extrêmement et la prit pour exemple ; mais ma mère, rieuse et pleine d'esprit, différait beaucoup d'elle ; la mère et la fille faisaient en tout le contraste le plus parfait.

Cette bonne bourgeoisie de Lannion était admirable de candeur, de respect et d'honnêteté. Beaucoup de mes tantes restèrent sans se marier, mais n'en étaient pas moins heureuses, grâce à un esprit de sainte enfance qui rendait tout léger. On vivait ensemble, on s'aimait ; on participait aux mêmes croyances. Mes tantes X... n'avaient d'autre divertissement que, le dimanche, après les offices, de faire voler une plume, chacune soufflant à son tour pour l'empêcher de toucher terre. Les grands éclats de rire que cela leur causait les approvisionnaient de joie pour huit jours. La piété de ma grand'mère, sa politesse, son culte pour l'ordre établi, me sont restés comme une des meilleures images de cette vieille société fondée sur Dieu et le roi, deux étais qu'il n'est pas sûr qu'on puisse remplacer.

Quand la Révolution éclata, ma bonne maman l'eut en horreur, et bientôt elle fut à la tête des pieuses personnes qui cachaient les prêtres insermentés. La messe se disait dans son salon. Les dames nobles étant dans l'émigration, elle regardait comme son devoir de les remplacer en cela. La plupart de mes oncles, au contraire, étaient grands patriotes. Quand il y avait des deuils publics, par exemple à propos de la trahison de Dumouriez, mes oncles laissaient croître leur barbe, sortaient avec des mines consternées, des cravates énormes et des vêtements en désordre. Ma bonne maman avait alors de fines railleries, qui n'étaient pas sans danger : « Ah! mon pauvre Tanneguy, qu'avez-vous? quel malheur nous est survenu? Est-ce qu'il est arrivé quelque chose à ma cousine Amélie? Est-ce que l'asthme de ma tante Augustine va plus mal? — Non, ma cousine, la République est en danger. — Ce n'est que cela? Ah! mon cher Tanneguy, que vous me soulagez ! Vous m'enlevez un véritable poids de dessus le cœur. »

Elle joua ainsi pendant deux ans avec la guillotine, et ce fut miracle si elle y échappa. Elle avait pour compagne de son dévouement une dame Taupin, très pieuse comme elle. Les prêtres alternaient entre sa maison et celle de madame Taupin. Mon oncle Y..., très révolutionnaire, au fond excellent homme, lui disait souvent : « Ma cousine, prenez garde ; si j'étais obligé de savoir qu'il y a des prêtres ou des aristocrates cachés chez vous, je vous dénoncerais. » Elle répondait qu'elle ne connaissait que de vrais amis de la République, mais ce qui s'appelle de vrais amis !...

C'est, en effet, madame Taupin qui fut guillotinée. Ma mère ne me racontait jamais cette scène sans la plus vive émotion. Elle me montra, dans mon enfance, les lieux où tout s'était passé. Le jour de l'exécution, ma bonne maman emmena toute la famille hors de Lannion, pour ne point participer au crime qui allait s'y accomplir. On se rendit avant le jour à une chapelle située à une demi-lieue de la ville, dans un endroit désert, et dédiée à saint Roch. Beaucoup de personnes pieuses s'y rencontrèrent. Un signal devait les avertir du moment où la tête tomberait, pour que tous fussent en prière quand l'âme de la martyre serait présentée par les anges au trône de Dieu.

Tout cela créait des liens d'une profondeur dont nous n'avons plus l'idée. Ma bonne maman aimait les prêtres, leur courage, leur dévouement. Elle éprouva leur glaciale froideur. Sous le Consulat, quand le culte fut rétabli, le prêtre qu'elle avait caché au péril de sa vie fut nommé curé d'une paroisse près de Lannion. Elle prit ma mère, alors enfant, par la main, et elles firent ensemble un voyage de deux lieues, sous un soleil ardent. Revoir celui qu'elle avait vu officier de nuit chez elle, dans de si tragiques circonstances, lui faisait battre le cœur. L'orgueil sacerdotal, peut-être le sentiment du devoir, inspira au prêtre une étrange conduite. Il la reconnut à peine, la reçut debout et la congédia après deux ou trois paroles. Pas un remerciement, pas une félicitation, pas un souvenir. Il ne lui proposa même pas un verre d'eau. Ma grand'mère pensa défaillir; elle revint à Lannion avec ma mère, fondant en larmes, soit qu'elle se reprochât une erreur de son cœur de femme, soit qu'elle fût révoltée contre tant d'orgueil. Ma mère ne sut jamais si, dans le sentiment qui lui resta de ce jour, le froissement ou l'admiration l'emportèrent. Peut-être finit-elle par comprendre la sagesse profonde de ce prêtre, qui sembla lui dire brusquement : « Femme, qu'y a-t-il de commun entre toi et moi? » et ne voulut pas reconnaître qu'il dût lui savoir quelque gré du bien qu'elle avait fait. Les femmes admettent difficilement ce degré d'abstraction. L'œuvre se personnifie toujours pour elles en quelqu'un, et elles ont peine à trouver naturel qu'on ait combattu côte à côte sans se connaître ni s'aimer.

Ma mère, gaie, ouverte, curieuse, aimait plutôt la Révolution qu'elle ne la haïssait. A l'insu de ma bonne maman, elle écoutait les chansons patriotiques. Le *Chant du Depart* lui avait fait une vive impression, elle ne récitait jamais le beau vers prononcé par les mères :

De nos yeux maternels ne craignez point les larmes...

sans que sa voix fût émue. Ces grandes et terribles scènes avaient laissé en elle une empreinte ineffaçable. Quand elle s'égarait en ces souvenirs, indissolublement liés à l'éveil de sa première jeunesse, quand elle se rappelait tant d'enthousiasmes, tant de joies folles, qui alternaient avec les scènes de terreur, sa vie semblait renaître tout entière. J'ai pris d'elle un goût invincible de la Révolution, qui me la fait aimer malgré ma raison et malgré tout le mal que j'ai dit d'elle. Je n'efface rien de ce que j'ai dit; mais, depuis que je vois l'espèce de rage avec laquelle des écrivains étrangers cherchent à prouver que la révolution française n'a été que honte, folie, et qu'elle constitue un fait sans importance dans l'histoire du monde, je commence à croire que c'est peut-être ce que nous avons fait de mieux, puisqu'on en est si jaloux.

## V

Un personnage singulier, qui resta longtemps pour nous une énigme, compta pour quelque chose parmi les causes qui firent de moi, en somme, bien plus un fils de la Révolution qu'un fils des croisés. C'était un vieillard dont la vie, les idées, les habitudes, formaient avec celles du pays le plus singulier contraste. Je le voyais tous les jours, couvert d'un manteau râpé, aller acheter chez une petite marchande pour deux sous de lait dans un vase de fer-blanc. Il était pauvre, sans être précisément dans la misère. Il ne parlait à personne; mais son œil timide avait beaucoup de douceur. Les personnes que des circonstances tout à fait exceptionnelles mettaient en rapport avec lui étaient enchantées de son aménité, de son sourire, de sa haute raison.

Je n'ai jamais su son nom, et même je crois que personne ne le savait. Il n'était pas du pays et n'avait aucune famille. Sa paix était profonde, et la singularité de sa vie n'excitait plus que de l'étonnement; mais ce résultat, il ne l'avait pas conquis tout d'abord. Il avait fait bien des écoles. Un temps fut où il avait eu des rapports avec les gens du pays, leur avait dit quelques-unes de ses idées; personne n'y comprit rien. Le mot *système*, qu'il prononça deux ou trois fois, parut drôle. On l'appela *Système*, et bientôt il n'eut plus d'autre nom. S'il eût continué, cela eût mal tourné, les enfants lui eussent jeté des pierres. En vrai sage, il se tut, ne dit plus mot à personne et eut le repos. Il sortait tous les jours pour aller acheter ses petites provisions; le soir, il se promenait dans quelque lieu retiré. Son visage était sérieux, mais non triste, plutôt aimable que malveillant. Dans la suite, quand je lus la *Vie de Spinoza* par Colerus, je vis que j'avais eu sous les yeux dans mon enfance un modèle tout semblable au saint d'Amsterdam. On le laissait tout à fait tranquille; on le respectait même. Sa résignation, sa mine souriante, paraissaient une vision d'un autre monde. On ne comprenait pas, mais on sentait en lui quelque chose de supérieur; on s'inclinait.

Il n'allait jamais à l'église et évitait toutes les occasions où il eût fallu manifester une foi religieuse matérielle. Le clergé le voyait de très mauvais œil; on ne parlait pas contre lui au prône, car il n'y avait pas scandale; mais, en secret, on ne prononçait son nom qu'avec épouvante. Une circonstance particulière augmentait cette animosité et créait autour du vieux solitaire une sorte d'atmosphère de diaboliques terreurs.

Il possédait une bibliothèque très considérable, composée d'écrits du xviiie siècle. Toute cette grande philosophie, qui, en somme, a plus fait que Luther et Calvin, était là réunie. Le studieux vieillard la savait par cœur et vivait des petits profits que lui rapportait le prêt de ses volumes à quelque personnes qui lisaient. C'était là pour le clergé une sorte de puits de l'abîme, dont on parlait avec horreur.

L'interdiction de lui emprunter des livres était absolue. Le grenier de Système passait pour le réceptacle de toutes les impiétés.

Naturellement je partageais cette horreur, et c'est bien plus tard, quand mes idées philosophiques se furent assises, que je songeai que j'avais eu le bonheur dans mon enfance de voir un véritable sage. Ses idées, je les reconstruisis sans peine en rapprochant quelques mots qui m'avaient paru autrefois inintelligibles, et dont je me souvenais. Dieu était pour lui l'ordre de la nature, la raison intime des choses. Il ne souffrait pas qu'on le niât. Il aimait l'humanité comme représentant la raison, et haïssait la superstition comme la négation de la raison. Sans avoir le souffle poétique que le xix<sup>e</sup> siècle a su ajouter à ces grandes vérités, Système, j'en suis sûr, vit très haut et très loin. Il était dans le vrai. Loin de méconnaître Dieu, il avait honte pour ceux qui s'imaginent le toucher. Perdu dans une paix profonde et une sincère humilité, il voyait les erreurs des hommes avec plus de pitié que de haine. Il était évident qu'il méprisait son siècle. La renaissance de la superstition, qu'il avait crue enterrée par Voltaire et Rousseau, lui semblait, dans la génération nouvelle, le signe d'un complet abêtissement.

Un matin, on le trouva mort dans sa pauvre chambre, au milieu de ses livres empilés. C'était après 1830 ; le maire lui fit le soir des funérailles décentes. Le clergé acheta toute sa bibliothèque à vil prix et la fit détruire. On ne découvrit dans sa commode aucun papier qui pût aider à percer le mystère qui l'entourait. Seulement, dans un coin, on trouva soigneusement enveloppé un bouquet de fleurs desséchées, liées par un ruban tricolore. On crut d'abord à quelque souvenir d'amour, et plusieurs brodèrent sur ce canevas le roman de l'inconnu ; mais le ruban tricolore troublait une telle hypothèse. Ma mère ne croyait nullement que ce fût là l'explication véritable. Quoiqu'elle eût un respect instinctif pour Système, elle me disait toujours : « C'est un vieux terroriste. Je me figure par moments l'avoir vu en 1793. Et puis il a juste les allures et les idées de M..., qui terrorisa

Lannion et y tint la guillotine en permanence tant que dura Robespierre. »

Il y a quinze ou vingt ans, je lus, aux *faits divers* d'un journal, à peu près ce qui suit ;

Hier, dans une rue écartée, au fond du faubourg Saint-Jacques, s'est éteint presque sans agonie un vieillard dont l'existence intriguait fort le voisinage. Il était respecté dans le quartier comme un modèle de bienfaisance et de bonté; mais il évitait tout ce qui eût pu mettre sur la voie de son passé. Quelques livres, le *Catéchisme* de Volney, des volumes dépareillés de Rousseau, étaient épars sur la table. Une malle composait tout son avoir. Le commissaire de police, appelé à l'ouvrir, n'y a trouvé que quelques pauvres effets, parmi lesquels un bouquet fané, enveloppé avec soin dans un papier sur lequel était écrit : *Bouquet que je portai à la fête de l'Être suprême,* 20 *prairial, an* II.

Ce fut là pour moi un trait de lumière. Je ne doutai pas que le bouquet de Système ne se rattachât au même souvenir. Je me rappelai les rares adeptes de l'Église jacobine que j'avais pu connaître, leur ardente conviction, leur attachement sans borne aux souvenirs de 1793 et 1794, leur impuissance à parler d'autre chose. Ce rêve d'une année fut si ardent, que ceux qui l'avaient traversé ne purent désormais rentrer dans la vie. Ils restèrent sous le coup d'une idée fixe, mornes, frappés de stupéfaction; ils avaient le *delirium tremens* des ivresses sanglantes. C'étaient des croyants absolus; le monde, qui n'était plus à leur diapason, leur semblait vide et enfantin. Demeurés seuls debout comme les restes d'un monde de géants, chargés de la haine du genre humain, ils n'avaient plus de commerce possible avec les vivants. Je compris l'effet que fit Lakanal quand il revint d'Amérique en 1833 et qu'il apparut à ses confrères de l'Académie des sciences morales et politiques comme un fantôme... Je compris Daunou et son obstination à voir dans M. Cousin, dans M. Guizot, les plus dangereux des jésuites. Par un contraste assez ordinaire, ces survivants, parfois hideux, de luttes titaniques étaient devenus des agneaux. L'homme n'a pas besoin, pour être bon, d'avoir trouvé une base logique à sa bonté. Les plus cruels inquisiteurs du moyen âge, Conrad de Marbourg, par exemple, étaient les plus doux des hommes. C'est ce qu'on verra quand notre grand maître, M. Victor Hugo, donnera son *Torquemada*, et montrera comment on peut devenir brûleur d'hommes par sensibilité, par charité[1].

## VI

Quoique l'éducation religieuse et prématurément sacerdotale qui m'était donnée ait empêché pour moi les liaisons de jeunesse avec des personnes d'un autre sexe, j'avais des petites amies d'enfance dont une surtout m'a laissé un profond souvenir. Très tôt, le goût des jeunes filles fut vif en moi. Je les préférais de beaucoup aux petits garçons. Ceux-ci ne m'aimaient pas; mon air délicat les agaçait. Nous ne pouvions jouer ensemble; ils m'appelaient *mademoiselle;* il n'y avait taquinerie

---

[1]. J'écrivais ceci en 1876. La belle œuvre de M. Victor Hugo a paru depuis.

qu'ils ne me fissent. J'étais, au contraire, tout
à fait bien avec les petites filles de mon âge :
elles me trouvaient tranquille et raisonnable.
J'avais douze ou treize ans. Je ne me rendais
aucun compte de l'attrait qui m'attachait à
elles. L'idée vague qui m'attirait me semble
avoir été surtout qu'il y a des choses permises
aux hommes qui ne sont pas permises aux
femmes, si bien qu'elles m'apparaissaient
comme des créatures faibles et jolies, sou-
mises, pour le gouvernement de leur petite
personne, à des règles qu'elles acceptaient.
Toutes celles que je connaissais étaient d'une
modestie charmante. Il y avait dans le premier
éveil qui s'opérait en moi le sentiment d'une
légère pitié, l'idée qu'il fallait aider à une résignation si gentille, aimer leur retenue et la seconder. Je voyais bien ma supériorité intellectuelle ; mais, dès lors, je sentais que la femme
très belle ou très bonne résout complètement,
pour son compte, le problème qu'avec toute
notre force de tête nous ne faisons que gâcher.
Nous sommes des enfants ou des pédants
auprès d'elle. Je ne comprenais que vague-

ment, déjà cependant j'entrevoyais que la beauté est un don tellement supérieur, que le talent, le génie, la vertu même, ne sont rien auprès d'elle, en sorte que la femme vraiment belle a le droit de tout dédaigner, puisqu'elle rassemble, non dans une œuvre hors d'elle, mais dans sa personne même, comme en un vase myrrhin, tout ce que le génie esquisse péniblement en traits faibles, au moyen d'une fatigante réflexion.

Parmi ces petites camarades, j'ai dit qu'il y en avait une qui avait pour moi un effet particulier de séduction. Elle s'appelait Noémi. C'était un petit modèle de sagesse et de grâce. Ses yeux étaient d'une délicieuse langueur, empreints à la fois de bonté et de finesse; ses cheveux étaient d'un blond adorable. Elle pouvait avoir deux ans de plus que moi, et la façon dont elle me parlait tenait le milieu entre le ton d'une sœur aînée et les confidences de deux enfants. Nous nous entendions à merveille. Quand les petites amies se querellaient, nous étions toujours du même avis. Je m'efforçais de mettre la paix entre les dissidentes. Elle était sceptique sur l'issue de mes tentatives. « Ernest, me disait-elle, vous ne réussirez pas : vous voulez mettre tout le monde d'accord. » Cette enfantine collaboration pacifique, qui nous attribuait une imperceptible supériorité sur les autres, établissait entre nous un petit lien très doux. Maintenant encore, je ne peux pas entendre chanter : *Nous n'irons plus au bois*, ou *Il pleut, il pleut, bergère*, sans être pris d'un léger tressaillement de cœur... Certainement, sans l'étau fatal qui m'enserrait, j'eusse aimé Noémi deux ou trois ans après; mais j'étais voué au raisonnement; la dialectique religieuse m'occupait déjà tout entier. Le flot d'abstractions qui me montait à la tête m'étourdissait et me rendait, pour tout le reste, absent et distrait.

Un singulier défaut, d'ailleurs, qui plus d'une fois dans la vie devait me nuire, traversa cette affection naissante et la fit dévier. Mon indécision est cause que je me laisse facilement amener à des situations contradictoires, dont je ne sais pas trancher le nœud.

Ce trait de caractère se compliqua, en cette circonstance, d'une qualité qui m'a fait commettre autant d'inconséquences que le pire des défauts. Il y avait, parmi ces enfants, une petite fille beaucoup moins belle que Noémi, bonne et aimable sans doute, mais moins fêtée, moins entourée. Elle me recherchait, peut-être même un peu plus que Noémi, et ne dissimulait pas une certaine jalousie. Faire de la peine à quelqu'un a toujours été pour moi une impossibilité. Je me figurais vaguement que la femme qui n'est pas très jolie est malheureuse et doit se dévorer intérieurement, comme si elle avait manqué sa destinée. J'allais avec la moins aimée plus qu'avec Noémi, car je la voyais triste. Je laissai ainsi bifurquer mon premier amour, comme plus tard je laissai bifurquer ma politique, de la façon la plus maladroite. Une ou deux fois, je vis Noémi rire sous cape de ma naïveté. Elle était toujours gentille pour moi; mais il y avait par moments chez elle une nuance d'ironie qu'elle ne dissimulait pas, et qui ne faisait que me la rendre plus charmante encore.

La lutte qui remplit mon adolescence me la fit oublier à peu près. Plus tard, son image s'est souvent représentée à moi. Je demandai un jour à ma mère ce qu'elle était devenue.

« Elle est morte, me dit-elle, morte de tristesse. Elle n'avait pas de fortune. Quand elle eut perdu ses parents, sa tante, une très digne femme qui tenait l'hôtellerie de..., la plus honnête maison du monde, la prit chez elle. Elle fit de son mieux. Tu ne l'as connue qu'enfant, charmante déjà; mais, à vingt-deux ans, c'était un miracle. Ses cheveux, qu'elle tenait en vain prisonniers sous un lourd bonnet, s'échappaient en tresses tordues, comme des gerbes de blé mûr. Elle faisait ce qu'elle pouvait pour cacher sa beauté. Sa taille admirable était dissimulée par une pèlerine; ses mains, longues et blanches, étaient toujours perdues dans des mitaines. Rien n'y faisait. A l'église, il se formait des groupes de jeunes gens pour la voir prier. Elle était trop belle pour nos pays, et elle était aussi sage que belle. »

Cela me toucha vivement. Depuis, j'ai pensé

beaucoup plus à elle, et, quand Dieu m'a eu donné une fille, je l'ai appelée Noémi.

## VII

Le monde, en marchant, n'a pas beaucoup plus de souci de ce qu'il écrase que le char de l'idole de Jugurnath. Toute cette vieille société dont je viens d'essayer un crayon a maintenant disparu. Bréhat n'existe plus; je l'ai revu il y a six ans, je ne l'ai pas reconnu. On a découvert au chef-lieu du département que certains usages anciens de l'île ne sont pas conformes à je ne sais quel code; on a réduit une population douce et aisée à la révolte et à la misère. La petite marine que fournissaient ces îles et ces côtes n'existe plus. Les chemins de fer et les bateaux à vapeur l'ont ruinée. Et les vieux bardes! ô ciel! en quel état je les ai vus réduits! J'en trouvai plusieurs, il y a quelques années, parmi les Bas-Bretons qui viennent à Saint-Malo demander aux plus sordides besognes de quoi ne pas mourir de faim. L'un d'eux désira me voir; il était sous-aide balayeur. Il m'exposa en breton (il ne savait pas un mot de français) ses idées sur la fin de toute poésie et sur l'infériorité des nouvelles écoles. Il était partisan de l'ancien genre, de la complainte narrative, et il se mit à me chanter celle qu'il tenait pour la plus belle. Le sujet était la mort de Louis XVI. Il fondait en larmes. Arrivé au roulement de tambours de Santerre, il ne put aller plus loin. « S'il lui avait été permis de parler, me dit-il en se levant fièrement, le peuple se serait révolté.» Pauvre honnête homme !

En présence de pareils exemples, le cas de l'opulent Z... me devenait de plus en plus énigmatique. Quand je demandais à ma mère de me donner l'explication de cette singularité, elle répondait toujours d'une manière évasive, me parlait vaguement d'aventures dans les mers de Madagascar, refusait de répondre. Un jour, je la pressai plus vivement.

« Mais comment donc, lui dis-je, le cabotage,

qui n'a jamais enrichi personne, a-t-il pu faire un millionnaire?

— Mon dieu, Ernest, que tu es entêté! Je t'ai déjà dit de ne pas me demander cela. Z... est le seul homme un peu comme il faut de notre entourage; il a une belle position; il est riche, estimé, on ne lui demande pas compte de la manière dont il a pu acquérir sa fortune.

— Dites-le moi tout de même.

— Eh bien, que veux-tu? On ne devient pas riche sans se salir un peu. Il avait fait la traite des nègres... »

Un peuple noble, bon seulement pour servir des nobles, en harmonie d'idées avec eux, est, de notre temps, un peuple placé à l'antipode de ce qu'on appelle la saine économie politique et destiné à mourir de faim. Pour les délicats, retenus par une foule de points d'honneur, la concurrence est impossible avec de prosaïques lutteurs, bien décidés à ne se priver d'aucun avantage dans la bataille de la vie. C'est ce que je découvris bien vite, dès que je commençai à connaître un peu la planète où nous vivons. Alors s'établit en moi une lutte ou plutôt une dualité qui a été le secret de toutes mes opinions. Je n'abandonnai nullement mon goût pour l'idéal; je l'ai plus vif que jamais, je l'aurai toujours. Le moindre acte de vertu, le moindre grain de talent, me paraissent infiniment supérieurs à toutes les richesses, à tous les succès du monde. Mais, comme j'avais l'esprit juste, je vis en même temps que l'idéal et la réalité n'ont rien à faire ensemble; que le monde, jusqu'à nouvel ordre, est voué sans appel à la platitude, à la médiocrité; que la cause qui plaît aux âmes bien nées est sûre d'être vaincue; que ce qui est vrai en littérature, en poésie, aux yeux des gens raffinés, est toujours faux dans le monde grossier des faits accomplis. Les événements qui suivirent la révolution de 1848 me fortifièrent dans cette idée. Il se trouva que les plus beaux rêves, transportés dans le domaine des faits, avaient été funestes, et que les choses humaines ne commencèrent à mieux aller que quand les idéologues cessèrent de s'en occuper.

Je m'habituai dès lors à suivre une règle singulière, c'est de prendre pour mes jugements pratiques le contre-pied exact de mes jugements théoriques, de ne regarder comme possible que ce qui contredisait mes aspirations. Une expérience assez suivie m'avait montré, en effet, que la cause que j'aimais échouait toujours et que ce qui me répugnait était ce qui devait triompher. Plus une solution politique fut chétive, plus elle me parut dès lors avoir de chances pour réussir dans le monde des réalités.

En fait, je n'ai d'amour que pour les caractères d'un idéalisme absolu, martyrs, héros, utopistes, amis de l'impossible. De ceux-là seuls je m'occupe; ils sont, si j'ose le dire, ma spécialité. Mais je vois ce que ne voient pas les exaltés; je vois, dis-je, que ces grands accès n'ont plus d'utilité et que, d'ici à longtemps, les héroïques folies que le passé a déifiées ne réussiront plus. L'enthousiasme de 1792 fut une belle et grande chose, mais une chose qui ne peut se renouveler. Le jacobinisme, comme M. Thiers l'a très bien prouvé, a sauvé la France; maintenant il la perdrait. Les événements de 1870 ne m'ont pas précisément guéri de mon pessimisme. Ce que j'appris cette année-là, c'est le prix de la méchanceté, c'est ce fait que l'aveu éhonté qu'on n'est ni sentimental, ni généreux, ni chevaleresque, plaît au monde, le fait sourire d'aise et réussit toujours. L'égoïsme est juste le contraire de ce que j'avais été habitué à regarder comme beau et bien. Or le spectacle de ce monde nous montre l'égoïsme seul récompensé. L'Angleterre a été jusqu'à ces dernières années la première des nations, parce qu'elle a été la plus égoïste. L'Allemagne a conquis l'hégémonie du monde en reniant hautement les principes de moralité politique qu'elle avait autrefois si éloquemment prêchés.

Là est l'explication de cette singularité que, ayant eu quelquefois à émettre des conseils pratiques dans l'intérêt de mon pays, ces conseils ont été au rebours de mes opinions d'artiste. J'ai agi en homme consciencieux. Je me suis défié de la cause ordinaire de mes erreurs; j'ai pris le contre-pied de mes instincts;

je me suis mis en garde contre mon idéalisme.
Je crains toujours que mes habitudes d'esprit
ne me trompent, ne me cachent un côté des
choses. C'est comme cela qu'il se fait que,
tout en aimant beaucoup le bien, j'ai une
indulgence peut-être fâcheuse pour ceux qui
ont pris la vie par un autre côté, et que, tout
en étant fort appliqué, je me demande sans
cesse si ce ne sont pas les gens frivoles qui
ont raison.

Enthousiaste, je le suis autant que personne ; mais je pense que la réalité ne veut
plus d'enthousiasme, et qu'avec le règne des
gens d'affaires, des industriels, de la classe
ouvrière (la plus intéressée de toutes les
classes), des juifs, des Anglais de l'ancienne
école, des Allemands de la nouvelle, a été
inauguré un âge matérialiste où il sera aussi
difficile de faire triompher une pensée généreuse que de produire le son argentin du
bourdon de Notre-Dame avec une cloche de
plomb ou d'étain. Il est curieux, du reste, que,
sans contenter les uns, je n'aie pas trompé
les autres. Les bourgeois ne m'ont su aucun

gré de mes concessions; ils ont vu plus clair que moi en moi-même; ils ont bien senti que j'étais un faible conservateur, et qu'avec la meilleure foi du monde, je les aurais trahis vingt fois, par faiblesse pour mon ancienne maîtresse, l'idéal. Ils ont senti que les duretés que je lui disais n'étaient qu'apparentes, et qu'au premier sourire d'elle, je faiblirais.

Il faut créer le royaume de Dieu, c'est-à-dire de l'idéal, au dedans de nous. Le temps n'est plus où l'on pouvait former des petits mondes, des Thélèmes délicats, fondés sur l'estime et l'amour réciproques; mais la vie bien prise et bien pratiquée, dans un petit cercle de personnes qui se comprennent, est à elle-même sa propre récompense. Le commerce des âmes est la plus grande et la seule réalité. Voilà pourquoi j'aime à penser à ces bons prêtres qui furent mes premiers maîtres, à ces excellents marins, qui ne vécurent que du devoir; à la petite Noémi, qui mourut parce qu'elle était trop belle; à mon grand-père, qui ne voulut pas acheter de biens nationaux; au bonhomme Système, qui fut heureux puisqu'il eut son heure d'illusion. Le bonheur, c'est le dévouement à un rêve ou à un devoir; le sacrifice est le plus sûr moyen d'arriver au repos. Un des anciens bouddhas antérieurs à Sakya-Mouni atteignit le *nirvana* d'une étrange manière. Il vit un jour un faucon qui poursuivait un petit oiseau. « Je t'en prie, dit-il à la bête de proie, laisse cette jolie créature; je te donnerai son poids de ma chair.» Une petite balance descendit incontinent du ciel, et l'exécution du marché commença. L'oisillon s'installa commodément dans un des plateaux; dans l'autre, le saint mit une large tranche de sa chair; le fléau de la balance ne bougeait pas. Lambeau par lambeau, le corps y passa tout entier; la balance ne remuait pas encore. Au moment où le dernier morceau du corps du saint homme fut mis dans le plateau, le fléau s'abaissa enfin, le petit oiseau s'envola, et le saint entra dans le *nirvana*. Le faucon, qui, après tout, avait fait une bonne affaire, se gorgea de sa chair.

Le petit oiseau représente les parcelles de beauté et d'innocence que notre triste planète recèlera toujours, quels que soient ses épuisements. Le faucon est la part infiniment plus forte d'égoïsme et de grossièreté qui constitue le train du monde. Le sage rachète la liberté du bien et du beau en abandonnant sa chair aux avides, qui, tandis qu'ils mangent ces dépouilles matérielles, le laissent en repos, ainsi que ce qu'il aime. Les balances descendues du ciel sont la fatalité : on ne la fléchit pas, on ne lui fait point sa part ; mais, au moyen de l'abnégation absolue, en lui jetant sa proie, on lui échappe ; car elle n'a plus alors de prise sur nous. Quant au faucon, il se tient tranquille dès que la vertu, par ses sacrifices, lui procure des avantages supérieurs à ceux qu'il atteindrait par sa propre violence. Tirant profit de la vertu, il a intérêt à ce qu'il y en ait ; ainsi, au prix de l'abandon de sa partie matérielle, le sage atteint son but unique, qui est de jouir en paix de l'idéal.

# III

## LE PETIT SÉMINAIRE SAINT-NICOLAS DU CHARDONNET

---

### I

Beaucoup de personnes qui m'accordent un esprit clair s'étonnent que j'aie pu, dans mon enfance et dans ma jeunesse, adhérer à des croyances dont l'impossibilité s'est ensuite révélée à moi d'une façon évidente. Rien de plus simple cependant, et il est bien probable que, si un incident extérieur n'était venu me tirer brusquement du milieu honnête, mais borné, où s'était passée mon enfance, j'aurais conservé toute ma vie la foi qui m'était apparue d'abord comme l'expression absolue de la vérité. J'ai raconté comment je reçus mon éducation dans un petit collège d'excellents prêtres, qui m'apprirent le latin à l'ancienne manière (c'était la bonne), c'est-à-dire avec des livres élémentaires détestables, sans méthode, presque sans grammaire, comme l'ont appris, au xv<sup>e</sup> et au xvi<sup>e</sup> siècles, Érasme et les humanistes qui, depuis l'antiquité, l'ont le mieux su. Ces dignes ecclésiastiques étaient les hommes les plus respectables du monde. Sans rien de ce qu'on appelle maintenant *pédagogie,* ils pratiquaient la première règle de l'éducation, qui est de ne pas trop faciliter des exercices dont le but est la difficulté vaincue. Ils cherchaient, par-dessus tout, à former d'honnêtes gens. Leurs leçons de bonté et de moralité, qui me semblaient la dictée même du cœur et de la vertu, étaient pour moi inséparables du dogme qu'ils enseignaient. L'éducation historique qu'ils me donnèrent consista uniquement à me faire lire Rollin. De critique, de sciences naturelles, de philosophie, il ne pouvait naturellement être question encore. Quant au XIX° siècle, à ces idées neuves en histoire et en littérature, déjà professées par tant de bouches éloquentes, c'était ce que mes excellents maîtres ignoraient le plus. On ne vit jamais un isolement plus complet de l'air ambiant. Un légitimisme implacable écartait jusqu'à la possibilité de nommer sans horreur la Révolution et Napoléon. Je ne connus guère l'Empire que par le concierge du collège. Il avait dans sa loge beaucoup d'images populaires : « Regarde *Bonaparte*, me dit-il un jour en me montrant une de ces images; ah! c'était un patriote, celui-là! » De la littérature contemporaine, jamais un mot. La littérature française finissait à l'abbé Delille. On connaissait Chateaubriand; mais, avec un instinct plus juste que celui des prétendus néo-catholiques, pleins de naïves illusions, ces bons vieux prêtres se défiaient de lui. Un Tertullien égayant son Apologétique par *Atala* et *René* leur inspirait peu de confiance. Lamartine les troublait encore plus; ils devinaient chez lui une foi peu solide; ils voyaient ses fugues ultérieures. Toutes ces observations faisaient honneur à leur sagacité orthodoxe; mais il en résultait pour leurs élèves un horizon singulièrement fermé. Le *Traité des Études* de Rollin est un livre plein de vues larges auprès du cercle de pieuse médiocrité où s'enfermaient par devoir ces maîtres exquis.

Ainsi, au lendemain de la révolution de 1830, l'éducation que je reçus fut celle qui se donnait, il y a deux cents ans, dans les sociétés religieuses les plus austères. Elle n'en était pas plus mauvaise pour cela; c'était la forte et sobre éducation, très pieuse, mais très peu jésuitique, qui forma les générations de l'ancienne France, et d'où l'on sortait à la fois si sérieux et si chrétien. Élevé par des maîtres qui renouvelaient ceux de Port-Royal, moins l'hérésie, mais aussi moins le talent d'écrire, je fus donc excusable, à l'âge de douze ou quinze ans, d'avoir, comme un élève de Nicole ou de M. Hermant, admis la vérité du christianisme. Mon état ne différait pas de celui de tant de bons esprits du xviie siècle, mettant la religion hors de doute; ce qui n'empêchait pas qu'ils n'eussent sur tout le reste des idées fort claires. J'appris plus tard des choses qui me firent renoncer aux croyances chrétiennes; mais il faut profondément ignorer l'histoire et l'esprit humain pour ne pas savoir quelle chaîne ces simples, fortes et honnêtes disciplines créaient pour les meilleurs esprits.

La base de ces anciennes éducations était une sévère moralité, tenue pour inséparable de la pratique religieuse, une manière de prendre la vie comme impliquant des devoirs envers la vérité. La lutte même pour se débarrasser d'opinions en partie peu rationnelles avait ses avantages. De ce qu'un gamin de Paris écarte par une plaisanterie des croyances dont la raison d'un Pascal ne réussit pas à se dégager, il ne faut cependant pas conclure que Gavroche est supérieur à Pascal. Je l'avoue, je me sens parfois humilié qu'il m'ait fallu cinq ou six ans de recherches ardentes, l'hébreu, les langues sémitiques, Gesenius, Ewald, pour arriver juste au résultat que ce petit drôle atteint tout d'abord. Ces entassements d'Ossa sur Pélion m'apparaissent alors comme une énorme illusion. Mais le Père Hardouin disait qu'il ne s'était pas levé quarante ans à quatre heures du matin pour penser comme tout le monde. Je ne puis admettre non plus que je me sois donné tant de mal pour combattre une pure *chimæra bombinans*. Non, je ne peux croire que mes labeurs aient été vains, ni qu'en théologie on puisse avoir raison à aussi bon marché que le croient les rieurs. En réalité, peu de personnes ont le droit de ne pas croire au christianisme. Si tous savaient combien le filet tissé par les théologiens est solide, comme il est difficile d'en rompre les mailles, quelle érudition on y a déployée, quelle habitude il faut pour dénouer tout cela!... J'ai remarqué que d'excellents esprits, qui s'étaient mis trop tard à cette étude, se sont pris à la glu et n'ont pu s'en détacher.

Mes maîtres m'enseignèrent, d'ailleurs, quelque chose qui valait infiniment mieux que la critique ou la sagacité philosophique : ils m'apprirent l'amour de la vérité, le respect de la raison, le sérieux de la vie. Voilà la seule chose en moi qui n'ait jamais varié. Je sortis de leurs mains avec un sentiment moral tellement prêt à toutes les épreuves, que la légèreté parisienne put ensuite patiner ce bijou sans l'altérer. Je fus fait de telle sorte pour le bien, pour le vrai, qu'il m'eût été impossible de suivre une carrière non vouée aux choses de l'âme. Mes maîtres me rendirent tellement impropre à toute besogne temporelle, que je fus frappé d'une marque irrévocable pour la vie spirituelle. Cette vie m'apparaissait comme la seule noble; toute profession lucrative me semblait servile et indigne de moi. Ce bon et sain programme de l'existence, que mes professeurs m'inculquèrent, je n'y ai jamais renoncé. Je ne crois plus que le christianisme soit le résumé surnaturel de ce que l'homme doit savoir; mais je persiste à croire que l'existence est la chose du monde la plus frivole, si on ne la conçoit comme un grand et continuel devoir. Vieux et chers maîtres, maintenant presque tous morts, dont l'image m'apparaît souvent dans mes rêves, non comme un reproche, mais comme un doux souvenir, je ne vous ai pas été aussi infidèle que vous croyez. Oui, j'ai reconnu que votre histoire était insuffisante, que votre critique n'était pas née, que votre philosophie naturelle était tout à fait au-dessous de celle qui nous fait accepter comme un dogme fondamental : « Il n'y a pas de surnaturel particulier ; » néanmoins je suis toujours votre disciple. La vie n'a de prix que par le dévouement à la vérité et au bien. Ce bien, vous l'entendiez d'une manière un peu étroite. Cette vérité, vous la faisiez trop matérielle, trop concrète ; au fond, cependant, vous aviez raison, et je vous remercie d'avoir imprimé en moi comme une seconde nature ce principe, funeste à la réussite mondaine, mais fécond pour le bonheur, que le but d'une vie noble doit être une poursuite idéale et désintéressée.

Tout le milieu où je vivais m'inspirait les mêmes sentiments, la même façon de prendre la vie. Mes condisciples étaient pour la plupart de jeunes paysans des environs de Tréguier, vigoureux, bien portants, braves, et, comme tous les individus placés à un degré de civilisation inférieure, portés à une sorte d'affectation virile, à une estime exagérée de la force corporelle, à un certain mépris des femmes et de ce qui leur paraît féminin. Presque tous travaillaient pour être prêtres. Ce que j'ai vu alors m'a donné une grande aptitude pour comprendre les phénomènes historiques qui se passent au premier contact d'une barbarie énergique avec la civilisation. La situation intellectuelle des Germains à l'époque carlovingienne, l'état psychologique et littéraire d'un Saxo Grammaticus, d'un Hrabanus Maurus, sont choses très claires pour moi. Le latin produisait sur ces natures fortes des effets étranges. C'étaient comme des mastodontes faisant leurs humanités. Ils prenaient tout au sérieux, ainsi que font les Lapons quand on leur donne la Bible à lire. Nous nous communiquions sur Salluste, sur Tite-Live, des réflexions qui devaient fort ressembler à celles qu'échangeaient entre eux les disciples de saint Gall ou de saint Colomban apprenant le latin. Nous décidions que César n'était pas un grand homme, parce qu'il n'avait pas été vertueux ; notre philosophie de l'histoire était celle d'un Gépide ou d'un Hérule par sa naïveté et sa simplicité.

Les mœurs de cette jeunesse, livrée à elle-même, sans surveillance, étaient à l'abri de tout reproche. Il y avait alors au collège de Tréguier très peu d'internes. La plupart des élèves étrangers à la ville vivaient dans les maisons des particuliers ; leurs parents de la campagne leur apportaient, le jour du marché, leurs petites provisions. Je me rappelle une de ces maisons, voisine de celle de ma famille, et où j'avais plusieurs condisciples. La maîtresse, courageuse femme s'il en fût, vint à mourir. Son mari avait aussi peu de tête que possible, et le peu qu'il en avait il le perdait tous les soirs dans les pots de cidre. Une petite servante, une enfant extrêmement sage, sauva la situation. Les jeunes étudiants résolurent de la seconder ; la maison continua de marcher, nonobstant le vieil ivrogne. J'entendais toujours mes camarades parler avec une rare estime de cette petite servante, qui était en effet un modèle de vertu, et joignait à cela la figure la plus agréable et la plus douce.

Le fait est que ce qu'on dit des mœurs cléricales est, selon mon expérience, dénué de tout fondement. J'ai passé treize ans de ma vie entre les mains des prêtres, je n'ai pas vu l'ombre d'un scandale; je n'ai connu que de bons prêtres. La confession peut avoir, dans certains pays, de graves inconvénients. Je n'en ai pas vu une trace dans ma jeunesse ecclésiastique. Le vieux livre où je faisais mes examens de conscience était l'innocence même. Un seul péché excitait ma curiosité et mon inquiétude. Je craignais de l'avoir commis sans le savoir. Un jour, je pris mon courage à deux mains, et je montrai à mon confesseur l'article qui me troublait. Voici ce qu'il y avait : « Pratiquer la simonie dans la collation des bénéfices. » Je demandai à mon confesseur ce que cela signifiait, si je pouvais avoir commis ce péché-là. Le digne homme me rassura et me dit qu'un tel acte était tout à fait hors de ma portée.

Persuadé par mes maîtres de deux vérités absolues : la première, que quelqu'un qui se respecte ne peut travailler qu'à une œuvre idéale, que le reste est secondaire, infime, presque honteux, *ignominia seculi ;* la seconde, que le christianisme est le résumé de tout idéal, il était inévitable que je me crusse destiné à être prêtre. Cette pensée ne fut pas le résultat d'une réflexion, d'une impulsion, d'un raisonnement. Elle allait en quelque sorte sans le dire. La possibilité d'une carrière profane ne me vint même pas à l'esprit. Étant, en effet, entré avec le sérieux et la docilité la plus parfaite dans les principes de mes maîtres, envisageant comme eux toute profession bourgeoise ou lucrative comme inférieure, basse, humiliante, bonne tout au plus pour ceux qui ne réussissent pas dans leurs études, il était naturel que je voulusse être ce qu'ils étaient. Ils devinrent le type de ma vie, et je n'eus d'autre rêve que d'être, comme eux, professeur au collège de Tréguier, pauvre, exempt de souci matériel, estimé, respecté comme eux.

Ce n'est pas que les instincts qui plus tard m'entraînèrent hors de ces sentiers paisibles n'existassent déjà en moi ; mais ils dormaient. Par ma race, j'étais partagé et comme écartelé entre des forces contraires. Il y avait, comme je l'ai dit, dans la famille de ma mère des éléments de sang basque et bordelais. Un Gascon, sans que je le susse, jouait en moi des tours incroyables au Breton et lui faisait des mines de singe... Ma famille elle-même était partagée. Mon père, mon grand-père paternel, mes oncles, n'étaient rien moins que cléricaux. Mais ma grand'mère maternelle était le centre d'une société où le royalisme ne se séparait pas de la religion. Dernièrement, en classant de vieux papiers, je trouvai une lettre d'elle qui m'a frappé. Elle est adressée à une excellente demoiselle Guyon, bonne vieille fille, qui me gâtait beaucoup quand j'étais enfant, et que rongeait alors un affreux cancer.

Tréguier, 19 mars 1831.

Après deux mois écoulés depuis que Natalie m'a fait part de votre départ pour Tréglamus, j'ai un petit moment à moi pour vous exprimer, ma chère et bien bonne amie, toute la part que je prends à votre triste position. L'état de souffrance où vous êtes me pénètre le cœur ; il a fallu que des circonstances bien impérieuses m'aient empêchée de vous écrire. La mort d'un neveu, fils aîné de ma défunte sœur, nous a plongés dans la plus vive douleur. Peu de jours après, le pauvre petit Ernest, fils de ma fille aînée et frère d'Henriette, ce petit pour lequel vous aviez tant de bontés et qui ne vous a pas oubliée, est tombé malade. Il a été quarante jours entre la mort et la vie, et nous sommes au cinquante-cinquième jour de sa maladie, et sa convalescence n'avance pas. Le jour, il est passablement ; mais les nuits sont cruelles pour lui : agitation, fièvre, délire, voilà son état depuis dix heures du soir jusqu'à cinq ou six heures du matin, et constamment tous les soirs. C'est assez parler pour ma justification à l'amie à laquelle je m'adresse ; son cœur m'est connu ; son indulgence m'excusera. Que ne suis-je auprès de vous, ô mon amie, pour vous rendre les soins que vous m'avez prodigués avec tant d'amitié, de zèle et de bienveillance ! Toute ma peine est de ne pouvoir vous être utile.

20 mars.

On m'a cherchée pour me rendre auprès de mon petit chéri; j'ai été obligée d'interrompre mon entretien avec vous. Je reprends, ma chère et bien bonne amie, pour vous exhorter à mettre en Dieu seul toute votre confiance; il nous afflige, mais il nous console par l'espoir d'une récompense bien au delà et sans proportions avec ce que nous souffrons. Prenons courage; nos peines, nos douleurs ne sont que pour un temps limité par sa providence, et la récompense sera éternelle.

La bonne Natalie m'a fait part de votre soumission, de votre patience et de votre résignation dans les peines les plus aiguës. Ah! je vous reconnais bien à ces beaux sentiments! Pas une plainte, me marque-t-elle, dans les plus grandes souffrances! Combien, ma chère amie, vous êtes agréable et chère à Dieu par votre patience et votre résignation à sa sainte volonté! Il vous afflige, car il châtie ceux qu'il aime. Être aimée de Dieu, y a-t-il un bonheur comparable? Je vous envoie *l'Ame sur le Calvaire;* vous trouverez dans ce livre des motifs d'une bien grande consolation par l'exemple d'un Dieu souffrant et mourant pour nous. Madame D... aura la complaisance, si vous ne pouvez lire vous-même, de vous lire un chapitre par jour. Assurez-la bien de mon sincère attachement; je la prie instamment de me donner de ses nouvelles et des vôtres, ce que j'attends avec bien de l'impatience. Puis, si cela ne vous importune pas, je vous écrirai plus assidûment. Adieu, ma chère et bonne amie ; que Dieu vous comble de ses grâces et de ses bontés ! De la patience et du courage, ce sont les vœux bien sincères de votre toute dévouée amie.

V<sup>c</sup> ***.

Ma communion d'aujourd'hui s'est faite à votre intention. Ma fille, Henriette, Ernest, qui a passé une bien meilleure nuit, se rappellent à votre souvenir, ainsi que Clara. Nous nous entretenons bien souvent de vous. De vos nouvelles, je vous en prie ! Lorsque vous aurez lu *l'Ame sur le Calvaire*, vous me le renverrez, et je vous ferai passer *l'Esprit consolateur*.

La lettre et le livre ne partirent point. Ma mère, qui était chargée de l'expédition, apprit la mort de mademoiselle Guyon et garda la lettre. Quelques-unes des consolations qu'elle renferme peuvent paraître faibles. Mais en avons-nous de meilleures à offrir à une personne atteinte d'un cancer? Elles valent bien le laudanum.

En réalité, la Révolution avait été non avenue pour le monde où je vivais. Les idées religieuses du peuple n'avaient pas été atteintes ; les congrégations se reformaient ; les religieuses des anciens ordres, devenues maîtresses d'école, donnaient aux femmes la même éducation qu'autrefois. Ma sœur eut ainsi pour première maîtresse une vieille ursuline qui l'aimait beaucoup et lui faisait apprendre par cœur les psaumes qu'on chante à l'église. Après un ou deux ans, la bonne vieille fut au bout de son latin et vint consciencieusement trouver ma mère : « Je ne peux plus lui rien apprendre, dit-elle ; elle sait tout ce que je sais mieux que moi. » Le catholicisme revivait dans ces cantons perdus, avec toute sa respectable gravité et, pour son bonheur, débarrassé des chaînes mondaines et temporelles que l'ancien régime y avait attachées.

Cette complexité d'origine est en grande partie, je crois, la cause de mes apparentes contradictions. Je suis double ; quelquefois une partie de moi rit quant l'autre pleure. C'est là l'explication de ma gaieté. Comme il y a deux hommes en moi, il y en a toujours un qui a lieu d'être content. Pendant que, d'un

côté, je n'aspirais qu'à être curé de campagne ou professeur de séminaire, il y avait en moi un songeur. Durant les offices, je tombais dans de véritables rêves; mon œil errait aux voûtes de la chapelle; j'y lisais je ne sais quoi; je pensais à la célébrité des grands hommes dont parlent les livres. Un jour (j'avais six ans), je jouais avec un de mes cousins et avec d'autres camarades; nous nous amusions à choisir notre état pour l'avenir :
— « Et toi, qu'est-ce que tu seras? me demanda mon cousin. — Moi, répondis-je, je ferai des livres. — Ah! tu veux être libraire? — Oh! non, dis-je, je veux faire des livres, en composer. »

Pour se développer, ces dispositions à l'éveil avaient besoin de temps et de circonstances favorables. Ce qui manquait totalement autour de moi, c'était le talent. Mes vertueux maîtres n'avaient rien de ce qui séduit. Avec leur solidité morale inébranlable, ils étaient en tout le contraire de l'homme du Midi, du Napolitain, par exemple, pour qui tout brille et tout sonne. Les idées ne se choquaient pas dans leur esprit par leurs parties sonores. Leur tête était ce que serait un bonnet chinois sans clochettes ; on aurait beau le secouer, il ne tinterait pas. Ce qui constitue l'essence du talent, le désir de montrer la pensée sous un jour avantageux, leur eût semblé une frivolité, comme la parure des femmes, qu'ils traitaient nettement de péché. Cette abnégation exagérée, cette trop grande facilité à repousser ce qui plaît au monde par un *Abrenuntio tibi, Satana*, est mortelle pour la littérature. Mon Dieu ! peut-être la littérature implique-t-elle un peu de péché. Si le penchant gascon à trancher beaucoup de difficultés par un sourire, que ma mère avait mis en moi, eût dormi éternellement, peut-être mon salut eût-il été plus assuré. En tout cas, si j'étais resté en Bretagne, je serais toujours demeuré étranger à cette vanité que le monde a aimée, encouragée, je veux dire à une certaine habileté dans l'art d'amener le cliquetis des mots et des idées. En Bretagne, j'aurais écrit comme Rollin. A Paris, sitôt que j'eus montré le petit carillon qui était en moi, le monde s'y plut, et, peut-être pour mon malheur, je fus engagé à continuer.

Je raconterai plus tard comment des circonstances particulières amenèrent ce changement, où je restai au fond très conséquent avec moi-même. L'idée sérieuse que je m'étais faite de la foi et du devoir fut cause que, la foi étant perdue, il ne m'était pas possible de garder un masque auquel tant d'autres se résignent. Mais le pli était pris. Je ne fus pas prêtre de profession, je le fus d'esprit. Tous mes défauts tiennent à cela ; ce sont des défauts de prêtre. Mes maîtres m'avaient appris le mépris du laïque et inculqué cette idée que l'homme qui n'a pas une mission noble est le goujat de la création. J'ai toujours ainsi été très injuste d'instinct envers la bourgeoisie. Au contraire, j'ai un goût vif pour le peuple, pour le pauvre. J'ai pu, seul en mon siècle, comprendre Jésus et François d'Assise. Il était à craindre que cela ne fît de moi un démocrate à la façon de Lamennais. Mais Lamennais échangea une foi pour une autre ;

il n'arriva que dans sa vieillesse à la critique et à la froideur d'esprit, tandis que le travail qui me détacha du christianisme me rendit du même coup impropre à tout enthousiasme pratique. Ce fut la philosophie même de la connaissance qui, dans ma révolte contre la scolastique, fut profondément modifiée en moi.

Un inconvénient plus grave, c'est que, ne m'étant pas amusé quand j'étais jeune, et ayant pourtant dans le caractère beaucoup d'ironie et de gaieté, j'ai dû, à l'âge où on voit la vanité de toute chose, devenir d'une extrême indulgence pour des faiblesses que je n'avais point eu à me reprocher; si bien que des personnes qui n'ont peut-être pas été aussi sages que moi ont pu quelquefois se montrer scandalisées de ma mollesse. En politique surtout, les puritains n'y comprennent rien; c'est l'ordre de choses où je suis le plus content de moi, et cependant une foule de gens m'y tiennent pour très relâché. Je ne peux m'ôter de l'idée que c'est peut-être après tout le libertin qui a raison et qui pratique la vraie philosophie de la vie. De là quelques surprises, quelques admirations exagérées. Sainte-Beuve, Théophile Gautier, me plurent un peu trop. Leur affectation d'immoralité m'empêcha de voir le décousu de leur philosophie. La peur de sembler un pharisien, l'idée, tout évangélique du reste, que l'immaculé a le droit d'être indulgent, la crainte de tromper si, par hasard, tout ce que disent les professeurs de philosophie n'était pas vrai, ont donné à ma morale un air chancelant. En réalité, c'est qu'elle est à toute épreuve. Ces petites libertés sont la revanche que je prends de ma fidélité à observer la règle commune. De même, en politique, je tiens des propos réactionnaires pour n'avoir pas l'air d'un sectaire libéral. Je ne veux pas qu'on me croie plus dupe que je ne le suis en réalité ; j'aurais horreur de bénéficier de mes opinions ; je redoute surtout de me faire à moi-même l'effet d'un placeur de faux billets de banque. Jésus, sur ce point, a été mon maître plus qu'on ne pense, Jésus, qui aime à provoquer, à narguer l'hypocrisie, et qui, par la parabole de l'Enfant prodigue, a posé la morale sur sa vraie base, la bonté du cœur, en ayant l'air d'en renverser les fondements.

A la même cause se rattache un autre de mes défauts, une sorte de mollesse dans la communication verbale de ma pensée qui m'a presque annulé en certains ordres. Le prêtre porte en tout sa politique sacrée; ce qu'il dit implique beaucoup de convenu. Sous ce rapport, je suis resté prêtre, et cela est d'autant plus absurde que je n'en retire aucun bénéfice ni pour moi, ni pour mes opinions. Dans mes écrits, j'ai été d'une sincérité absolue. Non seulement je n'ai rien dit que ce que je pense; chose bien plus rare et plus difficile, j'ai dit tout ce que je pense. Mais, dans ma conversation et ma correspondance, j'ai parfois d'étranges défaillances. Je n'y tiens presque pas, et, sauf le petit nombre de personnes avec lesquelles je me reconnais une fraternité intellectuelle, je dis à chacun ce que je suppose devoir lui faire plaisir. Ma nullité avec les gens du monde dépasse toute imagination. Je m'embarque, je m'embrouille, je patauge, je m'égare en un tissu d'inepties. Voué par une sorte de parti pris à une politesse exagérée, une politesse de prêtre, je cherche trop à savoir ce que mon interlocuteur a envie qu'on lui dise. Mon attention, quand je suis avec quelqu'un, est de deviner ses idées et, par excès de déférence, de les lui servir anticipées. Cela se rattache à la supposition que très peu d'hommes sont assez détachés de leurs propres idées pour qu'on ne les blesse pas en leur disant autre chose que ce qu'ils pensent. Je ne m'exprime librement qu'avec les gens que je sais dégagés de toute opinion et placés au point de vue d'une bienveillante ironie universelle. Quant à ma correspondance, ce sera ma honte après ma mort, si on la publie. Écrire une lettre est pour moi une torture. Je comprends qu'on fasse le virtuose devant dix comme devant dix mille personnes; mais devant une personne!... Avant d'écrire, j'hésite, je réfléchis, je fais un plan pour un chiffon de quatre pages; souvent je m'endors.

Il n'y a qu'à regarder ces lettres lourdement contournées, inégalement tordues par l'ennui, pour voir que tout cela a été composé dans la torpeur d'une demi-somnolence. Quand je relis ce que j'ai écrit, je m'aperçois que le morceau est très faible, que j'y ai mis une foule de choses dont je ne suis pas sûr. Par désespoir, je ferme la lettre, avec le sentiment de mettre à la poste quelque chose de pitoyable.

En somme, dans tous mes défauts actuels, je retrouve les défauts du petit séminariste de Tréguier. J'étais né prêtre *a priori,* comme tant d'autres naissent militaires, magistrats. Le seul fait que je réussissais dans mes classes était un indice. A quoi bon si bien apprendre le latin, sinon pour l'Église? Un paysan, voyant un jour mes dictionnaires : « Ce sont là, sans doute, me dit-il, es livres qu'on étudie quand on doit être prêtre. » Effectivement, au collège, tous ceux qui apprenaient quelque chose se destinaient à l'état ecclésiastique. La prêtrise égalait celui qui en était revêtu à un noble. « Quand vous rencontrez un noble, entendais-je dire, vous le saluez, car il représente le roi ; quand vous rencontrez un prêtre vous le saluez, car il représente Dieu. » Faire un prêtre était l'œuvre par excellence; les vieilles filles qui avaient quelque bien n'imaginaient pas de meilleur emploi de leur petite fortune que d'entretenir au collège un jeune paysan pauvre et laborieux. Ce prêtre était ensuite leur gloire, leur enfant, leur honneur. Elles le suivaient dans sa carrière, et veillaient sur ses mœurs avec une sorte de soin jaloux.

La prêtrise était donc la conséquence de mon assiduité à l'étude. Avec cela, j'étais sédentaire, impropre par ma faiblesse musculaire à tous les exercices du corps. J'avais un oncle voltairien, le meilleur des hommes, qui voyait cela de mauvais œil. Il était horloger, et m'envisageait comme devant être le continuateur de son état. Mes succès le désolaient; car il sentait bien que tout ce latin contreminait sourdement ses projets et allait faire de moi une colonne de l'Église, qu'il n'aimait pas. Il ne manquait jamais l'occasion de placer devant moi son mot favori : « Un âne chargé de latin! » Plus tard, lors de la publication de mes premiers écrits, il triompha. Je me reproche quelquefois d'avoir contribué au triomphe de M. Homais sur son curé. Que voulez-vous? c'est M. Homais qui a raison. Sans M. Homais, nous serions tous brûlés vifs. Mais, je le répète, quand on s'est donné bien du mal pour trouver la vérité, il en coûte d'avouer que ce sont les frivoles, ceux qui sont bien résolus à ne lire jamais saint Augustin ou saint Thomas d'Aquin, qui sont les vrais sages. Gavroche et M. Homais arrivant d'emblée et avec si peu de peine au dernier mot de la philosophie! c'est bien dur à penser.

Mon jeune compatriote et ami, M. Quellien, poète breton d'une verve si originale, le seul homme de notre temps chez lequel j'aie trouvé la faculté de créer des mythes, a rendu ce tour de ma destinée par une fiction très ingénieuse. Il prétend que mon âme habitera, après ma mort, sous la forme d'une mouette blanche, autour de l'église ruinée de Saint-

Michel, vieille masure frappée par la foudre, qui domine Tréguier. L'oiseau volera toutes les nuits avec des cris plaintifs autour de la porte et des fenêtres barricadées, cherchant à pénétrer dans le sanctuaire, mais ignorant l'entrée secrète ; et ainsi, durant toute l'éternité, sur cette colline, ma pauvre âme gémira d'un gémissement sans fin. — « C'est l'âme d'un prêtre qui veut dire sa messe, » murmurera le paysan qui passe. — « Il ne trouvera jamais d'enfant pour la lui servir, » répliquera un autre. Effectivement, voilà ce que je suis : un prêtre manqué. Quellien a très bien compris ce qui fera toujours défaut à mon Église, c'est l'enfant de chœur. Ma vie est comme une messe sur laquelle pèse un sort, un éternel *Introïbo ad altare Dei*, et personne pour répondre: *Ad Deum qui lætificat juventutem meam*. Ma messe n'aura pas de servant. Faute de mieux, je me la réponds à moi-même ; mais ce n'est pas la même chose.

Ainsi tout me prédestinait à une modeste carrière ecclésiastique en Bretagne. J'eusse été un très bon prêtre, indulgent, paternel,

charitable, sans reproche en mes mœurs.
J'aurais été en prêtre ce que j'ai été en père
de famille, très aimé de mes ouailles, aussi
peu gênant que possible dans l'exercice de mon
autorité. Certains défauts que j'ai fussent
devenus des qualités. Certaines erreurs que
je professe eussent été le fait d'un homme qui
a l'esprit de son état. J'aurais supprimé quelques verrues, que je n'ai pas pris la peine,
n'étant que laïque, d'extirper sérieusement,
mais qu'il n'eût dépendu que de moi d'arracher.

Ma carrière eût été celle-ci : à vingt-deux ans, professeur au collège de Tréguier ;
vers cinquante ans, chanoine, peut-être grand
vicaire à Saint-Brieuc, homme très consciencieux, très estimé, bon et sûr directeur. Médiocrement partisan des dogmes nouveaux,
j'aurais poussé la hardiesse jusqu'à dire,
comme beaucoup de bons ecclésiastiques,
après le concile du Vatican : *Posui custodiam
ori meo*. Mon antipathie pour les jésuites
se fût exprimée en ne parlant jamais d'eux ;
un fond de gallicanisme mitigé se fût dissi-

mulé sous le couvert d'une profonde connaissance du droit canonique.

Un incident extérieur vint changer tout cela. De la petite ville la plus obscure de la province la plus perdue, je fus jeté, sans préparation, dans le milieu parisien le plus vivant. Le monde me fut révélé ; mon être se dédoubla ; le Gascon prit le dessus sur le Breton ; plus de *custodia oris mei* ; adieu le cadenas que j'aurais sans cela mis à ma bouche ! Pour le fond, je restai le même. Mais, ô ciel ! combien les applications furent changées ! J'avais vécu jusque-là dans un hypogée, éclairé de lampes fumeuses ; maintenant, le soleil et la lumière allaient m'être montrés.

## II

Vers le mois d'avril 1838, M. de Talleyrand, en son hôtel de la rue Saint-Florentin, sentant sa fin approcher, crut devoir aux conventions humaines un dernier mensonge et résolut de se réconcilier, pour les apparences, avec une Église dont la vérité, une fois reconnue par lui, le convainquait de sacrilège et d'opprobre. Il fallait, pour cette délicate opération, non un prêtre sérieux de la vieille école gallicane, qui aurait pu avoir l'idée de rétractations motivées, de réparations, de pénitence, non un jeune ultramontain de la nouvelle école, qui eût tout d'abord inspiré au vieillard une complète antipathie ; il fallait un prêtre mondain, lettré, aussi peu philosophe que possible, nullement théologien, ayant avec les anciennes classes ces relations d'origine et de société sans lesquelles l'Évangile a peu d'accès en des cercles pour lesquels il n'a pas été fait. M. l'abbé Dupanloup, déjà connu par ses succès au catéchisme de l'Assomption, auprès d'un public plus exigeant en fait de jolies phrases qu'en fait de doctrine, était juste l'homme qu'il fallait pour participer innocemment à une collusion que les âmes faciles à se laisser toucher devaient pouvoir envisager comme un édifiant coup de la grâce. Ses relations avec madame la duchesse de Dino, et surtout avec sa fille, dont il avait fait l'éducation religieuse, sa parfaite entente avec M. de Quélen, les protections aristocratiques qui, dès le début de sa carrière, l'avaient entouré et l'avaient fait accepter dans tout le faubourg Saint-Germain comme quelqu'un qui en est, le désignaient pour une œuvre de tact mondain plutôt que de théologie, où il fallait savoir duper à la fois le monde et le ciel.

On prétend qu'au premier moment, surpris de quelques hésitations de la part de celui qui allait le convertir, M. de Talleyrand aurait dit : « Voilà un jeune prêtre qui ne sait pas son état. » S'il dit cela, il se trompa tout à fait. Ce jeune prêtre savait son art comme personne ne le sut jamais. Le vieillard, décidé à ne biffer sa vie que quand il n'aurait plus une heure à vivre, opposait à toutes les supplications un obstiné « Pas encore! » Le *Sto ad ostium et pulso* dut être pratiqué avec une rare habileté. Un évanouissement, une brusque accélération dans la marche de l'agonie, pouvait tout perdre. Une importunité déplacée pouvait amener un *non* qui eût renversé l'œuvre si savamment concertée. Le 17 mai, jour de la mort du vieux pécheur, au matin, rien n'était signé encore. L'angoisse était extrême. On sait l'importance que les catholiques attachent au moment de la mort. Si les rémunérations et les châtiments futurs ont quelque réalité, il est clair que ces rémunérations et ces châtiments doivent être proportionnés à une vie entière de vertu ou de vice. Le catholique ne l'entend pas ainsi. Une bonne mort couvre tout. Le salut est remis au hasard de la dernière heure. Le temps pressait; on résolut de tout oser. M. Dupanloup se tenait dans une pièce à côté du malade. La charmante enfant que le vieillard admettait toujours avec un sourire fut dépêchée près de son lit. O miracle de la grâce! la réponse fut *oui;* le prêtre entra; cela dura quelques minutes, et Dieu dut se montrer content : on lui avait fait sa part. Le jeune catéchiste de l'Assomption sortit, tenant un papier que le mourant avait signé de sa grande signature complète : *Charles-Maurice de Talleyrand-Périgord, prince de Bénévent.*

Ce fut une grande joie, sinon dans le ciel, au moins dans le monde catholique du faubourg Saint-Germain et du faubourg Saint-Honoré. On sut gré de cette victoire, sans doute, avant tout à la grâce féminine qui avait réussi, en entourant de caresses le vieillard, à lui faire rétracter tout son passé révolutionnaire, mais aussi au jeune ecclésiastique qui avait su, quoi qu'on en dise, avec une habileté supérieure, amener à bonne fin une négociation où il était si facile d'échouer. M. Dupanloup fut de ce jour un des premiers prêtres de France. Le monde le plus riche et le plus influent de Paris lui offrit ce qu'il voulut, places, honneurs, importance, argent. Il accepta l'argent. Gardez-vous de croire que ce fût là un calcul personnel ; jamais homme ne porta plus loin le désintéressement que M. Dupanloup ; le mot de la Bible qu'il citait le plus souvent, et qu'il aimait doublement parce qu'il était biblique et qu'il finissait par hasard comme un vers latin, était : *Da mihi animas, cetera tolle tibi.* Un plan général de grande propagande par l'éducation classique et religieuse s'était dès lors emparé de son esprit, et il allait s'y vouer avec l'ardeur passionnée qu'il portait dans toutes les œuvres dont il s'occupait.

Le séminaire Saint-Nicolas du Chardonnet, situé à côté de l'église de ce nom, entre la rue Saint-Victor et la rue de Pontoise, était devenu, depuis la Révolution, le petit séminaire du diocèse de Paris. Telle n'avait pas été sa destination primitive. Dans le grand mouvement de réforme ecclésiastique qui marqua en France la première moitié du xvii° siècle et auquel se rattachent les noms de Vincent de Paul, d'Olier, de Bérulle, du Père Eudes, l'église Saint-Nicolas du Chardonnet joua un rôle analogue à celui de Saint-Sulpice, quoique moins considérable. Cette paroisse, qui tirait son nom du champ de chardons bien connu des étudiants de l'Université de Paris au moyen âge, était alors le centre d'un quartier riche, habité surtout par la magistrature. Comme Olier fonda le séminaire Saint-Sulpice, Adrien de Bourdoise fonda la compagnie des prêtres

Saint-Nicolas du Chardonnet, et fit de la maison ainsi constituée une pépinière de jeunes ecclésiastiques qui a existé jusqu'à la Révolution. Mais la compagnie de Saint-Nicolas du Chardonnet ne fut pas, comme la société de Saint-Sulpice, mère d'établissements du même genre dans le reste de la France. En outre, la société des nicolaïtes ne ressuscita pas après la Révolution comme celle des sulpiciens; le bâtiment de la rue Saint-Victor demeura sans objet; lors du Concordat, on le donna au diocèse de Paris pour servir de petit séminaire. Jusqu'en 1837 cet établissement n'eut aucun éclat. La renaissance brillante du cléricalisme lettré et mondain se fait entre 1830 et 1840. Saint-Nicolas fut, durant le premier tiers du siècle, un obscur établissement religieux ; les études y étaient faibles; le nombre des élèves restait fort au-dessous des besoins du diocèse. Un prêtre assez remarquable le dirigea pourtant, ce fut M. l'abbé Frère, théologien profond, très versé dans la mystique chrétienne. Mais c'était l'homme le moins fait pour éveiller et stimuler des enfants faisant leurs études littéraires. Saint-Nicolas fut sous sa direction une maison tout ecclésiastique, peu nombreuse, n'ayant en vue que la cléricature, un séminaire par anticipation, ouvert aux seuls sujets qui se destinaient à l'état ecclésiastique, et où le côté profane des études était tout à fait négligé.

M. de Quélen eut une visée de génie en confiant la direction de cette maison à M. Dupanloup. L'aristocratique prélat n'appréciait pas beaucoup la direction toute cléricale de l'abbé Frère; il aimait la piété, mais la piété mondaine, de bon ton, sans barbarie scolastique ni jargon mystique, la piété comme complément d'un idéal de bonne société, qui était, à vrai dire, sa principale religion. Si Hugues ou Richard de Saint-Victor se fussent présentés à lui comme des pédants ou des rustres, il les eût pris en maigre estime. Il avait pour M. Dupanloup la plus vive affection. Celui-ci était alors légitimiste et ultramontain. Il a fallu les exagérations des temps qui ont suivi pour intervertir les rôles et pour qu'on ait pu le considérer comme un gallican et un orléaniste. M. de Quélen trouvait en lui un fils spirituel, partageant ses dédains, ses préjugés. Il savait sans doute le secret de sa naissance. Les familles qui avaient veillé paternellement sur le jeune ecclésiastique, qui en avaient fait un homme bien élevé et qui l'avaient introduit dans leur monde fermé, étaient celles que connaissait le noble archevêque et qui formaient pour lui les confins de l'univers. J'ai vu M. de Quélen; il m'a laissé l'idée du parfait évêque de l'ancien régime. Je me rappelle sa beauté (une beauté de femme), sa taille élégante, la ravissante grâce de ses mouvements. Son esprit n'avait d'autre culture que celle de l'homme du monde d'une excellente éducation. La religion était pour lui inséparable des bonnes manières et de la dose de bon sens relatif que donnent les études classiques. Telle était aussi la mesure intellectuelle de M. Dupanloup. Ce n'était ni la belle imagination qui assure une valeur durable à certaines œuvres de Lacordaire et de Montalembert, ni la profonde passion de Lamennais; l'humanisme, la bonne éducation, étaient ici le but, la fin, le terme de toute chose; la faveur des gens du monde bien élevés devenait le suprême criterium du bien. De part et d'autre, absence complète de théologie. On se contentait de la révérer de loin. Les études théologiques de ces hommes distingués avaient été très faibles. Leur foi était vive et sincère; mais c'était une foi implicite, ne s'occupant guère des dogmes qu'il faut croire. Ils sentaient le peu de succès qu'aurait la scolastique auprès du seul public dont ils se préoccupaient, le public mondain et assez frivole qu'a devant lui un prédicateur de Saint-Roch ou de Saint-Thomas d'Aquin.

C'est dans ces dispositions d'esprit que M. de Quélen remit entre les mains de M. Dupanloup l'austère et obscure maison de l'abbé Frère et d'Adrien de Bourdoise. Le petit séminaire de Paris n'avait été jusque-là, aux termes du Concordat, que la pépinière des prêtres de Paris, pépinière bien insuffisante, strictement limitée à l'objet que la loi lui prescrivait. C'était bien autre chose que rêvait le nouveau supérieur porté par le choix de l'archevêque à la fonction, peu recherchée, de diriger les études des jeunes clercs. Tout lui parut à reconstruire, depuis les bâtiments, où le marteau ne laissa d'entier que les murs, jusqu'au plan des études, que M. Dupanloup réforma de fond en comble. Deux points essentiels résumèrent sa pensée. D'abord, il vit qu'un petit séminaire tout ecclésiastique n'avait à Paris aucune chance de succès, et ne suffirait jamais au recrutement du diocèse. Il conçut l'idée, par des informations s'étendant surtout à l'ouest de la France et à la Savoie, son pays natal, d'amener à Paris les sujets d'espérance qui lui étaient signalés. Puis il voulut que sa maison fût une maison d'éducation modèle telle qu'il la concevait, et non plus un séminaire au type ascétique et clérical. Il prétendit, chose délicate peut-être, que la même éducation servît aux jeunes clercs et aux fils des premières familles de France. La réussite de la difficile affaire de la rue Saint-Florentin l'avait mis à la mode dans le monde légitimiste; quelques relations avec le monde orléaniste lui assuraient une autre clientèle dont il n'était pas bon de se priver. A l'affût de tous les vents de la mode et de la publicité, il ne négligeait rien de ce qui avait la faveur du moment. Sa conception du monde était très aristocratique; mais il admettait trois aristocraties, la noblesse, le clergé et la littérature. Ce qu'il voulait, c'était une éducation libérale, pouvant convenir également au clergé et à la jeunesse du faubourg Saint-Germain, sur la base de la piété chrétienne et des lettres classiques. L'étude des sciences était à peu près exclue; il n'en avait pas la moindre idée.

La vieille maison de la rue Saint-Victor fut ainsi, pendant quelques années, la maison de France où il y eut le plus de noms historiques ou connus; y obtenir une place pour un jeune homme était une grâce chèrement marchandée. Les sommes très considérables dont les familles riches achetaient cette faveur servaient à l'éducation gratuite des jeunes gens sans fortune qui étaient signalés par des succès constants. La foi absolue de M. Dupanloup dans les études classiques se montrait en ceci. Ces études, pour lui, faisaient partie de la religion. La jeunesse destinée à l'état ecclésiastique et la jeunesse destinée au premier rang social lui paraissaient devoir être élevées de la même manière. Virgile lui semblait faire partie de la culture intellectuelle d'un prêtre au moins autant que la Bible. Pour une élite de la jeunesse cléricale, il espérait qu'il sortirait de ce mélange avec des jeunes gens du monde, soumis aux mêmes disciplines, une teinture et des habitudes plus distinguées que celles qui résultent de séminaires peuplés uniquement d'enfants pauvres et de fils de paysans. Le fait est qu'il réalisa sous ce rapport des prodiges. Composée de deux éléments en apparence inconciliables, la maison avait une parfaite unité. L'idée que le talent primait tout le reste étouffait les divisions, et, au bout de huit jours, le plus pauvre garçon débarqué de province, gauche, embarrassé, s'il faisait un bon thème ou quelques vers latins bien tournés, était l'objet de l'envie du petit millionnaire qui payait sa pension sans s'en douter.

En cette année 1838, j'obtins justement, au collège de Tréguier, tous les prix de ma classe. Le *palmares* tomba sous les yeux d'un des hommes éclairés que l'ardent capitaine employait à recruter sa jeune armée. En une minute, mon sort fut décidé. « Faites-le venir, » dit l'impétueux supérieur. J'avais quinze ans et demi; nous n'eûmes pas le temps de la réflexion. J'étais en vacances chez un ami, dans un village près de Tréguier; le 4 septembre, dans l'après-midi, un exprès vint me chercher. Je me rappelle ce retour comme si c'était d'hier. Il y avait une lieue à faire à pied à travers la campagne. Les sonneries pieuses de l'*Angelus* du soir, se répondant de paroisse en paroisse, versaient dans l'air quelque chose de calme, de doux et de mélancolique, image de la vie que j'allais quitter pour toujours. Le lendemain, je partais pour Paris; le 7, je vis des choses aussi nouvelles pour moi que si j'avais été jeté brusquement en France de Tahiti ou de Tombouctou.

## III

Oui, un lama bouddhiste ou un faquir musulman, transporté en un clin d'œil d'Asie en plein boulevard, serait moins surpris que je ne le fus en tombant subitement dans un milieu aussi différent de celui de mes vieux prêtres de Bretagne, têtes vénérables, totalement devenues de bois ou de granit, sortes de colosses osiriens semblables à ceux que je devais admirer plus tard en Égypte, se développant en longues allées, grandioses en leur béatitude. Ma venue à Paris fut le passage d'une religion à une autre. Mon christianisme de Bretagne ne ressemblait pas plus à celui que je trouvais ici qu'une vieille toile, dure comme une planche, ne ressemble à de la percale. Ce n'était pas la même religion. Mes vieux prêtres, dans leur lourde chape romane, m'apparaissaient comme des mages, ayant les paroles de l'éternité ; maintenant, ce qu'on me présentait, c'était une religion d'indienne et de calicot, une piété musquée, enrubannée, une dévotion de petites bougies et de petits pots de fleurs, une théologie de demoiselles, sans solidité, d'un style indéfinissable, composite comme le frontispice polychrome d'un livre d'Heures de chez Lebel.

Ce fut la crise la plus grave de ma vie. Le Breton jeune est difficilement transplantable. La vive répulsion morale que j'éprouvais, compliquée d'un changement total dans le régime et les habitudes, me donna le plus terrible accès de nostalgie. L'internat me tuait. Les souvenirs de la vie libre et heureuse que j'avais jusque-là menée avec ma mère me perçaient le cœur. Je n'étais pas le seul à souffrir. M. Dupanloup n'avait pas calculé toutes les conséquences de ce qu'il faisait. Sa manière d'agir, impérieuse à la façon d'un général d'armée, ne tenait pas compte des morts et des malades parmi ses jeunes recrues. Nous nous communiquions nos tristesses. Mon meilleur ami, un jeune homme de Coutances, je crois, transporté comme moi, excellent cœur, s'isola, ne voulut rien voir, mourut. Les Savoisiens se montraient bien moins acclimatables encore. Un d'eux, plus âgé que moi, m'avouait que, chaque soir, il mesurait la hauteur du dortoir du troisième étage au-dessus du pavé de la rue Saint-Victor. Je tombai malade ; selon toutes les apparences, j'étais perdu. Le Breton qui est au fond de moi s'égarait en des mélancolies infinies. Le dernier *Angelus* du soir que j'avais entendu rouler sur nos chères collines et le dernier soleil que j'avais vu se coucher sur ces tranquilles campagnes me revenaient en mémoire comme des flèches aiguës.

Selon les règles ordinaires, j'aurais dû mourir; j'aurais peut-être mieux fait. Deux amis que j'amenai avec moi de Bretagne, l'année suivante, donnèrent cette grande marque de fidélité : ils ne purent s'habituer à ce monde nouveau et repartirent. Je songe quelquefois qu'en moi le Breton mourut; le Gascon, hélas! eut des raisons suffisantes de vivre. Ce dernier s'aperçut même que ce monde nouveau était fort curieux et valait la peine qu'on s'y attachât.

Au fond, celui qui me sauva fut celui qui m'avait mis à cette cruelle épreuve. Je dois deux choses à M. Dupanloup : de m'avoir fait venir à Paris et de m'avoir empêché de mourir en y arrivant. La vie sortait de lui ; il m'entraîna. Naturellement, il s'occupa d'abord peu de moi. L'homme le plus à la mode du clergé parisien, ayant une maison de deux cents élèves à diriger ou plutôt à fonder, ne pouvait avoir le souci personnel de l'enfant le plus obscur. Une circonstance singulière fut un lien entre nous. Le fond de ma blessure était le souvenir trop vivant de ma mère. Ayant toujours vécu seul auprès d'elle, je ne pouvais me détacher des images de la vie si douce que j'avais goûtée pendant des années. J'avais été heureux, j'avais été pauvre avec elle. Mille détails de cette pauvreté même, rendus plus touchants par l'absence, me creusaient le cœur. Pendant la nuit, je ne pensais qu'à elle ; je ne pouvais prendre aucun sommeil. Ma seule consolation était de lui écrire des lettres pleines d'un sentiment tendre et tout humides de regrets. Nos lettres, selon l'usage des maisons religieuses, étaient lues par un des directeurs. Celui qui était chargé de ce soin fut frappé de l'accent d'amour profond qui était dans ces pages d'enfant. Il communiqua une de mes lettres à M. Dupanloup, qui en fut tout à fait étonné.

Le plus beau trait du caractère de M. Dupanloup était l'amour qu'il avait pour sa mère. Quoique sa naissance fût, par un côté, la plus grande difficulté de sa vie, il honorait sa mère d'un vrai culte. Cette vieille dame demeurait à côté de lui ; nous ne la voyions jamais ; nous savions cependant que, tous les jours, il passait quelque temps avec elle. Il disait souvent que la valeur des hommes est en proportion du respect qu'ils ont eu pour leur mère. Il nous donnait à cet égard des règles excellentes, que j'avais du reste toujours pratiquées, comme de ne jamais tutoyer sa mère et de ne jamais finir une lettre à elle adressée sans y mettre le mot *respect*. Par là, il y eut entre nous une vraie étincelle de communication. Le jour où ma lettre lui fut remise était un vendredi. C'était le jour solennel. Le soir, on lisait en sa présence les places et les notes de la semaine. Je n'avais pas cette fois-là réussi ma composition: j'étais le cinquième ou le sixième. « Ah! dit-il, si le sujet eût été celui d'une lettre que j'ai lue ce matin, Ernest Renan eût été le premier. » Dès lors, il me remarqua. J'existai pour lui, il fut pour moi ce qu'il était pour tous, un principe de vie, une sorte de dieu. Un culte remplaça un culte, et le sentiment de mes premiers maîtres s'en trouva fort affaibli.

Ceux-là seuls, en effet, qui ont connu Saint-Nicolas du Chardonnet dans ces années brillantes de 1838 à 1844, peuvent se faire une idée de la vie intense qui s'y développait[1]. Et cette vie n'avait qu'une seule source, un seul principe, M. Dupanloup lui-même. Il était sa maison tout entière. Le règlement, l'usage, l'administration, le gouvernement spirituel et temporel, c'était lui. La maison était pleine

1. Ce tableau a été très bien tracé par M. Adolphe Morillon : *Souvenirs de Saint-Nicolas.* Paris, Lecoffre.

de parties défectueuses; il suppléait à tout. L'écrivain, l'orateur, chez lui, étaient de second ordre; l'éducateur était tout à fait sans égal. L'ancien règlement de Saint-Nicolas du Chardonnet renfermait, comme tous les règlements de séminaire, un exercice appelé *la lecture spirituelle*. Tous les soirs, une demi-heure devait être consacrée à la lecture d'un ouvrage ascétique; M. Dupanloup se substitua d'emblée à saint Jean Climaque et aux *Vies des Pères du désert*. Cette demi-heure, il la prit pour lui. Tous les jours, il se mit directement en rapport avec la totalité de ses élèves par un entretien intime, souvent comparable, pour l'abandon et le naturel, aux homélies de Jean Chrysostome dans la *Palæa* d'Antioche. Toute circonstance de la vie intérieure de la maison, tout événement personnel au supérieur ou à l'un des élèves, était l'occasion d'un entretien rapide, animé. La séance des notes du vendredi était quelque chose de plus saisissant et plus personnel encore. Chacun vivait dans l'attente de ce jour. Les observations dont le supérieur accompagnait la lecture des notes étaient la vie ou la mort. Il n'y avait aucune punition dans la maison ; la lecture des notes et les réflexions du supérieur étaient l'unique sanction qui tenait tout en haleine et en éveil.

Ce régime avait ses inconvénients, cela est hors de doute. Adoré de ses élèves, M. Dupanloup n'était pas toujours agréable à ses collaborateurs. On m'a dit que, plus tard, dans son diocèse, les choses se passèrent de la même manière, qu'il fut toujours plus aimé de ses laïques que de ses prêtres. Il est certain qu'il écrasait tout autour de lui. Mais sa violence même nous attachait ; car nous sentions que nous étions son but unique. Ce qu'il était, c'était un éveilleur incomparable ; pour tirer de chacun de ses élèves la somme de ce qu'il pouvait donner, personne ne l'égalait. Chacun de ses deux cents élèves existait distinct dans sa pensée ; il était pour chacun d'eux l'excitateur toujours présent, le motif de vivre et de travailler. Il croyait au talent et en faisait la base de la foi. Il répétait souvent que l'homme vaut en proportion de sa faculté d'admirer. Son admiration n'était pas toujours assez éclairée par la science; mais elle venait d'une grande chaleur d'âme et d'un cœur vraiment possédé de l'amour du beau. Il a été le Villemain de l'école catholique. M. Villemain fut, parmi les laïques, l'homme qu'il a le plus aimé et le mieux compris. Chaque fois qu'il venait de le voir, il nous racontait la conversation qu'il avait eue avec lui sur le ton de la plus chaleureuse sympathie.

Les défauts de l'éducation qu'il donnait étaient les défauts mêmes de son esprit. Il était trop peu rationnel, trop peu scientifique. On eût dit que ses deux cents élèves étaient destinés à être tous poètes, écrivains, orateurs. Il estimait peu l'instruction sans le talent. Cela se voyait surtout à l'entrée des nicolaïtes à Saint-Sulpice, où le talent n'avait aucune valeur, où la scolastique et l'érudition étaient seules prisées. Quand il s'agissait de faire de la logique et de la philosophie en latin barbare, ces esprits, trop nourris de belles-lettres, étaient réfractaires et se refusaient à une aussi rude nourriture. Aussi les nicolaïtes étaient-ils peu estimés à Saint-Sulpice. On n'y nommait jamais M. Dupanloup; on le trouvait trop peu théologien. Quand un ancien élève de Saint-Nicolas se hasardait à rappeler cette maison, quelque vieux directeur se trouvait là pour dire : « Oh! oui, du temps de M. Bourdoise..., » montrant clairement qu'il n'admettait pour cette maison d'autre illustration que son passé du xvii° siècle.

Faibles à quelques égards, ces études de Saint-Nicolas étaient très distinguées, très littéraires. L'éducation cléricale a une supériorité sur l'éducation universitaire, c'est sa liberté en tout ce qui ne touche pas à la religion. La littérature y est livrée à toutes les disputes; le joug du dogme classique y est moins lourd. C'est ainsi que Lamartine, formé tout entier par l'éducation cléricale, a bien plus d'intelligence qu'aucun universitaire; quand l'émancipation philosophique vient ensuite, cela produit des esprits très ouverts. Je sortis de mes études classiques sans avoir lu Voltaire; mais je savais par cœur les *Soirées de Saint-Pétersbourg.* Ce style, dont je ne vis que plus tard les défauts, m'excitait vivement. Les discussions du romantisme pénétraient dans la maison de toutes parts ; on ne parlait que de Lamartine, de Victor Hugo. Le supérieur s'y mêlait, et, pendant près d'un an, aux lectures spirituelles, il ne fut pas question d'autre chose. L'autorité faisait ses réserves ; mais les concessions allaient bien au delà des réserves. C'est ainsi que je connus les batailles du siècle. Plus tard, la liberté de penser arriva également jusqu'à moi par les *Solvuntur objecta* des Théologies. La grande bonne foi de l'ancien enseignement ecclésiastique consistait à ne rien dissimuler de la force des objections ; comme les réponses étaient très faibles, un bon esprit pouvait faire son profit de la vérité où il la trouvait.

Le cours d'histoire fut pour moi une autre cause de vif éveil. M. l'abbé Richard[1] faisait ce cours dans l'esprit de l'école moderne, de la manière la plus distinguée. Je ne sais pour-

---

1. Voir l'excellente notice que M. Foulon, maintenant archevêque de Besançon, a consacrée à M. l'abbé Richard.

quoi il cessa de professer le cours de notre année; il fut remplacé par un directeur, très occupé d'ailleurs, qui se contenta de nous lire d'anciens cahiers, auxquels il mêlait des extraits de livres modernes. Or, parmi ces volumes modernes, qui détonnaient souvent avec les vieilles routines des cahiers, j'en remarquai un qui produisait sur moi un effet singulier. Dès que le chargé de cours le prenait et se mettait à le lire, je n'étais plus capable de prendre une note; une sorte d'harmonie me saisissait, m'enivrait. C'était Michelet, les parties admirables de Michelet, dans les tomes V et VI de l'*Histoire de France*. Ainsi le siècle pénétrait jusqu'à moi par toutes les fissures d'un ciment disjoint. J'étais venu à Paris formé moralement, mais ignorant autant qu'on peut l'être. J'eus tout à découvrir. J'appris avec étonnement qu'il y avait des laïques sérieux et savants; je vis qu'il existait quelque chose en dehors de l'antiquité et de l'Église, et en particulier qu'il y avait une littérature contemporaine digne de quelque attention. La mort de Louis XIV ne fut plus pour moi la fin du monde. Des idées, des sentiments m'apparurent, qui n'avaient eu d'expression ni dans l'antiquité, ni au xvii° siècle.

Ainsi le germe qui était en moi fut fécondé. Quoique antipathique par bien des côtés à ma nature, cette éducation fut comme le réactif qui fit tout vivre et tout éclater. L'essentiel, en effet, dans l'éducation, ce n'est pas la doctrine enseignée, c'est l'éveil. Autant le sérieux de ma foi religieuse avait été atteint en trouvant sous les mêmes noms des choses si différentes, autant mon esprit but avidement le breuvage nouveau qui lui était offert. Le monde s'ouvrit pour moi. Malgré sa prétention d'être un asile fermé aux bruits du dehors, Saint-Nicolas était à cette époque la maison la plus brillante et la plus mondaine. Paris y entrait à pleins bords par les portes et les fenêtres, Paris tout entier, moins la corruption, je me hâte de le dire, Paris avec ses petitesses et ses grandeurs, ses hardiesses et ses chiffons, sa force révolutionnaire et ses mollesses flasques. Mes vieux prêtres de Bretagne savaient bien mieux les mathématiques et le latin que mes nouveaux maîtres; mais ils vivaient dans des catacombes sans lumière et sans air. Ici, l'atmosphère du siècle circulait librement. Dans nos promenades à Gentilly, aux récréations du soir, nos discussions étaient sans fin. Les nuits, après cela, je ne dormais pas : Hugo et Lamartine me remplissaient la tête. Je compris la gloire, que j'avais cherchée si vaguement à la voûte de la chapelle de Tréguier. Au bout de quelque temps, une chose tout à fait inconnue m'était révélée. Les mots talent, éclat, réputation eurent un sens pour moi. J'étais perdu pour l'idéal modeste que mes anciens maîtres m'avaient inculqué; j'étais engagé sur une mer où toutes les tempêtes, tous les courants du siècle avaient leur contre-coup. Il était écrit que ces courants et ces tempêtes emporteraient ma barque vers des rivages où mes anciens amis me verraient aborder avec terreur.

Mes succès dans les classes étaient très inégaux. Je fis un jour un *Alexandre*, qui doit être au *Cahier d'honneur*, et que je publierais si je l'avais. Mais les compositions de pure rhétorique m'inspiraient un profond ennui ; je ne pus jamais faire un discours supportable. A propos d'une distribution de prix, nous donnâmes une représentation du concile de Clermont ; les différents discours qui purent être tenus en cette circonstance furent mis au concours. J'échouai totalement dans Pierre l'Ermite et Urbain II ; mon Godefroy de Bouillon fut jugé aussi dénué que possible d'esprit militaire. Un hymne guerrier en strophes saphiques et adoniques fut trouvé moins mauvais. Mon refrain, *Sternite Turcas*, solution brève et tranchante de la question d'Orient, fut adopté dans la récitation publique. J'étais trop sérieux pour ces enfantillages. On nous donnait à faire des récits du moyen âge, qui se terminaient toujours par quelque beau miracle ; j'abusais déplorablement des guérisons de lépreux. Le souvenir de mes premières études de mathématiques, qui avaient été assez fortes, me revenait quelquefois. J'en parlais à mes condisciples, que cela faisait beaucoup rire. Ces études leur paraissaient quelque chose de tout à fait bas, comparées aux exercices littéraires qu'on leur présentait comme le but suprême de l'esprit humain. Ma force de raisonnement ne se révéla que plus tard, en philosophie, à Issy. La première fois que mes condisciples m'entendirent argumenter en latin, ils furent surpris. Ils virent bien alors que j'étais d'une autre race qu'eux et que je continuerais à marcher quand ils auraient trouvé leur point d'arrêt. Mais, en rhétorique, je laissai un renom douteux. Écrire sans avoir à dire quelque chose de pensé personnellement me paraissait dès lors le jeu d'esprit le plus fastidieux.

Le fond des idées qui formait la base de cette éducation était faible ; mais la forme était brillante, et un sentiment noble dominait et entraînait tout. J'ai dit qu'il n'y avait dans la maison aucune punition ; il serait plus exact de dire qu'il n'y en avait qu'une. l'expulsion. A moins de faute très grave, cette expulsion n'avait rien de blessant; on n'en donnait pas les motifs : « Vous êtes un excellent jeune homme; mais votre esprit n'est pas ce qu'il nous faut ; séparons-nous amis ; quel service puis-je vous rendre ? » Tel était le résumé du discours d'adieu du supérieur à l'élève congédié. On prisait si haut la faveur de participer à une éducation tenue pour exceptionnelle, que cette paternelle déclaration était redoutée comme un arrêt de mort.

Là est une des supériorités que présentent les établissements ecclésiastiques sur ceux de l'État; le régime y est très libéral, car personne n'a droit d'y être ; la coercition y devient tout de suite la séparation. L'établissement de l'État a quelque chose de militaire, de froid, de dur, et avec cela une cause de grande faiblesse, puisque l'élève a un droit obtenu au concours dont on ne peut le priver. Pour ma part, j'ai peine à comprendre une école normale, par exemple, où le directeur ne puisse pas dire, sans s'expliquer davantage, aux sujets dénués de vocation : « Vous n'avez pas l'esprit de notre état; en dehors de cela, vous devez avoir tous les mérites ; vous réussirez mieux ailleurs. Adieu. » La punition même la plus légère implique un principe servile d'obéissance par crainte. Pour moi, je ne crois pas qu'à aucune époque de ma vie j'aie obéi ; oui, j'ai été docile, soumis, mais à un principe spirituel, jamais à une force matérielle procédant par la crainte du châtiment. Ma mère ne me commanda jamais rien. Entre moi et mes maîtres ecclésiastiques tout fut libre et spontané. Qui a connu ce *rationabile obsequium* n'en peut plus souffrir d'autre. Un ordre est une humiliation ; qui a obéi est un *capitis minor*, souillé dans le germe même de la vie noble. L'obéissance ecclésiastique n'abaisse pas ; car elle est volontaire, et on peut se séparer. Dans une des utopies de société aristocratique que je rêve il n'y aurait qu'une seule peine, la peine de mort, ou plutôt l'unique sanction serait un léger blâme des autorités reconnues, auquel aucun homme d'honneur ne survivrait. Je n'aurais pu être soldat ; j'aurais déserté ou je me serais suicidé. Je crains que les nouvelles institutions militaires, n'admettant ni exception ni équivalent, n'amènent un affreux abaissement. Forcer tous à subir l'obéissance, c'est tuer le génie et le talent. Qui a passé des années au port d'armes à la façon allemande est mort pour les œuvres fines; aussi l'Allemagne, depuis qu'elle s'est donnée tout entière à la vie militaire, n'aurait plus de talent si elle n'avait les juifs, envers qui elle est si ingrate.

La génération, qui avait de quinze à vingt ans au moment d'éclat que je raconte et qui fut court, a maintenant de cinquante-cinq à soixante ans. A-t-elle rempli les espérances illimitées qu'avait conçues l'âme ardente de notre grand éducateur? Non assurément; si ses espérances avaient été réalisées, c'est le monde entier qui eût été changé de fond en comble, et on ne s'aperçoit pas d'un tel changement. M. Dupanloup aimait trop peu son siècle et lui faisait trop peu de concessions pour qu'il pût lui être donné de former des hommes au droit fil du temps. Quand je me figure une de ces lectures spirituelles où le maître répandait si abondamment son esprit, cette salle du rez-de-chaussée, avec ses bancs serrés où se pressaient deux cents figures d'enfants tenus immobiles par l'attention et le respect, et que je me demande vers quels vents du ciel se sont envolées ces deux cents âmes si fortement unies alors par l'ascendant du même homme, je trouve plus d'un déchet, plus d'un cas singulier. Comme il est naturel, je trouve d'abord des évêques, des archevêques, des ecclésiastiques considérables, tous relativement éclairés et modérés. Je trouve des diplomates, des conseillers d'État, d'honorables carrières dont quelques-unes eussent été plus brillantes si la tentative du 16 mai eût réussi. Mais voici quelque chose d'étrange. A côté de tel pieux condisciple prédestiné à l'épiscopat, j'en vois un qui aiguisera si savamment son couteau pour tuer son archevêque, qu'il frappera juste au cœur... Je crois me rappeler Verger; je peux dire de lui ce que disait Sacchetti de cette petite Florentine qui fut canonisée : *Fu mia vicina, andava come le altre.* Cette éducation avait des dangers : elle surchauffait, surexcitait, pouvait très bien rendre fou (Verger l'était bel et bien).

Un exemple plus frappant encore du *Spiritus ubi vult spirat* fut celui de H. de ***. Quand j'arrivai à Saint-Nicolas, il fut ma plus grande admiration. Son talent était hors ligne : il avait sur tous ses condisciples de rhétorique une immense supériorité. Sa piété, sérieuse et vraiment élevée, provenait d'une nature douée des plus hautes aspirations. H. de *** réalisait, d'après nos idées, la perfection même ; aussi, selon l'usage des maisons ecclésiastiques, où les élèves avancés partagent les fonctions des maîtres, était-il chargé des rôles les plus importants. Sa piété se maintint plusieurs années au séminaire Saint-Sulpice. Durant des heures, aux fêtes surtout, on le voyait à la chapelle, baigné de larmes. Je me souviens d'un soir d'été, sous les ombrages de Gentilly (Gentilly était la maison de campagne du petit séminaire Saint-Nicolas) ; serrés autour de quelques anciens et de celui des directeurs qui avait le mieux l'accent de la piété chrétienne, nous écoutions. Il y avait dans l'entretien quelque chose de grave et de profond. Il s'agissait du problème éternel qui fait le fond du christianisme, l'élection divine, le tremblement où toute âme doit rester jusqu'à la dernière heure en ce qui regarde le salut. Le saint prêtre insistait sur ce doute terrible : non, personne, absolument personne, n'est sûr qu'après les plus grandes faveurs du ciel il ne sera pas abandonné de la grâce. « Je crois, dit-il, avoir connu un prédestiné !... » Un silence se fit ; il hésita : « C'est H. de ***, ajouta-t-il ; si quelqu'un peut être sûr de son salut, c'est bien lui. Eh bien, non, il n'est pas sûr que H. de *** ne soit pas un réprouvé. »

Je revis H. de *** quelques années plus tard. Il avait fait dans l'intervalle de fortes études bibliques ; je ne pus savoir s'il était tout à fait détaché du christianisme ; mais il ne portait plus l'habit ecclésiastique et il était dans une vive réaction contre l'esprit clérical. Plus tard, je le trouvai passé à des idées politiques très exaltées ; la passion vive, qui faisait le fond de son caractère, s'était tournée vers la démocratie ; il rêvait la justice, il en parlait d'une manière sombre et irritée ; il pensait à l'Amérique, et je crois qu'il doit y être. Il y a quelques années, un de nos anciens condisciples me dit qu'il avait cru reconnaître parmi les noms des fusillés de la Commune un nom qui ressemblait au sien. Je pense qu'il se trompait. Mais sûrement la vie de ce pauvre H. de *** a été traversée par quelque grand naufrage. Il gâta par la passion des qualités supérieures. C'est de beaucoup le sujet le plus éminent que j'aie eu pour condisciple dans mon éducation ecclésiastique. Mais il n'eut pas la sagesse de rester sobre en politique. A la façon dont il prenait les choses, il n'y aurait personne qui n'eût, dans sa vie, vingt occasions de se faire fusiller. Les idéalistes comme nous doivent n'approcher de ce feu-là qu'avec beaucoup de précautions. Nous y laisserions presque toujours notre tête ou nos ailes. Certes la tentation est grande pour le prêtre qui abandonne l'Église de se faire démocrate ; il retrouve ainsi l'absolu qu'il a quitté, des confrères, des amis : il ne fait en réalité que changer de secte. Telle fut la destinée de Lamennais. Une des grandes sagesses de M. l'abbé Loyson a été de résister sur ce point à toutes les séductions et de se refuser aux caresses que le parti avancé ne manque jamais de faire à ceux qui rompent les liens officiels.

Durant trois ans, je subis cette influence profonde, qui amena dans mon être une complète transformation. M. Dupanloup m'avait à la lettre transfiguré. Du pauvre petit provincial le plus lourdement engagé dans sa gaine, il avait tiré un esprit ouvert et actif. Certes quelque chose manquait à cette éducation, et, tant qu'elle dut me suffire, j'eus toujours un vide dans l'esprit. Il y manquait la science positive, l'idée d'une recherche critique de la vérité. Cet humanisme superficiel fit chômer en moi trois ans le raisonnement, en même temps qu'il détruisait la naïveté première de ma foi. Mon christianisme subit de grandes diminutions ; il n'y avait cependant rien dans mon esprit qui pût encore s'appeler doute. Chaque année, à l'époque des vacances, j'allais en Bretagne. Malgré plus d'un trouble, je m'y retrouvais tout entier, tel que mes premiers maîtres m'avaient fait.

Selon la règle, après avoir terminé ma rhétorique à Saint-Nicolas du Chardonnet, j'allai à Issy, maison de campagne du séminaire Saint-Sulpice. Je sortais ainsi de la direction de M. Dupanloup pour entrer sous une discipline absolument opposée à celle de Saint-Nicolas du Chardonnet. Saint-Sulpice m'apprit d'abord à considérer comme enfantillage tout ce que M. Dupanloup m'avait appris à estimer le plus. Quoi de plus simple? Si le christianisme est chose révélée, l'occupation capitale du chrétien n'est-elle pas l'étude de cette révélation même, c'est-à-dire la théologie? La théologie et l'étude de la Bible allaient bientôt m'absorber, me donner les vraies raisons de croire au christianisme et aussi les vraies raisons de ne pas y adhérer. Durant quatre ans, une terrible lutte m'occupa tout entier, jusqu'à ce que ce mot, que je repoussai longtemps comme une obsession diabolique : « Cela n'est pas vrai! » retentît à mon oreille

intérieure avec une persistance invincible.
Je raconterai cela dans les chapitres suivants.
Je peindrai aussi exactement que je pourrai
cette maison extraordinaire de Saint-Sulpice,
qui est plus séparée du temps présent que si
trois mille lieues de silence l'entouraient.
J'essayerai enfin de montrer comment l'étude
directe du christianisme, entreprise dans
l'esprit le plus sérieux, ne me laissa plus
assez de foi pour être un prêtre sincère,
et m'inspira, d'un autre côté, trop de respect pour que je pusse me résigner à jouer
avec les croyances les plus respectables une
odieuse comédie.

# IV

## LE SÉMINAIRE D'ISSY

### I

Le petit séminaire de Saint-Nicolas du Chardonnet n'avait point d'année de philosophie, la philosophie étant, d'après la division des études ecclésiastiques, réservée pour le grand séminaire. Après avoir terminé mes études classiques dans la maison dirigée si brillamment par M. Dupanloup, je passai donc, avec les élèves de ma classe, au grand séminaire, destiné à l'enseignement plus spécialement ecclésiastique. Le grand séminaire du diocèse de Paris, c'est le séminaire Saint-Sulpice, composé lui-même en quelque sorte de deux maisons, celle de Paris et la succursale d'Issy, où l'on fait les deux années de philosophie. Ces deux séminaires n'en font, à proprement parler, qu'un seul. L'un est la suite de l'autre; tous deux se réunissent en certaines circonstances; la congrégation qui fournit les maîtres est la même. L'institut de Saint-Sulpice a exercé sur moi une telle influence et a si complètement décidé de la direction de ma vie, que je suis obligé d'en esquisser rapidement l'histoire, d'en exposer les principes et l'esprit, pour montrer en quoi cet esprit est resté la loi la plus profonde de tout mon développement intellectuel et moral.

Saint-Sulpice doit son origine à un homme dont le nom n'est point arrivé à la grande célébrité; car la célébrité va rarement chercher ceux qui ont fait profession de fuir la gloire et dont la qualité dominante a été la modestie. Jean-Jacques Olier, issu d'une famille qui a donné à l'État un grand nombre de serviteurs capables, fut le contemporain et le coopérateur de Vincent de Paul, de Bérulle, d'Adrien de Bourdoise, du Père Eudes, de Charles de Gondren, de ces fondateurs de congrégations ayant pour objet la réforme de l'éducation ecclésiastique, qui ont eu un rôle si considérable dans la préparation du xviie siècle. Rien n'égale l'abaissement des mœurs cléricales sous Henri IV et dans les commencements de Louis XIII. Le fanatisme de la Ligue, loin de servir à la règle des mœurs, avait beaucoup contribué au relâchement. On s'était tout permis, parce qu'on avait manié l'escopette et porté le mousquet pour la bonne cause. La verve gauloise du temps de Henri IV était peu favorable à la mysticité. Tout n'était pas mauvais dans la franche gaieté rabelaisienne qui, à cette époque, n'était pas tenue pour incompatible avec l'état ecclésiastique. A beaucoup d'égards, nous préférons la piété amusante et spirituelle de Pierre Camus, l'ami de François de Sales, à la tenue raide et guindée qui est devenue plus tard la règle du clergé français et a fait de lui une sorte d'armée noire à part du monde et en guerre avec lui. Mais il est certain que, vers 1640, l'éducation du clergé n'était pas au niveau de l'esprit de règle et de mesure qui devenait de plus en plus la loi du siècle. Des côtés les plus divers on appelait la réforme. François de Sales avouait n'avoir pas réussi dans cette tâche. Il disait à Bourdoise : « Après avoir travaillé pendant dix-sept ans à former seulement trois prêtres tels que je les souhaitais pour m'aider à réformer le clergé de mon diocèse, je n'ai réussi à en former qu'un et demi. » Alors apparaissent les hommes d'une piété grave et raisonnable que je nommais tout à l'heure. Par des congrégations d'un type nouveau, distinct des anciennes règles monacales et imité en quelques points des jésuites, ils créent le séminaire, c'est-à-dire la pépinière soigneusement murée où se forment les jeunes clercs. La transformation fut profonde. De l'école de ces grands maîtres de la vie spirituelle sort ce clergé d'une physionomie si particulière, le plus discipliné, le plus régulier, le plus national, même le plus instruit des clergés, qui remplit la seconde moitié du xviie siècle, tout le xviiie, et dont les derniers représentants ont disparu il y a une quarantaine d'années. Parallèlement à ces efforts d'une piété orthodoxe se dresse Port-Royal, très supérieur à Saint-Sulpice, à Saint-Lazare, à la Doctrine chrétienne et même à l'Oratoire, pour la fermeté de la raison et le talent d'écrire, mais à qui manque la plus essentielle des vertus catholiques, la docilité. Port-Royal, comme le **protestantisme**, eut le dernier des malheurs. Il déplut à la majorité, fut toujours de l'opposition. Quand on a excité l'antipathie de son pays, on est trop souvent amené à prendre son pays en antipathie. Deux fois malheur au persécuté! car, outre la souffrance qui lui est infligée, la persécution l'atteint dans sa personne morale; presque toujours la persécution fausse l'esprit et rétrécit le cœur.

Olier, dans ce groupe de réformateurs catholiques, présente un caractère à part. Sa mysticité est d'un genre qui lui appartient; son *Catéchisme chrétien pour la vie intérieure*, qu'on ne lit plus guère hors de Saint-Sulpice, est un livre des plus extraordinaires, plein de poésie et de philosophie sombre, flottant sans cesse de Louis de Léon à Spinoza. Olier conçoit comme l'idéal de la vie du chrétien ce qu'il appelle « l'état de mort ».

Qu'est-ce que l'état de mort? C'est un état où le cœur ne peut être ému en son fond, et, quoique le monde lui montre ses beautés, ses honneurs, ses richesses, c'est tout de même comme s'il les offrait à un mort, qui demeure sans mouvement et sans désirs, insensible à tout ce qui se présente... Le mort peut bien être agité au dehors et recevoir quelque mouvement dans son corps; mais cette agitation est extérieure; elle ne procède pas du dedans, qui est sans vie, sans vigueur et sans force. Ainsi une âme qui est morte intérieurement peut bien recevoir des attaques des choses extérieures et être ébranlée au dehors, mais au dedans de soi elle demeure morte et sans mouvement pour tout ce qui se présente.

Ce n'est pas assez dire. Olier imagine comme bien supérieur à l'état de mort l'état de sépulture.

Le mort a encore la figure du monde et de la chair; l'homme mort paraît encore être une partie d'Adam; encore parfois le remue-t-on; il donne encore quelque agrément au monde; mais de l'enseveli, on n'en dit plus moi, il n'est plus dans le rang des hommes; il est puant, il est en horreur; il n'a plus rien qui agrée; il est foulé aux pieds dans un cimetière, sans que l'on s'en étonne, tant le monde est convaincu qu'il n'est rien et qu'il n'est plus du nombre des hommes.

Les sombres rêves de Calvin sont presque de l'optimisme pélagien auprès des affreux cauchemars que le péché originel cause à notre pieux contemplatif.

Pourriez-vous encore ajouter quelque chose pour me faire concevoir comment la chair n'est que péché? — Elle est tellement péché, qu'elle est toute inclination et mouvement au péché et même à tout péché; en sorte que, si le Saint-Esprit ne retenait notre âme et ne l'assistait des secours de sa grâce, elle serait emportée par les inclinations de la chair, qui tendent toutes au péché.

— Mon Dieu! qu'est-ce donc que la chair? — C'est l'effet du péché, c'est le principe du péché...

— Si cela est, pourquoi ne tombez-vous pas à toute heure dans le péché? — C'est la miséricorde de Dieu qui nous en empêche...

— Je suis donc obligé à Dieu de ce que je ne commets pas tous les péchés du monde? — Oui... c'est le sentiment ordinaire des saints, parce que la chair est entraînée par un tel poids vers le péché que Dieu seul peut l'empêcher d'y tomber.

— Mais encore voudriez-vous bien m'en dire quelque chose? — Ce que je puis vous en dire est qu'il n'y a aucune sorte de péché qui puisse se concevoir; il n'y a ni imperfection, ni désordre, il n'y a point d'erreur ni de dérèglement dont la chair ne soit remplie, tellement qu'il n'y a sorte de légèreté, ni de folie, ni de sottise que la chair ne soit capable de commettre à toute heure.

— Eh quoi! je serais fou et je ferais le fou par les rues et par les compagnies sans le secours de Dieu? — C'est peu que cela, qui ne regarde que l'honnêteté civile; mais il faut que vous sachiez que, sans la grâce de Dieu, sans la vertu de son esprit, il n'y a aucune espèce d'impureté, de vilenie, d'infamie, d'ivrognerie, de blasphème, en un mot, il n'y a sorte de péché auquel l'homme ne s'abandonnât.

— La chair est donc bien corrompue? — Vous le voyez.

— Je ne m'étonne plus si vous dites qu'il faut haïr sa chair, que l'on doit avoir horreur de soi-même, et que l'homme, dans son état actuel, doit être maudit, calomnié, persécuté; non, je n'en suis plus surpris. En vérité, il n'y a aucune sorte de maux et de malheurs qui ne doivent tomber sur lui à cause de sa chair. — Vous avez raison; toute la haine, toute la malédiction, la persécution qui tombent sur le démon, doivent tomber sur la chair et sur tous ses mouvements.

— Il n'y a donc aucune espèce d'injure qu'on ne doive supporter et qu'on ne doive croire vous être bien dues? — Non.

— Les mépris, les injures, les calomnies ne doivent donc point nous troubler? — Non. Il faut faire comme ce saint qui autrefois fut conduit au supplice pour un crime qu'il n'avait point commis et dont il ne voulut pas se justifier, disant en lui-même qu'il l'aurait commis, et de bien plus grands encore, si Dieu ne l'en eût empêché.

— Les hommes, les anges et Dieu même devraient donc **nous** persécuter sans cesse? — Oui, cela devrait être ainsi.

— Quoi! les pécheurs devraient donc être pauvres et dépouillés de tout comme les démons? — Oui; et même les pécheurs devraient être interdits de toutes leurs facultés corporelles et spirituelles et dépouillés de tous les dons de Dieu.

Héros de l'humilité chrétienne, Olier croit bien faire en bafouant la nature humaine, en la traînant dans la boue. Il avait des visions, des faveurs intérieures dont on possède à Saint-Sulpice le cahier autographe, écrit pour son directeur. Il s'interrompt de temps en temps par des réflexions comme celle-ci : « Mon courage est parfois tout abattu en voyant les impertinences que j'écris. Elles me semblent être de grandes pertes de temps pour mon cher directeur, que j'ai crainte d'amuser. Je plains les heures qu'il doit employer à les lire, et il me semble qu'il devrait me faire cesser d'écrire ces niaiseries et ces impertinences tout à fait insupportables. »

Mais, chez Olier, comme chez presque tous les mystiques, à côté du rêveur bizarre, il y avait le puissant organisateur. Engagé jeune dans l'état ecclésiastique, il fut nommé, par l'influence de sa famille, curé de la paroisse de Saint-Sulpice, qui était alors une dépendance de l'abbaye de Saint-Germain des Prés. Sa piété tendre et susceptible s'offusqua d'une foule de choses qui, jusque-là, avaient paru innocentes, par exemple d'un cabaret qui s'était établi dans les charniers de l'église et où les chantres buvaient. Il rêva un clergé a son image, pieux, zélé, attaché à ses fonctions. Beaucoup d'autres saints personnages travaillaient au même but; mais la façon dont Olier s'y prit fut tout à fait originale. Seul, Adrien de Bourdoise comprit comme lui la réforme ecclésiastique. L'idée vraiment neuve de ces deux fondateurs fut de chercher à procurer l'amélioration du clergé séculier au moyen d'instituts de prêtres mêlés au monde et joignant le ministère des paroisses au soin d'élever les jeunes clercs.

Olier et Bourdoise, en effet, tout en devenant réformateurs et chefs de congrégations, restèrent curés, l'un de Saint-Sulpice, l'autre de Saint-Nicolas du Chardonnet. Ce fut la cure qui engendra le séminaire. Ces saints personnages réunirent leurs prêtres en communautés, et ces communautés devinrent des écoles de cléricature, des espèces de pensions où se formèrent à la piété les jeunes gens qui se préparaient à l'état ecclésiastique. Une circonstance rendait de telles créations faciles et sans danger pour l'État, c'est qu'elles n'avaient pas de professorat intérieur. Le professorat théologique était tout entier à la Sorbonne. Les jeunes sulpiciens ou nicolaïtes qui faisaient leur théologie y allaient assister aux leçons. L'enseignement restait ainsi national et commun. La clôture du séminaire n'existait que pour les mœurs et les exercices de piété. C'était l'analogue de ce qu'est aujourd'hui un internat envoyant ses élèves au lycée. Il n'y avait qu'un seul cours de théologie à Paris : c'était le cours officiel professé à la faculté. Dans l'intérieur du séminaire, tout se bornait à des répétitions, à des conférences. Il est vrai que cela devint assez vite une fiction. J'ai ouï dire aux anciens de Saint-

Sulpice que, vers la fin du xviiie siècle, on n'allait guère à la Sorbonne; qu'il était reçu qu'on n'y apprenait pas grand'chose; que la conférence intérieure, en un mot, prit tout à fait le dessus sur la leçon officielle. Une telle organisation rappelait beaucoup, on le voit, le système actuel de l'École normale et de ses relations avec la Sorbonne. Depuis le Concordat, l'enseignement du séminaire devint tout intérieur. Napoléon ne pensa pas à relever le monopole de la faculté de théologie. Il eût fallu pour cela demander à la cour de Rome une institution canonique dont le gouvernement impérial ne se souciait pas. M. Émery, d'ailleurs, se garda de lui en suggérer l'idée. Il n'avait pas conservé un bon souvenir de l'ancien système; il préférait beaucoup garder ses jeunes clercs sous sa main. Les conférences *intra muros* devinrent ainsi des cours. Cependant, comme à Saint-Sulpice rien ne change, les anciennes dénominations restèrent. Le séminaire n'a pas de *professeurs;* tous les membres de la congrégation ont le titre uniforme de *directeur*

La société fondée par Olier garda jusqu'à la Révolution son respectable caractère de modestie et de vertu pratique. En théologie, son rôle fut faible. Elle n'eut pas l'indépendance et la hauteur de Port-Royal. Elle fut plus moliniste qu'il n'était nécessaire de l'être, et n'évita pas ces mesquines vilenies qui sont comme la conséquence des idées arrêtées de l'orthodoxe et le rachat de ses vertus. La mauvaise humeur de Saint-Simon contre ces pieux prêtres a pourtant quelque chose d'injuste. C'étaient, dans la grande armée de l'Église, des sous-officiers instructeurs, auxquels il eût été injuste de demander la distinction des officiers généraux. La compagnie, par ses nombreuses maisons en province, eut une influence décisive sur l'éducation du clergé français; elle conquit sur le Canada une sorte de suzeraineté religieuse, qui s'accommoda fort bien de la domination anglaise, conservatrice des anciens droits, et qui dure jusqu'à nos jours.

La Révolution n'eut aucun effet sur Saint-Sulpice. Un de ces esprits froids et fermes, comme la société en a toujours possédé, rebâtit la maison exactement sur les mêmes bases. M. Émery, prêtre instruit et gallican modéré, par la confiance absolue qu'il sut inspirer à Napoléon, obtint les autorisations nécessaires. On l'eût fort étonné si on lui eût dit que la demande d'une telle autorisation constituait une basse concession au pouvoir civil et une sorte d'impiété. Tout fut donc rétabli comme avant la Révolution; chaque porte tourna dans ses anciens gonds, et, comme d'Olier à la Révolution rien n'avait subi de changement, le XVII° siècle eut un point dans Paris où il se continua sans la moindre modification.

Saint-Sulpice fut, au milieu d'une société si différente, ce qu'il avait toujours été, tempéré, respectueux pour le pouvoir civil, désintéressé des luttes politiques[1]. En règle avec la loi, grâce aux sages mesures prises par M. Émery, il ne sut rien de ce qui se passait dans le monde. Après 1830, l'émotion fut un moment assez

---

[1]. Mes souvenirs se rapportent aux années 1842-1845. Je pense que depuis rien n'a changé.

vive. L'écho des discussions passionnées du temps franchissait parfois les murs de la maison; les discours de M. Mauguin (je ne sais pas bien pourquoi) avaient surtout le privilège d'émouvoir les jeunes. Un jour, l'un de ceux-ci lut au supérieur, M. Duclaux, un fragment de séance qui lui parut d'une violence effrayante. Le vieux prêtre, à demi plongé dans le Nirvana, avait à peine écouté. A la fin, se réveillant et serrant la main du jeune homme : « On voit bien, mon ami, lui dit-il, que ces hommes-là ne font pas oraison. » Le mot m'est dernièrement revenu à l'esprit, à propos de certains discours. Que de choses expliquées par ce fait que probablement M. Clémenceau ne fait pas oraison!

Ces vieux sages consommés ne s'émouvaient de rien. Le monde était pour eux un orgue de Barbarie qui se répète. Un jour, on entendit quelque bruit sur la place Saint-Sulpice : « Allons à la chapelle mourir tous ensemble. » s'écria l'excellent M.\*\*\*, prompt à s'enflammer. — « Je n'en vois pas la nécessité, » répondit M.\*\*\*, plus calme, plus prémuni contre les excès de zèle ; et l'on continua de se promener en groupe sous les porches de la cour.

Dans les difficultés religieuses du temps, ces messieurs de Saint-Sulpice gardèrent la même attitude sage et neutre, ne montrant un peu de chaleur que quand l'autorité épiscopale était menacée. Ils reconnurent très vite le venin de M. de Lamennais et le repoussèrent. Le romantisme théologique de Lacordaire et de Montalembert les trouva aussi peu sympathiques. L'ignorance dogmatique et l'extrême faiblesse de cette école, en fait de raisonnement, les choquaient. Ils virent toujours le danger du journalisme catholique. L'ultramontanisme ne parut d'abord à ces maîtres austères qu'une façon commode d'en appeler à une autorité éloignée, souvent mal informée, d'une autorité rapprochée et plus difficile à tromper. Les anciens qui avaient fait leurs études à la Sorbonne avant la Révolution tenaient hautement pour les quatre propositions de 1682. Bossuet était en tout leur oracle. Un des directeurs les plus respectés, M. Boyer, lors de son voyage à Rome, eut une discussion avec Grégoire XVI sur les propositions gallicanes. Il prétendait que le pape ne put rien répondre à ses arguments. Il diminuait, il est vrai, sa victoire en avouant que personne à Rome ne le prit au sérieux et qu'on rit beaucoup au Vatican de *l'uomo antediluviano* : c'était lui que l'entourage du pape appelait ainsi. On eût mieux fait de l'écouter. Vers 1840, tout cela changea. Les vieux d'avant la Révolution étaient morts; les jeunes passèrent presque tous à la thèse de l'infaillibilité papale; mais il resta encore une profonde différence entre ces ultramontains de la dernière heure et les hardis contempteurs de la scolastique et de l'Église gallicane sortis de l'école de Lamennais. Saint-Sulpice n'a jamais trouvé sûr de faire litière à ce point des règles établies.

On ne saurait nier qu'il ne se mêlât à tout cela une certaine antipathie contre le talent et quelque chose de la routine de scolastiques gênés dans leurs vieilles thèses par d'importuns novateurs. Mais il y avait aussi dans la règle suivie par ces prudents directeurs un tact pratique très sûr. Ils voyaient le danger d'être plus royalistes que le roi et savaient qu'on passe facilement d'un excès à l'autre. Des hommes moins détachés qu'eux de tout amour-propre auraient triomphé le jour où le maître de ces brillants paradoxes, Lamennais, qui les avait presque argués d'hérésie et de froideur pour le saint-siège, devint lui-même hérétique et se mit à traiter l'Église de Rome de tombeau des âmes et de mère d'erreurs. Ce qui est vieux doit rester vieux ; comme tel, il est respectable ; rien de plus choquant que de voir l'homme d'un autre âge dissimuler ses allures et prendre les modes des jeunes gens.

C'est par ce franc aveu des choses que Saint-Sulpice représente en religion quelque chose de tout à fait honnête. A Saint-Sulpice, nulle atténuation des dogmes de l'Écriture n'était admise ; les Pères, les conciles et les docteurs y paraissaient les sources du christianisme. On n'y prouvait pas la divinité de Jésus-Christ par Mahomet ou par la bataille de Marengo. Ces pantalonnades théologiques, qu'on faisait applaudir à Notre-Dame, à force d'aplomb et d'éloquence, n'avaient aucun succès auprès de ces sérieux chrétiens. Ils ne pensaient pas que le dogme eût besoin d'être mitigé, déguisé, costumé à la jeune France. Ils manquaient de critique en s'imaginant que le catholicisme des théologiens a été la religion même de Jésus et des apôtres; mais ils n'inventaient pas pour les gens du monde un christianisme revu et adapté à leurs idées. Voilà pourquoi l'étude (dirai-je la réforme?) sérieuse du christianisme viendra bien plutôt de Saint-Sulpice que de directions comme celle de M. Lacordaire ou de M. Gratry, à plus forte raison de M. Dupanloup, où tout est adouci, faussé, émoussé, où l'on présente non point le christianisme tel qu'il résulte du concile de Trente et du concile du Vatican, mais un christianisme désossé en quelque sorte, sans charpente, privé de ce qui est son essence. Les conversions opérées par les prédications de cette sorte ne sont bonnes ni pour la religion ni pour l'esprit humain. On croit avoir fait des chrétiens: on a fait des esprits faux, des politiques manqués. Malheur au vague! mieux vaut le faux. « La vérité, comme a très bien dit Bacon, sort plutôt de l'erreur que de la confusion. »

Ainsi, au milieu du pathos prétentieux qui a envahi, de nos jours, l'apologétique chrétienne, s'est conservée une école de solide doctrine, répudiant l'éclat, abhorrant le succès. La modestie a toujours été le don particulier de la compagnie de Saint-Sulpice. Voilà pourquoi elle ne fait aucun cas de la littérature ; elle l'exclut presque, n'en veut pas dans son sein. La règle des sulpiciens est de ne rien publier que sous le voile de l'anonyme et d'écrire toujours du style le plus effacé, le plus éteint. Ils voient à merveille la vanité et les inconvénients du talent, et ils s'interdisent d'en avoir. Un mot les caractérise, la médiocrité ; mais c'est une médiocrité voulue, systématique. Ils font exprès d'être médiocres. « Mariage de la mort et du vide, » disait Michelet de l'alliance des jésuites et des sulpiciens. Sans doute : mais Michelet n'a pas assez vu que le vide est ici aimé pour lui-même. Il devient alors quelque chose de touchant ; on se défend de penser, de peur de penser mal.

L'erreur littéraire paraît à ces pieux maîtres la plus dangereuse des erreurs, et c'est justement pour cela qu'ils excellent dans la vraie manière d'écrire. Il n'y a plus que Saint-Sulpice où l'on écrive comme à Port-Royal, c'est-à-dire avec cet oubli total de la forme qui est la preuve de la sincérité. Pas un moment ces maîtres excellents ne songeaient que, parmi leurs élèves, dût se trouver un écrivain ou un orateur. Le principe qu'ils prêchaient le plus était de ne jamais faire parler de soi et, si l'on a quelque chose à dire, de le dire simplement, comme en se cachant.

Vous en parliez bien à votre aise, chers maîtres, et avec cette complète ignorance du monde qui vous fait tant d'honneur. Mais, si vous saviez à quel point le monde encourage peu la modestie, vous verriez combien la littérature aurait de la peine à s'accommoder de vos principes. Que serait-il arrivé si M. de Chateaubriand avait été modeste? Vous aviez raison d'être sévères pour les procédés charlatanesques d'une théologie aux abois, cherchant les applaudissements par des procédés tout mondains. Mais, hélas! votre théologie à vous, qui est-ce qui en parle? Elle n'a qu'un défaut, c'est qu'elle est morte. Vos principes littéraires ressemblaient à la rhétorique de Chrysippe, dont Cicéron disait qu'elle était excellente pour apprendre à se taire. Dès qu'on parle ou qu'on écrit, on cherche fatalement le succès. L'essentiel est de n'y faire aucun sacrifice, et c'est là ce que votre sérieux, votre droiture, votre honnêteté enseignaient dans la perfection.

Sans le vouloir, Saint-Sulpice, où l'on méprise la littérature, est ainsi une excellente école de style; car la règle fondamentale du style est d'avoir uniquement en vue la pensée que l'on veut inculquer, et par conséquent d'avoir une pensée. Cela valait bien mieux que la rhétorique de M. Dupanloup et le gongorisme de l'école néo-catholique. Saint-Sulpice ne se préoccupe que du fond des choses. La théologie y est tout, et, si la direction des études y manque de force, c'est que l'ensemble du catholicisme, surtout du catholicisme français, porte très peu aux grands travaux. Après tout, Saint-Sulpice a eu, de notre temps, comme théologien, M. Carrière, dont l'œuvre immense est, sur quelques points, remarquablement approfondie ; comme érudits, M. Gosselin et M. Faillon, à qui l'on doit de si consciencieuses recherches ; comme philologues, M. Garnier et surtout M. Le Hir, les seuls maîtres éminents que l'école catholique en France ait produits dans le champ de la critique sacrée.

Mais ce n'est point par là que ses pieux éducateurs veulent être loués Saint-Sulpice est avant tout une école de vertu. C'est principalement par la vertu que Saint-Sulpice est une chose archaïque, un fossile de deux cents ans. Beaucoup de mes jugements étonnent les gens du monde, parce qu'ils n'ont pas vu ce que j'ai vu. J'ai vu à Saint-Sulpice, associés à des idées étroites, je l'avoue, les miracles que nos races peuvent produire en fait de bonté, de modestie, d'abnégation personnelle. Ce qu'il y a de vertu dans Saint-Sulpice suffirait pour gouverner un monde, et cela m'a rendu difficile pour ce que j'ai trouvé ailleurs.

Je n'ai rencontré dans le siècle qu'un seul homme qui méritât d'être comparé à ceux-là, c'est M. Damiron. Ceux qui ont connu M. Damiron ont connu un sulpicien. Les autres ne sauront jamais ce que ces vieilles écoles de silence, de sérieux et de respect renferment de trésors pour la conservation du bien dans l'humanité.

Telle était la maison où je passai quatre années au moment le plus décisif de ma vie. Je m'y trouvai comme dans mon élément. Tandis que la plupart de mes condisciples, affaiblis par l'humanisme un peu fade de M. Dupanloup, ne pouvaient mordre à la scolastique, je me pris tout d'abord d'un goût singulier pour cette écorce amère; je m'y passionnai comme un ouistiti sur sa noix. Je revoyais mes premiers maîtres de basse Bretagne dans ces graves et bons prêtres, remplis de conviction et de la pensée du bien. Saint-Nicolas du Chardonnet et sa superficielle rhétorique n'étaient plus pour moi qu'une parenthèse de valeur douteuse. Je quittais les mots pour les choses. J'allais enfin étudier à fond, analyser dans ses derniers détails cette foi chrétienne qui, plus que jamais, me paraissait le centre de toute vérité.

## II

Ainsi que je l'ai déjà dit, les deux années de philosophie qui servent d'introduction à la théologie ne se font pas à Paris; elles se font à la maison de campagne d'Issy, située dans le village de ce nom, un peu au delà des dernières maisons de Vaugirard. La construction s'étend en longueur au bas d'un vaste parc, et n'a de remarquable qu'un pavillon central qui frappe le connaisseur par la finesse et l'élégance de son style. Ce pavillon fut la résidence suburbaine de Marguerite de Valois, la première femme de Henri IV, depuis 1606 jusqu'à sa mort en 1615. L'intelligente et facile princesse, envers qui il ne convient pas d'être plus sévère que ne le fut celui qui eut le droit de l'être le plus, s'y entoura de tous les beaux esprits du temps, et *le Petit Olympe d'Issy* de Michel Bouteroue[1] est le tableau de cette cour, à laquelle ne manqua ni la gaieté ni l'esprit.

> Je veux d'un excellent ouvrage,
> Dedans un portrait racourcy,
> Représenter le païsage
> Du petit Olympe d'Issy,
> Pourveu que la grande princesse,
> La perle et fleur de l'univers,
> A qui cest ouvrage s'addresse
> Veuille favoriser mes vers.
>
> Que l'ancienne poésie
> Ne vante plus en ses écrits
> Les lauriers du Daphné d'Asie
> Et les beaux jardins de Cypris,
> Les promenoirs et le bocage
> Du Tempé frais et ombragé,
> Qui parut lors qu'un marescage
> En la mer se fust deschargé.
>
> Qu'on ne vante plus la Touraine
> Pour son air doux et gracieux,
> Ny Chenonceaus, qui d'une reyne
> Fut le jardin délicieux,
> Ny le Tivoly magnifique
> Où, d'un artifice nouveau,
> Se faict une douce musique
> Des accords du vent et de l'eau.

---

1. Paris, 1609, in-12.

Issy de beauté les surpasse
En beaux jardins et prés herbus,
Dignes d'estre au lieu de Parnasse
Le séjour des sœurs de Phébus.
Mainte belle source ondoyante,
Découlant de cent lieux divers,
Maintient sa terre verdoyante
Et ses arbrisseaux toujours verds.

. . . . .     . . . .

Un vivier est à l'advenüe
Près la porte de ce verger,
Qui, par une sente cognüe,
En l'estang se va descharger;
Comme on voit les grandes rivières
Se perdre au giron de la mer,
Ainsi ces sources fontenières
En l'estang se vont renfermer.

. . . . . . . . . . .

Une autre mare plus petite,
Si l'on retourne vers le mont,
Par l'ombre de son boys invite
De passer sur un petit pont,
Pour aller au lieu de délices,
Au plus doux séjour du plaisir,
Des mignardises, des blandices,
Du doux repos et du loysir.

Après la mort de la reine Margot, le casin fut vendu et appartint à diverses familles parisiennes, qui l'habitèrent jusque vers 1655. Olier sanctifia la maison que rien jusque-là n'avait préparée à une destination pieuse, en l'habitant dans les dernières années de sa vie. M. de Bretonvilliers, son successeur, la donna à la compagnie de Saint-Sulpice et en fit la succursale de la maison de Paris. Rien ne fut changé au petit pavillon de la reine; on y ajouta de longues ailes et on retoucha légèrement les peintures. Les Vénus devinrent des Vierges; avec les Amours, on fit des anges; les emblèmes à devises espagnoles, qui remplissaient les espaces perdus, ne choquaient personne. Une belle pièce ornée de représentations toutes profanes a été badigeonnée il y a une cinquantaine d'années; un lavage suffirait peut-être encore aujourd'hui pour tout retrouver. Quant au parc chanté par Bouteroue, il est resté tout à fait sans modification; des édicules pieux, des statues de sainteté y ont seulement été ajoutées. Une cabane, décorée d'une inscription et de deux bustes, est l'endroit où Bossuet et Fénelon, M. Tronson et M. de Noailles eurent de longues conférences sur le quiétisme et tombèrent d'accord sur les trente-quatre articles de la vie spirituelle, dits « articles d'Issy ». Plus loin, au fond d'une allée de grands arbres, près du petit cimetière de la compagnie, se voit une imitation intérieure de la Santa-Casa de Lorette, que la piété sulpicienne a choisie pour son lieu de prédilection et décorée de ces peintures emblématiques qui lui sont chères. Je vois encore la Rose mystique, la Tour d'ivoire, la Porte d'or, devant lesquelles j'ai passé de longues matinées en un demi-sommeil. *Hortus conclusus, fons signatus*, très bien figurés en des espèces de miniatures murales, me donnaient fort à rêver ; mais mon imagination, tout à fait chaste, restait dans une douce note de piété vague. Hélas ! ce beau parc mystique d'Issy, je crois que la guerre et la Commune l'ont ravagé. Il a été, après la cathédrale de Tréguier, le second berceau de ma pensée.

Je passais des heures sous ces longues allées de charmes, assis sur un banc de pierre et lisant. C'est là que j'ai pris (avec bien des rhumatismes peut-être) un goût extrême de notre nature humide, automnale, du nord de la France. Si, plus tard, j'ai aimé l'Hermon et les flancs dorés de l'Antiliban c'est par suite de l'espèce de polarisation qui est la loi de l'amour et qui nous fait rechercher nos contraires. Mon premier idéal est une froide charmille janséniste du xvii$^e$ siècle, en octobre, avec l'impression vive de l'air et l'odeur pénétrante des feuilles tombées. Je ne vois jamais une vieille maison française de Seine-et-Oise ou de Seine-et-Marne, avec son jardin aux palissades taillées, sans que mon imagination me représente les livres austères qu'on a lus jadis sous ces allées. Malheur à qui n'a senti ces mélancolies et ne sait pas combien de soupirs ont dû précéder les joies actuelles de nos cœurs!

Les rapports des directeurs de Saint-Sulpice avec les élèves ont un caractère large et grave. Il n'y a sûrement pas un établissement au monde où l'élève soit plus libre. A Saint-Sulpice de Paris on pourrait passer trois années sans avoir eu aucune relation sérieuse avec un seul des directeurs. On suppose que le régime de la maison agit par lui-même.

Les directeurs mènent exactement la vie des élèves et s'occupent d'eux aussi peu que possible. Si l'on veut travailler, on y est admirablement placé pour cela. Si l'on n'a point l'amour du travail, on peut ne rien faire, et il faut avouer qu'un grand nombre usent largement de la permission. Les interrogations, les examens sont presque nuls ; l'émulation n'existe à aucun degré et serait tenue pour un mal. Si l'on considère l'âge des élèves, en moyenne de dix-huit à vingt-quatre ans, on peut trouver qu'une telle réserve est presque exagérée. Elle nuit sûrement aux études. Mais, quand on y a réfléchi, on trouve que ce respect suprême de la liberté, cette façon de traiter comme des hommes faits des jeunes gens déjà consacrés par l'intention du sacerdoce, sont la seule règle convenable à suivre dans la tâche épineuse de former des sujets pour le ministère le plus élevé qu'il y ait d'après les idées chrétiennes. J'estime même, pour ma part, que d'excellentes applications pourraient en être faites aux services de l'instruction publique, et que l'École normale, en particulier, devrait, sur certains points, s'inspirer de cet esprit.

Le supérieur de la maison d'Issy, quand j'y passai, était M. Gosselin. C'est l'homme le plus poli et le plus aimable que j'aie jamais connu. Sa famille appartenait à cette partie de l'ancienne bourgeoisie qui, sans être affiliée aux jansénistes, partageait l'attachement extrême de ces derniers pour la religion. Sa mère, à laquelle il paraît qu'il ressemblait beaucoup, vivait encore, et il l'entourait de respects touchants. Il aimait à rappeler les premières leçons de politesse qu'elle lui donnait vers 1799. Dans son enfance, il s'était habitué, selon un usage auquel il était dangereux de se soustraire, à dire « citoyen ». Dès les premiers jours où l'on célébra la messe catholique, après la Révolution, sa mère l'y mena. Ils se trouvèrent presque seuls avec le prêtre. « Va offrir à monsieur de lui servir la messe, » lui dit madame Gosselin. L'enfant s'approcha et balbutia en rougissant : « Citoyen, voulez-vous me permettre de vous servir la messe? — Chut! reprit sa mère;

il ne faut jamais dire citoyen à un prêtre. »
Il est impossible d'imaginer une plus charmante affabilité, une aménité plus exquise. Il n'avait que le souffle et il atteignit la vieillesse par des prodiges de soin et de sobre hygiène. Sa jolie petite figure, maigre et fine, son corps fluet, remplissant mal les plis de sa soutane, sa propreté raffinée, fruit d'une éducation datant de l'enfance, le creux de ses tempes se dessinant agréablement sous la petite calotte de soie flottante qu'il portait toujours, formaient un ensemble très distingué.

M. Gosselin était un érudit plutôt qu'un théologien. Sa critique était sûre dans les limites d'une orthodoxie dont il ne discuta jamais sérieusement les titres; sa placidité, absolue. Il a composé une *Histoire littéraire de Fénelon*, qui est un livre fort estimé. Son traité *du Pouvoir du pape sur les souverains au moyen âge*[1] est plein de recherches. C'était le temps où les écrits de Voigt et de Hurter révélèrent aux yeux des catholiques la grandeur

---

1. Première édition, 1839; deuxième édition, fort augmentée, 1845.

des pontifes romains du xi⁰ et du xii⁰ siècle. Cette grandeur n'était pas sans causer plus d'un embarras aux gallicans; car il faut avouer que Grégoire VII et Innocent III ne conformèrent en rien leur conduite aux maximes de 1682. M. Gosselin crut avoir résolu par un principe de droit public, reçu au moyen âge, toutes les difficultés que causent aux théologiens modérés ces histoires grandioses. M. Carrière souriait un peu de son assurance et comparait l'essai de son savant confrère aux efforts d'une vieille qui cherche à enfiler son aiguille en la tenant bien fixe entre la lampe et ses lunettes. Un moment, le fil passe si près du trou qu'elle s'écrie : « M'y voilà! » Hélas! non; il s'en faut de la largeur d'un atome; c'est à recommencer.

Mon inclination et les conseils d'un pieux et savant ecclésiastique breton qui était grand vicaire de M. de Quélen, M. l'abbé Tresvaux, me firent prendre M. Gosselin pour directeur. J'ai gardé de lui un précieux souvenir. Il n'est pas possible d'imaginer plus de bienveillance, de cordialité, de respect pour la conscience d'un jeune homme. La liberté qu'il me laissa était absolue. Comme il voyait l'honnêteté de ma nature, la pureté de mes mœurs et la droiture de mon esprit, l'idée ne lui vint pas un instant que des doutes s'élèveraient pour moi sur des matières où lui-même n'en avait aucun. Le très grand nombre de jeunes ecclésiastiques qui avaient passé entre ses mains avaient un peu émoussé son diagnostic; il procédait par catégories générales, et je dirai bientôt comment quelqu'un qui n'était pas mon directeur vit dans ma conscience beaucoup plus clair que lui et que moi.

Deux directeurs, M. Gottofrey, l'un des professeurs de philosophie, et M. Pinault, professeur de mathématiques et de physique, étaient en tout le contraste absolu de M. Gosselin. M. Gottofrey, jeune prêtre de vingt-six ou vingt-huit ans, n'était, je crois, qu'à demi de race française. Il avait la ravissante figure rose d'une miss anglaise, de beaux grands yeux, où respirait une candeur triste. C'était le plus extraordinaire exemple que l'on puisse imaginer d'un suicide par orthodoxie mystique. M. Gottofrey eût certainement été, s'il l'avait voulu, un mondain accompli. Je n'ai pas connu d'homme qui eût pu être plus aimé des femmes. Il portait en lui un trésor infini d'amour. Il sentait le don supérieur qui lui avait été départi ; puis, avec une sorte de fureur, il s'ingéniait à s'anéantir lui-même. On eût dit qu'il voyait Satan dans les grâces dont Dieu avait été pour lui si prodigue. Un vertige s'emparait de lui ; il se prenait de rage en se voyant si charmant ; il était comme une cellule de nacre où un petit génie pervers serait toujours occupé à broyer sa perle intérieure. Aux temps héroïques du christianisme, il eût cherché le martyre. A défaut du martyre, il courtisa si bien la mort, que cette froide fiancée, la seule qu'il ait aimée, finit par le prendre. Il partit pour le Canada. Le typhus, qui sévit à Montréal en 1847, lui offrit une belle occasion de contenter sa soif. Il soigna les malades avec frénésie et mourut.

J'ai toujours pensé qu'il y eut en la vie de M. Gottofrey un roman secret, quelque erreur héroïque sur l'amour. Il en attendit trop peut-être; ne le trouvant pas infini, il le brisa comme un faux dieu. Au moins ne fut-il pas de « ceux qui, sachant aimer, n'en ont pas su mourir ». Tantôt je le vois perdu au ciel parmi les troupes d'anges roses d'un paradis du Corrège; tantôt je me figure la femme qu'il eût pu rendre folle d'amour le flagellant durant toute l'éternité. Ce qu'il y avait d'injuste, c'est qu'il se vengeait des troubles de sa nature inquiète sur la raison, qui peut-être n'y était pour rien. Il pratiquait l'absurdité voulue de Tertullien, se complaisait en la folie de saint Paul. Il était chargé d'un des cours de philosophie : jamais on ne vit plus amère trahison ; son dédain pour la philosophie perçait à chaque mot; c'était un perpétuel sarcasme, où il développait une sorte de talent âpre. M. Gosselin, qui prenait au sérieux la scolastique, réagissait silencieusement contre ces excès. Mais le fanatisme rend parfois très sagace. M. Gottofrey me remarqua, me suivit; il démêla ce que l'optimisme paterne de M. Gosselin ne savait point voir. Il porta la foudre dans ma conscience, comme je le dirai bientôt, et, d'une main brutale, déchira tous les bandages par lesquels je me dissimulais à moi-même les blessures d'une foi déjà profondément atteinte.

M. Pinault ressemblait beaucoup à M. Littré par sa passion concentrée et par l'originalité de ses allures. Si M. Littré eût reçu une éducation catholique, il eût été un mystique exalté ; si M. Pinault avait été élevé en dehors du catholicisme, il eût été révolutionnaire et positiviste. Les natures absolues ont besoin de ces partis tranchés. La physionomie de M. Pinault frappait tout d'abord. Criblé de rhumatismes, il semblait cumuler en sa personne toutes les façons dont un corps peut être contrefait. Sa laideur extrême n'excluait pas de ses traits une singulière vigueur ; mais il n'avait pas été élevé comme M. Gosselin ; il négligeait la propreté à un degré tout à fait choquant. Dans son cours, son vieux manteau et les manches de sa soutane servaient à essuyer les instruments et en général à tous les usages du torchon ; sa calotte, rembourrée pour préserver son vieux crâne des névralgies, formait autour de sa tête un bourrelet hideux. Avec cela, éloquent, passionné, étrange, parfois ironique, spirituel, incisif. Il avait peu de culture littéraire, mais sa parole était pleine de saillies inattendues. On sentait une puissante individualité, que la foi s'était assujettie, mais que la règle ecclésiastique n'avait pas domptée. C'était un saint; c'était à peine un prêtre; ce n'était pas du tout un sulpicien. Il manquait à la première règle de la compagnie, qui est d'abdiquer tout ce qui peut s'appeler talent, originalité, pour se plier à la discipline d'une commune médiocrité.

M. Pinault avait commencé par être professeur de mathématiques dans l'Université. Comment associa-t-il à des études qui, selon nous, excluent la foi au surnaturel, un catholicisme fervent? De la même manière que M. Cauchy fut à la fois un mathématicien de premier ordre et un fidèle des plus dociles; de la même manière que l'Académie des sciences possède encore aujourd'hui dans son sein un grand nombre de croyants. Le christianisme se présente comme un fait historique surnaturel. C'est par les sciences historiques qu'on peut établir (et, selon moi, d'une manière péremptoire) que ce fait n'a pas été surnaturel et que, même, il n'y a jamais eu de fait surnaturel. Ce n'est point par un raisonnement *a priori* que nous repoussons le miracle ; c'est par un raisonnement critique ou historique. Nous prouvons sans peine qu'il n'arrive pas de miracles au XIX° siècle, et que les récits d'événements miraculeux donnés comme ayant eu lieu de nos jours reposent sur l'imposture ou la crédulité. Mais les témoignages qui établissent les prétendus miracles du XVIII°, du XVII°, du XVI° siècle, ou bien ceux du moyen âge, sont plus faibles encore, et on peut en dire autant des siècles antérieurs ; car plus on s'éloigne, plus la preuve d'un fait surnaturel devient difficile à fournir. Pour bien comprendre cela, il faut avoir l'habitude de la critique des textes et de la méthode historique ; or voilà ce que les mathématiques ne donnent en aucune façon. N'a-t-on pas vu, de nos jours, un mathématicien éminent tomber dans des illusions que la familiarité la plus élémentaire avec les sciences historiques lui aurait appris à éviter?

La foi vive de M. Pinault le porta vers le sacerdoce. Il fit peu de théologie ; on se contenta pour lui d'un minimum, et on l'appliqua tout d'abord aux cours de sciences, qui, dans le cadre des études ecclésiastiques, sont l'accompagnement nécessaire des deux années de philosophie. A Saint-Sulpice de Paris, avec sa nullité théologique et son ardente imagination mystique, il eût paru étrange. Mais, à Issy, en contact avec de tout jeunes gens qui n'avaient pas étudié les textes, il acquit bien vite une influence considérable. Il fut le chef de ceux qu'entraînait une ardente piété, des « mystiques », comme on les appelait. Il était leur directeur à tous ; cela faisait une coterie à part, une sorte d'école d'où les profanes étaient exclus et qui avait ses hauts secrets. Un auxiliaire très puissant de ce parti était le concierge laïque de la maison, celui qu'on appelait le père Hanique. J'étonne toujours les réalistes quand je leur dis que j'ai vu de mes yeux un type que leur connaissance insuffisante du monde humain ne leur a pas permis de trouver sur leur chemin, je veux dire le portier sublime, arrivé aux degrés les plus transcendants de la spéculation. Dans sa pauvre loge de concierge, Hanique avait presque autant d'importance que M. Pinault. Ceux qui visaient à la sainteté le consultaient, l'admiraient. On opposait sa simplicité à la froideur d'âme des savants ; on le citait comme un exemple de la gratuité absolue des dons de Dieu.

Tout cela constituait une division profonde dans la maison. Les mystiques vivaient dans un état de tension si extraordinaire, que quelques-uns d'entre eux moururent. Cela ne fit qu'augmenter l'exaltation des autres. M. Gosselin avait trop de tact pour lever drapeau contre drapeau. Il y avait cependant bel et bien deux partis dans le jeune bataillon de ce Saint-Cyr ecclésiastique, les mystiques recevant la direction intime de M. Pinault et du portier Hanique, les « bons enfants » (c'était ainsi que nous nous appelions avec une modestie d'assez bon goût) recevant la direction plane, simple, droite, et tout bonnement chrétienne de M. Gosselin. Cette division perçait très peu chez les maîtres. Cependant le sage M. Gosselin, opposé à tous les excès, en suspicion contre les singularités et les nouveautés, fronçait le sourcil devant certaines bizarreries. Dans les récréations, il affectait une conversation gaie et presque profane, en opposition avec les entretiens toujours sublimes de M. Pinault. Il avait peu d'égards pour le bonhomme Hanique et n'aimait pas qu'on parlât de lui avec admiration. Peut-être trouvait-il, au point de vue de la correction hiérarchique, plus d'un inconvénient à ce qu'un concierge fût un trop grand docteur. Quelques livres qui étaient la lecture favorite des mystiques, tels que ceux de Marie d'Agreda, il les condamnait hautement et les interdisait.

Le cours de M. Pinault était la chose du monde la plus singulière. Il ne dissimulait pas son mépris pour les sciences qu'il enseignait et pour l'esprit humain en général. Quelquefois il s'endormait presque en faisant sa classe. Il détournait tout à fait ses adeptes de l'étude.

Et pourtant il restait en lui des parties de l'esprit scientifique, qu'il n'avait pu détruire. Par moments, il avait des éclairs surprenants. Quelques leçons qu'il nous fit sur l'histoire naturelle ont été une des bases de ma pensée philosophique. Je lui dois beaucoup; mais l'instinct d'apprendre qui est en moi et qui fera, j'espère, que j'apprendrai jusqu'à l'heure de ma mort, ne me permettait pas d'être de sa bande. Il m'aimait assez, mais ne cherchait pas à m'attirer. Son brûlant esprit d'apostolat s'indignait de mes paisibles allures, de mon goût pour la recherche. Un jour, il me trouva dans une allée du parc, assis sur un banc de pierre; je me rappelle que je lisais le traité de Clarke sur *l'Existence de Dieu*. Selon mon habitude, j'étais enveloppé dans une épaisse houppelande. « Oh! le cher petit trésor, dit-il en s'approchant. Mon Dieu, qu'il est donc joli là, si bien empaqueté! Oh! ne le dérangez pas. Voilà comme il sera toujours... Il étudiera, étudiera sans cesse; mais, quand le soin des pauvres âmes le réclamera, il étudiera encore. Bien fourré dans sa houppelande, il dira à ceux qui viendront le trouver « : Oh! laissez-moi, laissez-moi. » Il s'aperçut que le trait avait porté juste. J'étais troublé, mais non converti. Voyant que je ne répondais rien, il me serra la main. « Ce sera un petit Gosselin, » dit-il avec une nuance légère d'ironie; et il me laissa continuer ma lecture.

Certes, M. Pinault était fort supérieur à M. Gosselin par la force de sa nature et la hardiesse de ses partis pris. Vrai Diogène, il voyait le creux d'une foule de conventions qui étaient des articles de foi pour mon excellent directeur. Mais il ne m'ébranla pas un moment. J'ai toujours cru à l'esprit humain. M. Gosselin, par sa confiance en la scolastique, m'encourageait dans mon rationalisme. Un autre directeur, M. Manier, l'un des professeurs de philosophie, m'y encourageait plus encore. C'était un parfait honnête homme, dont les opinions se rapprochaient de celles de l'école universitaire modérée, si décriée alors dans le clergé. Il affectionnait la philosophie écossaise et me fit lire Thomas Reid. Il calma beaucoup ma pensée. Son autorité et celle de

M. Gosselin m'aidaient à repousser les exagérations de M. Pinault. Ma conscience était tranquille; j'arrivais même à croire que le mépris de la scolastique et de la raison, hautement professé par les mystiques, sentait l'hérésie et justement celle des hérésies que les sulpiciens orthodoxes trouvaient la plus dangereuse, je veux dire le *fidéisme* de M. de Lamennais.

Je m'abandonnai ainsi sans scrupule à mon goût pour l'étude. Ma solitude était absolue. Pendant deux ans, je ne vins pas une seule fois à Paris, quoique les permissions s'accordassent bien facilement. Je ne jouais jamais; je passais les heures de récréation assis, cherchant à me défendre contre le froid par de triples vêtements. Ces messieurs, plus sages que moi, me faisaient remarquer combien ce régime d'immobilité, à l'âge que j'avais, était préjudiciable à ma santé. Ma croissance était à peine achevée; ma taille se voûtait. Mais ma passion l'emporta. Je m'y livrai avec d'autant plus de sécurité que je la croyais bonne. C'était une sorte de fureur; mais pouvais-je croire que l'ardeur de penser, que je voyais louer dans Malebranche et dans tant d'autres hommes illustres et saints, fût blâmable et dût me mener à un résultat que j'eusse repoussé de toutes mes forces si j'avais pu l'entrevoir ?

L'enseignement philosophique du séminaire était la scolastique en latin, non la scolastique du XIIIe siècle, barbare et enfantine, mais ce qu'on peut appeler la scolastique cartésienne, c'est-à-dire ce cartésianisme mitigé qui fut adopté en général pour l'enseignement ecclésiastique, au XVIIIe siècle, et fixé dans les trois volumes connus sous le nom de *Philosophie de Lyon*. Ce nom vient de ce que le livre fit partie d'un cours complet d'études ecclésiastiques rédigé il y a une centaine d'années par l'ordre de M. de Montazet, l'archevêque janséniste de Lyon. La partie théologique de 'ouvrage, entachée d'hérésie, est maintenant oubliée ; mais la partie philosophique, empreinte d'un rationalisme fort respectable, était encore vers 1840 la base de l'enseignement dans les séminaires, au grand scandale de l'école néo-catholique, qui trouvait le livre dangereux et inepte. Les problèmes étaient au moins assez bien posés, et toute cette dialectique en syllogismes constituait une gymnastique excellente. Je dois la clarté de mon esprit, en particulier une certaine habileté dans l'art de diviser (art capital, une des conditions de l'art d'écrire), aux exercices de la scolastique et surtout à la géométrie, qui est l'application par excellence de la méthode syllogistique. M. Manier mêlait à ces vieilles thèses les analyses psychologiques de l'école écossaise Il devait à la fréquentation de Thomas Reid une grande aversion pour la métaphysique et une confiance absolue dans le bon sens. *Posuit in visceribus hominis sapientiam* était son texte favori; il ne songeait pas que, si, pour trouver le vrai et le bien, l'homme n'a qu'à rentrer dans le plus profond de son cœur, le *Catéchisme* de M. Olier croulait par sa base. La philosophie allemande commençait à être connue; ce que j'en saisissais me fascinait étrangement. M. Manier me faisait remarquer que cette philosophie changeait trop vite et que, pour la juger, il fallait attendre qu'elle eût achevé son développement. « L'Écosse rassérène, me disait-il, et conduit au christianisme ; » et il me montrait ce bon Thomas Reid à la fois philosophe et ministre du saint Évangile. Reid fut de la sorte longtemps mon idéal; mon rêve eût été la vie paisible d'un ecclésiastique laborieux, attaché à ses devoirs, dispensé du ministère ordinaire pour ses recherches. La contradiction des travaux philosophiques ainsi entendus avec la foi chrétienne ne m'apparaissait point encore avec le degré de clarté qui bientôt ne devait laisser à mon esprit aucun choix entre l'abandon du christianisme et l'inconséquence la plus inavouable.

Les écrits de la philosophie moderne, en particulier ceux de MM. Cousin et Jouffroy, n'entraient guère au séminaire. On ne parlait pourtant pas d'autre chose, par suite des vives polémiques que ces écrits provoquaient alors de la part du clergé. C'était l'année de la mort de M. Jouffroy. Les belles pages de ce désespéré de la philosophie nous enivraient;

je les savais par cœur. Nous nous passionnions pour les débats que souleva la publication de ses œuvres posthumes. En réalité, nous connaissions Cousin, Jouffroy, Pierre Leroux, comme on connaît Valentin et Basilide, je veux dire par ceux qui les ont combattus. Le formalisme rigide de la scolastique ne permet pas de clore la démonstration d'une proposition sans l'avoir fait suivre de la rubrique : *Solvuntur objecta*. Là sont exposées avec honnêteté les objections contre la proposition qu'il s'agit d'établir ; ces objections sont ensuite résolues, souvent d'une manière qui laisse toute leur force aux idées hétérodoxes qu'on prétend réduire à néant. Ainsi, sous le couvert de réfutations faibles, tout l'ensemble des idées modernes venait à nous. Nous vivions d'ailleurs beaucoup les uns des autres. L'un de nous, qui avait fait sa philosophie dans l'Université, nous récitait M. Cousin ; un autre, qui avait des études historiques assez étendues, nous disait Augustin Thierry ; un troisième venait de l'école de MM. de Montalembert et Lacordaire. Il nous plaisait par son imagination; mais la *Philosophie de Lyon* l'irritait; il ne put s'accoutumer au pain bis de la scolastique; il partit.

M. Cousin nous enchantait; cependant Pierre Leroux, par son accent de conviction et le sentiment profond qu'il avait des grands problèmes, nous frappait plus vivement encore; nous ne voyions pas bien l'insuffisance de ses études et la fausseté de son esprit. Mes lectures habituelles étaient Pascal, Malebranche, Euler, Locke, Leibnitz, Descartes, Reid, Dugald Stewart. Comme livres de piété, je lisais surtout les *Sermons* de Bossuet et les *Élévations sur les mystères*. Je connaissais aussi très bien François de Sales, par la continuelle lecture qu'on faisait au séminaire de ses œuvres et surtout du charmant livre que Pierre Camus a écrit sur son compte. Quant aux écrits d'une mysticité plus raffinée, tels que sainte Thérèse, Marie d'Agreda, Ignace de Loyola, M. Olier, je ne les lisais pas M. Gosselin, comme je l'ai déjà dit, m'en dissuadait. Les Vies de saints écrites d'une façon trop exaltée lui déplaisaient également. Fénelon était sa règle et sa limite. Tel saint d'autrefois eût excité chez lui des préventions invincibles, à cause de son peu de souci de la propreté, de sa faible éducation, de son médiocre bon sens.

Le vif entraînement que j'avais pour la philosophie ne m'aveuglait pas sur la certitude de ses résultats. Je perdis de bonne heure toute confiance en cette métaphysique abstraite qui a la prétention d'être une science en dehors des autres sciences et de résoudre à elle seule les plus hauts problèmes de l'humanité. La science positive resta pour moi la seule source de vérité. Plus tard, j'éprouvai une sorte d'agacement à voir la réputation exagérée d'Auguste Comte, érigé en grand homme de premier ordre pour avoir dit, en mauvais français, ce que tous les esprits scientifiques, depuis deux cents ans, ont vu aussi clairement que lui. L'esprit scientifique était le fond de ma nature. M. Pinault eût été mon véritable maître, si, par le plus étrange des travers, il n'eût mis une sorte de rage à dissimuler et à fausser les plus belles parties de son génie. Je le comprenais malgré lui et mieux qu'il n'eût voulu. J'avais reçu de mes premiers maîtres, en Bretagne, une éducation mathématique assez forte. Les mathémathiques et l'induction physique ont toujours été les éléments fondamentaux de mon esprit, les seules pierres de ma bâtisse qui n'aient jamais changé d'assise et qui servent toujours. Ce que M. Pinault m'apprit d'histoire naturelle générale et de physiologie m'initia aux lois de la vie. J'aperçus l'insuffisance de ce qu'on appelle le spiritualisme; les preuves cartésiennes de l'existence d'une âme distincte du corps me parurent toujours très faibles; dès lors, j'étais idéaliste, et non spiritualiste, dans le sens qu'on donne à ce mot. Un éternel *fieri*, une métamorphose sans fin, me semblait la loi du monde. La nature m'apparaissait comme un ensemble où la création particulière n'a point de place, et où, par conséquent, tout se transforme[1]. Comment cette conception, déjà assez claire, d'une philosophie

---

1. Un écrit qui représente mes idées philosophiques de cette époque, mon essai sur *l'Origine du langage*, publié pour la première fois dans *la Liberté de penser* (septembre

positive, ne chassait-elle pas de mon esprit la scolastique et le christianisme? Parce que j'étais jeune, inconséquent, et que la critique me manquait. L'exemple de tant de grands esprits, qui avaient vu si profond dans la nature et qui pourtant étaient restés chrétiens, me retenait. Je pensais surtout à Malebranche, qui dit sa messe toute sa vie, en professant sur la providence générale de l'univers des idées peu différentes de celles auxquelles j'arrivais. Les *Entretiens sur la Métaphysique* et les *Méditations chrétiennes* étaient l'objet perpétuel de mes réflexions.

Le goût de l'érudition est inné en moi. M. Gosselin contribua beaucoup à le développer. Il eut la bonté de me prendre pour son lecteur. Tous les jours, à sept heures du matin, j'allais dans sa chambre, et je lui lisais, pendant qu'il se promenait de long en large, toujours vif, animé, tantôt s'arrêtant, tantôt précipitant le pas, m'interrompant fréquem-

et décembre 1848), marque bien la manière dont je concevais le tableau actuel de la nature vivante comme le résultat et le témoignage d'un développement historique très ancien.

ment par des réflexions judicieuses ou piquantes. Je lui lus de la sorte les longues histoires du Père Maimbourg, écrivain maintenant oublié, mais qui fut en son temps estimé de Voltaire ; diverses publications de M. Benjamin Guérard, dont la science le frappait beaucoup ; quelques ouvrages de M. de Maistre, en particulier sa *Lettre sur l'inquisition espagnole.* Ce dernier opuscule ne lui plut guère. A chaque instant, il me disait en se frottant les mains: « Oh! comme on voit bien, mon cher, que M. de Maistre n'est pas théologien! » Il n'estimait que la théologie, et avait un profond mépris pour la littérature. Il perdait peu d'occasions de traiter de fadaises et de futilités les études si estimées des nicolaïtes. M. Dupanloup, dont le premier dogme était que sans une bonne éducation littéraire on ne peut être sauvé, lui était peu sympathique. Il évitait en général de prononcer son nom.

Pour moi, qui crois que la meilleure manière de former des jeunes gens de talent est de ne jamais leur parler de talent ni de style, mais de les instruire et d'exciter fortement leur esprit sur les questions philosophiques, religieuses, politiques, sociales, scientifiques, historiques; en un mot, de procéder par l'enseignement du fond des choses, et non par l'enseignement d'une creuse rhétorique, je me trouvais entièrement satisfait de cette nouvelle direction. J'oubliai qu'il existait une littérature moderne. Le bruit qu'il y avait des écrivains dans le siècle arrivait quelquefois jusqu'à nous; mais nous étions si habitués à croire qu'il ne pouvait plus y en avoir de bons, que nous dédaignions *a priori* toutes les productions contemporaines. Le *Télémaque* était le seul livre léger qui fût entre mes mains, et encore dans une édition où ne se trouvait pas l'épisode d'Eucharis, si bien que je n'ai connu que plus tard ces deux ou trois adorables pages. Je ne voyais l'antiquité que par *Télémaque* et *Aristonoüs*. Je m'en réjouis. C'est là que j'ai appris l'art de peindre la nature par des traits moraux. Jusqu'en 1865, je ne me suis figuré l'île de Chio que par ces trois mots de Fénelon, « l'île de Chio, fortunée patrie d'Homère. » Ces trois mots, harmonieux et rythmés, me semblaient une peinture accomplie, et, bien qu'Homère ne soit pas né à Chio, que peut-être il ne soit né nulle part, ils me représentaient mieux la belle (et maintenant si malheureuse) île grecque que tous les entassements de petits traits matériels.

J'allais oublier un autre livre qui, avec le *Télémaque*, constitua longtemps pour moi le dernier mot de la littérature. Un jour, M. Gosselin me prit à part et, après un long préambule, me dit qu'il avait pensé, pour mes lectures, à un livre que certaines personnes trouvaient dangereux, qui l'était peut-être en effet pour quelques-uns, à cause de la vivacité avec laquelle la passion y est exprimée ; toutefois il me croyait capable de porter cette lecture. Il s'agissait du *Comte de Valmont*. Beaucoup de personnes demanderont sûrement ce qu'était cet ouvrage, pour lequel mon respectable directeur croyait qu'il fallait une préparation spéciale de jugement et de maturité. *Le Comte de Valmont, ou les Égarements de la raison*, est un roman de l'abbé Gérard, où, sous le couvert d'une intrigue des plus innocentes, l'auteur réfute les doctrines du xviiie siècle et inculque les principes d'une religion éclairée. Sainte-Beuve, qui connaissait *le Comte de Valmont,* comme il connaissait toute chose, éclatait de rire quand je lui contais cette histoire. Eh bien, oui! *le Comte de Valmont* est un livre assez dangereux [1]. Le christianisme

---

1. J'allai dernièrement à la Bibliothèque nationale pour rafraîchir mes souvenirs sur *le Comte de Valmont.* En ayant été détourné, je priai M. Soury de parcourir pour moi l'ouvrage. J'étais curieux d'avoir son impression. Voici ce qu'il me répondit :

« J'ai bien tardé à vous faire connaître mon sentiment sur *le Comte de Valmont, ou les Égarements de la raison.* C'est qu'il m'a fallu des efforts presque héroïques pour l'achever. Non que cet ouvrage ne soit honnêtement pensé et assez bien écrit. Mais l'impression de mortel ennui qui se dégage de ces milliers de pages permet à peine d'être équitable pour cette œuvre édifiante de l'excellent abbé Gérard. On lui en veut d'être si ennuyeux. Vraiment, il eût pu l'être moins.

» Comme il arrive souvent, ce qu'il y a de meilleur en ce livre, ce sont les notes, c'est-à-dire une foule d'extraits et de morceaux choisis, tirés des écrivains célèbres des deux derniers siècles, surtout de Rousseau. Toutes ces « preuves », tous ces arguments apologétiques ruinent malheureusement l'œuvre de fond en comble, l'éloquence et la dialectique de Rousseau, de Diderot, d'Helvétius, d'Holbach, voire de Voltaire, différant très fort de celles de l'abbé Gérard. Il en est de même des raisons des liber-

dont on y fait l'apologie n'est que le déisme ; la religion du *Télémaque*, un culte qui est la piété *in abstracto*, sans être aucune religion en particulier. Tout me confirmait ainsi dans une paix trompeuse. Je m'imaginais qu'en étant poli comme M. Gosselin et modéré comme M. Manier, j'étais chrétien.

Je ne peux pas dire, en effet, que ma foi

---

tins que réfute le marquis, père du comte de Valmont. Qu'il doit être dangereux de présenter avec tant de force les mauvaises doctrines ! Elles ont une saveur qui rend fades et insipides les meilleures choses. Et ce sont celles-ci, les bonnes doctrines, qui remplissent les six ou sept volumes du *Comte de Valmont!* L'abbé Gérard ne voulait pas qu'on appelât ce livre un roman. De fait, il n'y a ni drame ni action dans ces interminables lettres du marquis, du comte et d'Émilie.

« Le comte de Valmont est un de ces incrédules qu'on doit souvent rencontrer dans le monde. Esprit faible, prétentieux et fat, incapable de penser et de réfléchir par lui-même, d'ailleurs ignorant et sans connaissances d'aucune sorte sur aucun sujet, il oppose à son malheureux père des foules de difficultés contre la morale, la religion et le christianisme en particulier, comme s'il avait le droit d'avoir une opinion sur des matières dont l'étude demande tant de lumières et consume tant d'années. Ce que ce pauvre garçon a de mieux à faire, c'est d'abjurer son inconduite, et il n'a garde d'y manquer presque à chaque tome.

« Le septième volume de l'édition de cet ouvrage, que

chrétienne fût réellement diminuée. Ma foi a été détruite par la critique historique, non par la scolastique ni par la philosophie. L'histoire de la philosophie et l'espèce de scepticisme dont j'étais atteint me retenaient dans le christianisme plutôt qu'elles ne m'en chassaient. Je me répétais souvent ces vers que j'avais lus dans le vieux Brucker [1] :

> Discussi fateor, sectas attentius omnes,
> Plurima quæsivi, per singula quæque cucurri,
> Nec quidquam inveni melius quam credere Christo.

Une certaine modestie me retenait. Jamais la question capitale de la vérité des dogmes chrétiens, de la Bible, ne se posait pour moi. J'admettais la révélation en un sens général, comme Leibniz, comme Malebranche. Certes ma philosophie du *fieri* était l'hétérodoxie même; mais je ne tirais pas les conséquences. Après tout, mes maîtres étaient contents de

j'ai sous les yeux, est intitulé : *la Théorie du bonheur, ou l'Art de se rendre heureux mis à la portée de tous les hommes, faisant suite au Comte de Valmont*. Paris, Bossange, 1801, 11ᵉ édition. C'est un autre livre, quoi qu'en dise l'éditeur, et j'avoue n'avoir pas été séduit par cet art d'être heureux mis ainsi à la portée de tout le monde. »

1. Ces vers sont d'Antonius, poète chrétien du IVᵉ siècle.

moi. M. Pinault ne me troublait guère. Plus mystique que fanatique, il s'occupait peu de ceux qui n'étaient point dans sa voie. Le coup de pointe me fut porté par M. Gottofrey, avec une audace et une justesse qui ne me sont apparues que plus tard. Un moment, cet homme vraiment supérieur arracha les voiles que le prudent M. Gosselin et l'honnête M. Manier avaient disposés autour de ma conscience pour la calmer et l'endormir.

M. Gottofrey me parlait très rarement, mais il m'observait attentivement avec une très grande curiosité. Mes argumentations latines, faites d'un ton ferme et accentué, l'étonnaient, l'inquiétaient. Tantôt j'avais trop raison; tantôt je laissais voir ce que je trouvais de faible dans les raisons données comme valables. Un jour que mes objections avaient été poussées avec vigueur, et que, devant la faiblesse des réponses, quelques sourires s'étaient produits dans la conférence, il interrompit l'argumentation. Le soir, il me prit à part. Il me parla avec éloquence de ce qu'a d'antichrétien la confiance en la raison, de l'injure que le rationalisme fait à la foi. Il s'anima singulièrement, me reprocha mon goût pour l'étude. La recherche !... à quoi bon? Tout ce qu'il y a d'essentiel est trouvé. Ce n'est point la science qui sauve les âmes. Et, s'exaltant peu à peu, il me dit avec un accent passionné : « Vous n'êtes pas chrétien ! »

Je n'ai jamais ressenti d'effroi comme celui que j'éprouvai à ce mot prononcé d'une voix vibrante. En sortant de chez M. Gottofrey, je chancelais; ces mots : « Vous n'êtes pas chrétien ! » retentirent toute la nuit à mon oreille comme un coup de tonnerre. Le lendemain, je confiai mon angoisse à M. Gosselin. L'excellent homme me rassura : il ne vit rien, ne voulut rien voir. Il ne me dissimula même pas tout à fait combien il était surpris et mécontent de cette entreprise d'un zèle intempestif sur une conscience dont il était plus que personne responsable. Il tint, j'en suis sûr, l'acte illuminé de M. Gottofrey pour une imprudence, qui ne pouvait être bonne qu'à troubler une vocation naissante. Comme beaucoup de directeurs, M. Gosselin croyait que les doutes sur la foi n'ont de gravité pour les jeunes gens que si l'on s'y arrête, qu'ils disparaissent quand les engagements sont pris et que la vie est arrêtée. Il me défendit de penser à ce qui venait d'arriver; je le trouvai même ensuite plus affectueux que jamais. Il ne comprit rien à la nature de mon esprit, ne devina pas ses futures évolutions logiques. Seul, M. Gottofrey vit clair. Il avait raison, pleinement raison; je le reconnais maintenant. Il fallait ses lumières transcendantes de martyr et d'ascète pour découvrir ce qui échappait si complètement à ceux qui dirigeaient ma conscience avec tant de droiture, du reste, et de bonté.

Je causai aussi avec M. Manier, qui m'engagea vivement à ne pas faire dépendre ma foi chrétienne d'objections de détail. Sur la question de l'état ecclésiastique, il mettait toujours beaucoup de discrétion. Il ne me disait jamais rien qui fût de nature à m'engager ou à me dissuader. C'était là pour lui en quelque sorte une chose secondaire. Pour lui, l'essentiel était le véritable esprit chrétien, inséparable de la vraie philosophie. Prêtre ou professeur de philosophie écossaise dans l'Université lui paraissait la même chose. Il me faisait souvent envisager ce qu'une telle carrière a d'honorable, et plus d'une fois il prononça le nom de l'École normale. Je ne parlai pas de cette ouverture à M. Gosselin; car certainement la seule pensée de quitter le séminaire pour l'École normale lui eût paru une idée de perdition.

Il fut donc décidé qu'après mes deux ans de philosophie, je passerais au séminaire Saint-Sulpice pour faire ma théologie. L'éclair qui avait traversé un moment l'esprit de M. Gottofrey n'eut pas de conséquence. Mais, aujourd'hui, à trente-huit ans de distance, je reconnais la haute pénétration dont il fit preuve. Lui seul fut clairvoyant, car c'était tout à fait un saint. Certes, je regrette maintenant que je n'aie point suivi son impulsion. Je serais sorti du séminaire sans avoir fait d'hébreu ni de théologie. La physiologie et les sciences naturelles m'auraient entraîné; or, je peux bien le dire, l'ardeur extrême que ces sciences vitales excitaient dans mon esprit me fait croire que, si je les avais cultivées d'une façon suivie, je fusse arrivé à plusieurs des résultats de Darwin, que j'entrevoyais. J'allai à Saint-Sulpice, j'appris l'allemand et l'hébreu; cela changea tout. Je fus entraîné vers les sciences historiques, petites sciences conjecturales qui se défont sans cesse après s'être faites, et qu'on négligera dans cent ans. On voit poindre, en effet, un âge où l'homme n'attachera plus beaucoup d'intérêt à son passé. Je crains fort que nos écrits de précision de l'Académie des inscriptions et belles-lettres, destinés à donner quelque exactitude à l'histoire, ne pourrissent avant d'avoir été lus. C'est par la chimie à un bout, par l'astronomie à un autre, c'est surtout par la physiologie générale que nous tenons vraiment le secret de l'être, du monde, de Dieu, comme on voudra l'appeler. Le regret de ma vie est d'avoir choisi pour mes études un genre de recherches qui ne s'imposera jamais et restera toujours à l'état d'intéressantes considérations sur une réalité à jamais disparue. Mais, pour l'exercice et le plaisir de ma pensée, je pris certainement la meilleure part. A Saint-Sulpice, en effet, je fus mis en face de la Bible et des sources du christianisme ; je dirai, dans le prochain récit, l'ardeur avec laquelle je me mis à cette étude, et comment, par une série de déductions critiques qui s'imposèrent à mon esprit, les bases de ma vie, telle que je l'avais comprise jusque-là, furent totalement renversées.

## V

## LE SÉMINAIRE SAINT-SULPICE

I

La maison fondée par M. Olier, en 1645, n'était pas la grande construction quadrangulaire, à l'aspect de caserne, qui forme maintenant un côté de la place Saint-Sulpice. L'ancien séminaire du xviie et du xviiie siècle couvrait toute l'étendue de la place actuelle et masquait complètement la façade de Servandoni. L'emplacement du séminaire d'aujourd'hui était occupé autrefois par les jardins et par le collège de boursiers qu'on appelait les robertins. Le bâtiment primitif disparut à l'époque de la Révolution. La chapelle, dont le plafond passait pour le chef-d'œuvre de Lebrun, a été détruite, et, de toute l'ancienne maison, il ne reste qu'un tableau de Lebrun représentant la Pentecôte d'une façon qui étonnerait l'auteur des *Actes des apôtres*. La Vierge y est au centre et reçoit pour son compte tout l'effluve du Saint-Esprit, qui, d'elle, se répand sur les apôtres. Sauvé à la Révolution, puis compris dans la galerie du cardinal Fesch, ce tableau a été racheté par la compagnie de Saint-Sulpice; il orne aujourd'hui la chapelle du séminaire.

A part les murs et les meubles, tout est ancien à Saint-Sulpice; on s'y croit complètement au xvii$^e$ siècle. Le temps et les communes défaites ont effacé bien des différences. Saint-Sulpice cumule aujourd'hui les choses autrefois les plus dissemblables; si l'on veut voir ce qui, de nos jours, rappelle le mieux Port-Royal, l'ancienne Sorbonne et, en général, les institutions du vieux clergé de France, c'est là qu'il faut aller. Quand j'entrai au séminaire Saint-Sulpice, en 1843, il y avait encore quelques directeurs qui avaient vu M. Émery ; il n'y en avait, je crois, que deux qui eussent des souvenirs d'avant la Révolution. M. Hugon avait servi d'acolyte au sacre de M. de Talleyrand à la chapelle d'Issy, en 1788. Il paraît que, pendant la cérémonie, la tenue de l'abbé de Périgord fut des plus inconvenantes. M. Hugon racontait qu'il s'accusa, le samedi suivant, en confession, « d'avoir formé des jugements téméraires sur la piété d'un saint évêque ». Quant au supérieur général, M. Garnier, il avait plus de quatre-vingts ans. C'était en tout un ecclésiastique de l'ancienne école. Il avait fait ses études aux robertins, puis à la Sorbonne. Il semblait en sortir, et, à l'entendre parler de « monsieur Bossuet », de « monsieur Fénelon[1] », on se serait cru devant un disciple immédiat de ces grands hommes. Ces ecclé-

---

1. Qu'il me soit permis à ce sujet de faire une remarque. On s'est habitué, de notre temps, à mettre *monseigneur* devant un nom propre, à dire *monseigneur Dupanloup*.

siastiques de l'ancien régime et ceux d'aujourd'hui n'avaient de commun que le nom et le costume. Comparé aux piétistes exaltés d'Issy, M. Garnier me faisait presque l'effet d'un laïque. Absence totale de démonstrations extérieures, piété sobre et toute raisonnable. Le soir, quelques-uns des jeunes allaient dans la chambre du vieux supérieur pour lui tenir compagnie pendant une heure. La conversation n'avait jamais de caractère mystique. M. Garnier racontait ses souvenirs, parlait de M. Émery, entrevoyait sa mort prochaine avec tristesse. Cela nous étonnait par le contraste avec les brûlantes ardeurs de M. Pinault, de M. Gottofrey. Tout dans ces vieux prêtres était honnête, sensé, empreint d'un profond sentiment de droiture professionnelle. Ils observaient leurs règles, défendaient leurs dogmes comme un bon militaire défend le poste qui lui a été

---

*monseigneur Affre.* C'est là une faute de français; le mot « monseigneur » ne doit s'employer qu'au vocatif ou devant un nom de dignité. En s'adressant à M. Dupanloup, à M. Affre, on devait dire : *monseigneur.* En parlant d'eux, on devait dire: *monsieur Dupanloup, monsieur Affre, monsieur* ou *monseigneur l'archevêque de Paris, monsieur* ou *monseigneur l'évêque d'Orléans.*

confié. Les questions supérieures leur échappaient. Le goût de l'ordre et le dévouement au devoir étaient le principe de toute leur vie.

M. Garnier était un savant orientaliste et l'homme le plus versé de France dans l'exégèse biblique, telle qu'elle s'enseignait chez les catholiques il y a une centaine d'années. La modestie sulpicienne l'empêcha de rien publier. Le résultat de ses études fut un immense ouvrage manuscrit, représentant un cours complet d'Écriture sainte, selon les idées relativement modérées qui dominaient chez les catholiques et les protestants à la fin du xviiie siècle. L'esprit en était fort analogue à celui de Rosenmüller, de Hug, de Jahn. Quand j'entrai à Saint-Sulpice, M. Garnier était trop vieux pour enseigner; on nous lisait ses cahiers. L'érudition était énorme, la science des langues, très solide. De temps en temps, certaines naïvetés faisaient sourire; par exemple, la façon dont l'excellent supérieur résolvait les difficultés qui s'attachent à l'aventure de Sara en Égypte. On sait que, vers la date où le Pharaon conçut pour Sara cet amour qui mit Abraham dans de si grands embarras, Sara, d'après le texte, aurait été presque septuagénaire. Pour lever cette difficulté, M. Garnier faisait observer qu'après tout pareille chose s'était vue, et que « mademoiselle de Lenclos » inspira des passions, causa des duels à soixante-dix ans. M. Garnier ne s'était pas tenu au courant des derniers travaux de la nouvelle école allemande; il resta toujours dans une quiétude parfaite sur les blessures que la critique du xix$^e$ siècle avait faites au vieux système. Sa gloire est d'avoir formé en M. Le Hir un élève qui, héritier de son vaste savoir, y joignit la connaissance des travaux modernes et, avec une sincérité qu'expliquait sa foi profonde, ne dissimula rien de la largeur de la plaie.

Accablé par l'âge et absorbé par les soucis du généralat de la société, M. Garnier laissait au directeur, M. Carbon, tout le soin de la maison de Paris. M. Carbon était la bonté, la jovialité, la droiture mêmes. Il n'était pas théologien; ce n'était nullement un esprit supérieur; on pouvait d'abord le trouver simple, presque commun ; puis on s'étonnait de découvrir sous cette humble apparence la chose du monde la moins commune, l'absolue cordialité, une maternelle condescendance, une charmante bonhomie. Je n'ai jamais vu une telle absence d'amour-propre Il riait le premier de lui-même, de ses bévues à demi intentionnelles, des plaisantes situations où le mettait sa naïveté. Comme tous les directeurs, il faisait l'oraison à son tour. Il n'y pensait pas cinq minutes d'avance ; il s'embrouillait parfois dans son improvisation d'une manière si comique, qu'on s'étouffait pour ne pas rire. Il s'en apercevait, et trouvait cela tout naturel. C'était lui qui lisait, au cours d'Écriture sainte, le manuscrit de M. Garnier. Il pataugeait exprès, pour nous égayer, dans les parties devenues surannées. Ce qu'il y avait de singulier, en effet, c'est qu'il n'était pas très mystique. « Quel peut être, pensez-vous, le mobile de vie de M. Carbon ? demandai-je un jour à un de mes condisciples. — Le sentiment le plus abstrait du devoir, » me répondit-il. M. Carbon m'adopta tout d'abord ; il reconnut que le fond de mon caractère est la gaieté et l'acceptation résignée du sort. « Je vois que nous ferons bon ménage ensemble, » me dit-il avec son excellent sourire. Effectivement M. Carbon est un des hommes que j'ai le plus aimés. Me voyant studieux, appliqué, consciencieux, il me dit au bout de très peu de temps : « Songez donc à notre société ; là est votre place. » Il me traitait déjà presque en confrère. Sa confiance en moi était absolue.

Les autres directeurs, chargés de l'enseignement des diverses branches de la théologie, étaient sans exception de dignes continuateurs d'une respectable tradition. Sous le rapport de la doctrine, cependant, la brèche était faite. L'ultramontanisme et le goût de l'irrationnel s'introduisaient dans la citadelle de la théologie modérée. L'ancienne école savait délirer avec sobriété ; elle portait dans l'absurde même les règles du bon sens. Elle n'admettait l'irrationnel, le miracle, que dans la mesure strictement exigée par l'Écriture et l'autorité de l'Église. La nouvelle école s'y complaît et semble à plaisir rétrécir le champ de défense de l'apologétique. Il ne faut pas nier, d'un autre côté, que la nouvelle école ne soit à quelques égards plus ouverte, plus conséquente, et qu'elle ne tienne, surtout de son commerce avec l'Allemagne, des éléments de discussion qu'ignoraient absolument les vieux traités *de Locis theologicis*. Dans cette voie pleine d'imprévu et, si l'on veut, de périls, Saint-Sulpice n'a été représenté que par un seul homme; mais cet homme fut certainement le sujet le plus remarquable que le clergé français ait produit de nos jours; je veux parler de M. Le Hir. Je l'ai connu à fond, comme on le verra tout à l'heure. Pour comprendre ce qui va suivre, il faut être très versé dans les choses de l'esprit humain et en particulier dans les choses de la foi.

M. Le Hir était un savant et un saint; il était éminemment l'un et l'autre. Cette cohabitation dans une même personne de deux entités qui ne vont guère ensemble se faisait chez lui sans collision trop sensible; car le saint l'emportait absolument et régnait en maître. Pas une des objections du rationalisme qui ne soit venue jusqu'à lui. Il n'y faisait aucune concession ; car la vérité de l'orthodoxie ne fut jamais pour lui l'objet d'un doute. C'était là, de sa part, un acte de volonté triomphante plus qu'un résultat subi. Tout à fait étranger à la philosophie naturelle et à l'esprit scientifique, dont la première condition est de n'avoir aucune foi préalable et de rejeter ce qui n'arrive pas, il resta dans cet équilibre où une conviction moins ardente eût trébuché. Le surnaturel ne lui causait aucune répugnance intellectuelle. Sa balance était très juste; mais dans un des plateaux il y avait un poids infini, une foi inébranlable. Ce qu'on aurait pu mettre dans l'autre plateau eût paru léger; toutes les objections du monde ne l'eussent point fait vaciller.

La supériorité de M. Le Hir venait surtout de sa profonde connaissance de l'exégèse et de la théologie allemandes. Ce qu'il trouvait dans cette interprétation de compatible avec l'orthodoxie catholique, il se l'appropriait. En critique, les incompatibilités se prodi-u saient à chaque pas. En grammaire, au contraire, l'accord était facile. Ici M. Le Hir n'avait pas de supérieur. Il possédait à fond la doctrine de Gesenius et d'Ewald, et la discutait savamment sur plusieurs points. Il s'occupa des inscriptions phéniciennes et fit une supposition très ingénieuse, qui depuis a été confirmée. Sa théologie était presque tout entière empruntée à l'école catholique allemande, à la fois plus avancée et moins raisonnable que notre vieille scolastique française. M. Le Hir rappelle, à beaucoup d'égards, Dœllinger par son savoir et ses vues d'ensemble; mais sa docilité l'eût préservé des dangers que le concile du Vatican a fait courir à la foi de la plupart des ecclésiastiques instruits.

Il mourut prématurément en 1868, au milieu des projets du concile, aux travaux préparatoires duquel il était appelé. J'avais toujours eu l'intention de proposer à mes confrères de l'Académie des inscriptions et belles-lettres de le nommer membre libre de notre compagnie. Il eût rendu, je n'en doute pas, à la commission du *Corpus* des inscriptions sémitiques des services considérables.

A son immense savoir M. Le Hir joignait une manière d'écrire juste et fermé. Il aurait eu beaucoup d'esprit s'il se fût permis d'en avoir. Sa mysticité tendue rappelait celle de M. Gottofrey; mais il avait bien plus de rectitude de jugement. Sa mine était étrange. Il avait la taille d'un enfant et l'apparence la plus chétive, mais des yeux et un front indiquant la compréhension la plus vaste. Au fond, il ne lui manqua que ce qui l'eût fait cesser d'être catholique, la critique. Je dis mal : il avait la critique très exercée en tout ce qui ne tient pas à la foi; mais la foi avait pour lui un tel coéfficient de certitude, que rien ne pouvait la contre-balancer. Sa piété était vraiment comme les mères-perles de François de Sales, « qui vivent emmy la mer sans prendre aucune goutte d'eau marine ». La science qu'il avait de l'erreur était toute spéculative; une cloison étanche empêchait la moindre infiltration des idées modernes de se faire dans le sanctuaire réservé de son cœur, où brûlait, à côté du pétrole, la petite lampe inextinguible d'une piété tendre et absolument souveraine. Comme je n'avais pas en mon esprit ces sortes de cloisons étanches, le rapprochement d'éléments contraires qui, chez M. Le Hir, produisait une profonde paix intérieure, aboutit chez moi à d'étranges explosions.

## II

En somme, malgré des lacunes, Saint-Sulpice, quand j'y passai il y a quarante ans, présentait un ensemble d'assez fortes études. Mon ardeur de savoir avait sa pâture. Deux mondes inconnus étaient devant moi, la théologie, l'exposé raisonné du dogme chrétien, et la Bible, censée le dépôt et la source de ce dogme. Je m'enfonçai dans le travail. Ma solitude était plus grande encore qu'à Issy. Je ne connaissais pas une âme dans Paris. Je fus deux ans sans suivre d'autre rue que la rue de Vaugirard, qui, une fois par semaine, nous menait à Issy. Je parlais extrêmement peu. Ces messieurs, pendant tout ce temps, furent pour moi d'une bonté extrême. Mon caractère doux et mes habitudes studieuses, mon silence, ma modestie leur plurent, et je crois que plusieurs d'entre eux firent tout bas la réflexion que me communiqua M. Carbon : « Voilà pour nous un futur bon confrère. » Le 29 mars 1844, j'écrivais à un de mes amis de Bretagne, alors au séminaire de Saint-Brieuc :

Je me trouve fort bien ici. Le ton de la maison est excellent, également éloigné de la rusticité, d'un égoïsme grossier et de l'afféterie. On se connaît peu, et le cœur est un peu à froid; mais les conversations sont dignes et élevées; il s'y mêle peu de banalités et de commérages. On chercherait en vain entre les directeurs et les élèves la cordialité; c'est là une plante qui ne croît guère qu'en Bretagne; mais les directeurs ont un certain esprit large et bon, qui plaît et convient parfaitement à l'état moral des jeunes gens tels qu'ils leur arrivent. Leur gouvernement est à peine sensible : c'est la maison qui marche, ce ne sont pas eux qui la conduisent. Le règlement, les usages et l'esprit de la maison font tout; les hommes sont passifs, ils sont là seulement pour conserver. C'est une machine bien montée depuis deux cents ans; elle marche toute seule; le mécanicien n'a qu'à veiller sur elle, tout au plus, de temps en temps, à tourner un écrou et à huiler les ressorts. Ce n'est pas comme à Saint Nicolas, par exemple, où on ne laissait jamais la machine aller seule; le mécanicien était toujours là, volant à droite, à gauche, mettant partout le doigt, essoufflé, empressé, parce qu'on ne songeait pas que la machine la mieux montée est celle qui exige le moins d'action de la part du moteur. Le grand avantage que je trouve ici, ce sont les remarquables facilités que l'on a pour le travail, lequel est devenu pour moi un besoin et, eu égard à mon état intérieur, un devoir. Le cours de morale est très bien fait; il n'en est pas de même du cours de dogme: le professeur est nouveau, ce qui, joint à l'importance majeure, et personnelle pour moi, des traités *de la Religion* et *de l'Église*, m'arrangerait fort mal, si je ne trouvais auprès de ces autres messieurs le moyen d'y suppléer.

J'avais, en effet, pour les sciences ecclésiastiques un goût particulier. Les textes se cantonnaient bien dans ma mémoire; ma tête était à l'état d'un *Sic et Non* d'Abélard. Tout entière construction du XIII$^e$ siècle, la théologie ressemble à une cathédrale gothique: elle en a la grandeur, les vides immenses et le peu de solidité. Ni les Pères de l'Église, ni les écrivains chrétiens de la première moitié du moyen âge ne songèrent à dresser une exposition systématique des dogmes chrétiens dispensant de lire la Bible avec suite. La *Somme* de saint Thomas d'Aquin, résumé de la scolastique antérieure, est comme un immense casier, qui, si le catholicisme est éternel, servira à tous les siècles : les décisions des conciles et des papes à venir y ayant leur place en quelque sorte d'avance étiquetée. Il ne peut être question de progrès dans un tel ordre d'exposition. Au XVI<sup>e</sup> siècle, le concile de Trente détermine une foule de points qui étaient jusque-là controversables ; mais chacun de ces *anathèmes* avait déjà sa rubrique ouverte dans l'immense cadre de saint Thomas. Melchior Canus et Suarès refont la *Somme* sans y rien ajouter d'essentiel. Au XVII<sup>e</sup> et au XVIII<sup>e</sup> siècle, la Sorbonne compose, pour l'usage des écoles, des traités commodes, qui ne sont le plus souvent que la *Somme* remaniée et amoindrie. Partout ce sont les mêmes textes découpés et séparés de ce qui les explique, les mêmes syllogismes triomphants, mais posant sur le vide, les mêmes défauts de critique historique, provenant de la confusion des dates et des milieux.

La théologie se divise en dogmatique et en morale. La théologie dogmatique, outre les Prolégomènes comprenant les discussions relatives aux sources de l'autorité divine, se divise en quinze traités ayant pour objet tous les dogmes du christianisme. A la base est le traité *de la Vraie Religion*, où l'on essaye de démontrer le caractère surnaturel de la religion chrétienne, c'est-à-dire des Écritures révélées et de l'Église. Puis tous les dogmes se prouvent par l'Écriture, par les conciles, par les Pères, par les théologiens. Il ne faut pas nier qu'un rationalisme très avoué ne soit au fond de tout cela. Si la scolastique est fille de saint Thomas d'Aquin, elle est petite-fille d'Abélard. Dans un tel système, la raison est avant toute chose, la raison prouve la révélation, la divinité de l'Écriture et l'autorité de l'Église. Cela fait, la porte est ouverte à toutes les déductions. Le seul accès de **colère** que Saint-Sulpice ait éprouvé, depuis qu'il n'y a plus de jansénisme, fut contre M. de Lamennais, le jour où cet exalté vint dire qu'il faut débuter, non par la raison, mais par la foi. Et qui reste juge en dernier lieu des titres de la foi, si ce n'est la raison?

La théologie morale se compose d'une douzaine de traités, comprenant tout l'ensemble de la morale philosophique et du droit, complétés par la révélation et les décisions de l'Église. Tout cela fait une sorte d'encyclopédie très fortement enchaînée. C'est un édifice dont les pierres sont liées par des tenons en fer; mais la base est d'une faiblesse extrême. Cette base, c'est le traité *de la Vraie Religion,* lequel est tout à fait ruineux. Car non seulement on n'arrive pas à établir que la religion chrétienne soit plus particulièrement que les autres divine et révélée, mais on ne réussit pas à prouver que, dans le champ de la réalité attingible à nos observations, il se soit passé un événement surnaturel, un miracle. L'inexorable phrase de M. Littré : « Quelque recherche qu'on ait faite, jamais un miracle ne s'est produit là où il pouvait être observé et constaté, » cette phrase, dis-je, est un bloc qu'on ne remuera point. On ne saurait prouver qu'il soit arrivé un miracle dans le passé, et nous attendrons sans doute longtemps avant qu'il s'en produise un dans les conditions correctes qui seules donneraient à un esprit juste la certitude de ne pas être trompé.

En admettant la thèse fondamentale du traité *de la Vraie Religion*, le champ de bataille est restreint; mais la bataille est loin d'être finie. La lutte est maintenant avec les protestants et les sectes dissidentes, qui, tout en admettant les textes révélés, refusent d'y voir les dogmes dont l'Église catholique s'est chargée avec les siècles. Ici, la controverse porte sur des milliers de points; son bilan se chiffre en défaites sans nombre. L'Église catholique s'oblige à soutenir que ses dogmes ont toujours existé tels qu'elle les enseigne, que Jésus a institué la confession, l'extrême-onction, le mariage ; qu'il a enseigné ce qu'ont décidé plus tard les conciles de Nicée et de Trente. Rien de plus inadmissible. Le dogme chrétien s'est fait, comme toute chose, lentement, peu à peu, par une sorte de végétation intime. La théologie, en prétendant le contraire, entasse contre elle des montagnes d'objections, s'oblige à rejeter toute critique. J'engage les personnes qui voudraient se rendre compte de cela à lire dans une Théologie le traité des sacrements : elles y verront par quelles suppositions gratuites, dignes des Évangiles apocryphes, de Marie d'Agreda, ou de Catherine Emmerich, on arrive à prouver que tous les sacrements ont été établis par Jésus-Christ à un moment de sa vie. Les discussions sur la matière et la forme des sacrements prêtent aux mêmes observations. L'obstination à trouver en toute chose la matière et la forme date de l'introduction de l'aristotélisme en théologie au xiiie siècle. Or on encourait les censures ecclésiastiques, si l'on repoussait cette application rétrospective de la philosophie d'Aristote aux créations liturgiques de Jésus.

L'intuition du devenir, dans l'histoire comme dans la nature, était dès lors l'essence de ma philosophie. Mes doutes ne vinrent pas d'un raisonnement, ils vinrent de dix mille raisonnements. L'orthodoxie a réponse à tout et n'avoue pas une bataille perdue. Certes, la critique elle-même veut que, dans certains cas, on admette une réponse subtile comme valable. Le vrai peut quelquefois n'être pas vraisemblable. Une réponse subtile peut être vraie. Deux réponses subtiles peuvent même à la rigueur être vraies à la fois. Trois, c'est plus difficile. Quatre, c'est presque impossible. Mais que, pour défendre la même thèse, dix, cent, mille réponses subtiles doivent être admises comme vraies à la fois, c'est la preuve que la thèse n'est pas bonne. Le calcul des probabilités appliqué à toutes ces petites banqueroutes de détail est pour un esprit sans parti pris d'un effet accablant. Or Descartes m'avait enseigné que la première condition pour trouver la vérité est de n'avoir aucun parti pris. L'œil complètement achromatique est seul fait pour apercevoir la vérité dans l'ordre philosophique, politique et moral.

## III

La lutte théologique prenait pour moi un caractère particulier de précision sur le terrain des textes censés révélés. L'enseignement catholique, se croyant sûr de lui-même, acceptait la bataille sur ce champ, comme sur les autres, avec une parfaite bonne foi. La langue hébraïque était ici l'instrument capital, puisque, des deux Bibles chrétiennes, l'une est en hébreu et que, même pour le Nouveau Testament, il n'y a pas de complète exégèse sans la connaissance de l'hébreu.

L'étude de l'hébreu n'était pas obligatoire au séminaire; elle était même suivie par un très petit nombre d'élèves. En 1843-1844, M. Garnier fit encore, dans sa chambre, le cours supérieur, celui où l'on expliquait les textes difficiles à deux ou trois élèves. M. Le Hir, depuis quelques années, faisait le cours de grammaire. Je m'inscrivis tout d'abord. La philologie exacte de M. Le Hir m'enchanta. Il se montra pour moi plein d'attentions; il était Breton comme moi; nos caractères avaient beaucoup de ressemblance; au bout de quelques semaines, je fus son élève presque unique. Son exposition de la grammaire hébraïque, avec comparaison des autres idiomes sémitiques, était admirable. « Je le regarde comme un vrai savant, écrivais-je à mon ami du séminaire de Saint-Brieuc. Si Dieu lui donne encore dix ans de vie, ce qui malheureusement semble douteux, nous pourrons l'opposer à ce que la science critique de l'Allemagne a de plus colossal. L'étude de l'hébreu est, par ses leçons, singulièrement facilitée. Je suis tombé de surprise quand je me suis trouvé en présence de cette langue si simple, sans construction, presque sans syntaxe, expression nue de l'idée pure, une vraie langue d'enfant. »

J'avais, à ce moment, une force d'assimilation extraordinaire. Je suçai tout ce que j'entendais dire à mon maître. Ses livres étaient à ma disposition, et il avait une bibliothèque très complète. Les jours de promenade à Issy, il m'emmenait sur les hauteurs de la Solitude, et là il m'apprenait le syriaque. Nous expliquions ensemble le Nouveau Testament syriaque de Gutbier. M. Le Hir fixa ma vie; j'étais philologue d'instinct. Je trouvai en lui l'homme le plus capable de développer cette aptitude. Tout ce que je suis comme savant, je le suis par M. Le Hir. Il me semble même parfois que tout ce que je n'ai pas appris de lui, je ne l'ai jamais bien su. Ainsi il n'était pas très fort en arabe, et c'est pour cela que je suis toujours resté médiocre arabisant.

Une circonstance due à la bonté de ces messieurs vint me confirmer dans ma vocation de philologue, et, à l'insu de mes excellents maîtres, entre-bâiller pour moi une porte que je n'osais ouvrir moi-même. En 1844, M. Garnier, vaincu par la vieillesse, dut cesser de faire le cours supérieur d'hébreu. M. Le Hir fit ce cours et, sachant combien je m'étais bien assimilé sa doctrine, il voulut que je fusse chargé du cours de grammaire. Ce fut M. Carbon qui, avec sa bienveillance ordinaire, m'annonça en souriant cette bonne nouvelle, et m'apprit que la compagnie me donnait pour honoraires une somme de trois cents francs Cela me parut colossal; je dis à M. Carbon que je n'avais pas besoin d'une somme aussi énorme; je le remerciai. M. Carbon m'imposa d'accepter cent cinquante francs pour acheter des livres.

Une bien autre faveur fut de me permettre d'aller suivre, au Collège de France, deux fois par semaine, le cours de M. Étienne Quatremère. M. Quatremère préparait peu son cours; pour l'exégèse biblique, il était resté volontairement en dehors du mouvement scientifique. Il ressemblait bien plus à M. Garnier qu'à M. Le Hir. Janséniste à la façon de Silvestre de Sacy, il partageait le demi-rationalisme de Hug, de Jahn, — réduisant autant que possible la part du surnaturel, en particulier dans les cas de ce qu'il appelait « les miracles d'une exécution difficile », comme le miracle de Josué, — retenant cependant le principe, au moins pour les miracles du Nouveau Testament. Cet éclectisme superficiel me satisfit peu. M. Le Hir était bien plus près du vrai en ne cherchant pas à atténuer la chose racontée, et en étudiant attentivement, à la façon d'Ewald, le récit lui-même. Comme grammairien comparatif, M. Quatremère était aussi très inférieur à M. Le Hir; mais son érudition orientale était colossale. Le monde scientifique s'ouvrait devant moi; je voyais que ce qui en apparence ne devait intéresser que les prêtres pouvait aussi intéresser les laïques. L'idée me vint dès lors plus d'une fois qu'un jour j'enseignerais à cette même table, dans cette petite « Salle des langues », où j'ai en effet réussi à m'asseoir, en y mettant une dose asséz forte d'obstination.

Cette obligation de clarifier et de systématiser mes idées, en vue de leçons faites à des condisciples du même âge que moi, décida ma vocation. Mon cadre d'enseignement fut dès lors arrêté; tout ce que j'ai fait depuis en philologie est sorti de cette modeste conférence que l'indulgence de mes maîtres m'avait confiée. La nécessité de pousser aussi loin que possible mes études d'exégèse et de philologie sémitique m'obligea d'apprendre l'allemand. Je n'avais à cet égard aucune préparation ; à Saint-Nicolas, mon éducation avait été toute latine et française. Je ne m'en plains pas. L'homme ne doit savoir littérairement que deux langues, le latin et la sienne; mais il doit comprendre toutes celles dont il a besoin pour ses affaires ou son instruction. Un bon condisciple alsacien, M. Kl..., dont je vois souvent le nom cité pour les services qu'il rend à ses compatriotes à Paris, voulut bien me faciliter les débuts. La littérature était pour moi chose si secondaire, au milieu de l'enquête ardente qui m'absorbait, que j'y fis d'abord peu d'attention. Je sentis cependant un génie nouveau, fort différent de celui de notre XVIIᵉ siècle. Je l'admirai d'autant plus que je n'en voyais pas les limites. L'esprit particulier de l'Allemagne, à la fin du dernier siècle et dans la première moitié de celui-ci, me frappa; je crus entrer dans un temple. C'était bien là ce que je cherchais, la conciliation d'un esprit hautement religieux avec l'esprit critique. Je regrettais par moments de n'être pas protestant, afin de pouvoir être philosophe sans cesser d'être chrétien. Puis je reconnaissais qu'il n'y a que les catholiques qui soient conséquents. Une seule erreur prouve qu'une Église n'est pas infaillible ; une seule partie faible prouve qu'un livre n'est pas révélé. En dehors de la rigoureuse orthodoxie, je ne voyais que la libre pensée à la façon de l'école française du xviii$^e$ siècle. Mon initiation aux études allemandes me mettait ainsi dans la situation la plus fausse ; car, d'une part, elle me montrait l'impossibilité d'une exégèse sans concessions ; de l'autre, je voyais parfaitement que ces messieurs de Saint-Sulpice avaient raison de ne pas faire de concessions, puisqu'un seul aveu d'erreur ruine l'édifice de la vérité absolue et la ravale au rang des autorités humaines, où chacun fait son choix, selon son goût personnel.

Dans un livre divin, en effet, tout est vrai, et, deux contradictoires ne pouvant être vraies à la fois, il ne doit s'y trouver aucune contradiction. Or l'étude attentive que je faisais de la Bible, en me révélant des trésors historiques et esthétiques, me prouvait aussi que ce livre n'était pas plus exempt qu'aucun autre livre antique de contradictions, d'inadvertances, d'erreurs. Il s'y trouve des fables, des légendes, des traces de composition tout humaine. Il n'est plus possible de soutenir que la seconde partie d'Isaïe soit d'Isaïe. Le livre de Daniel, que toute l'orthodoxie rapporte au temps de la captivité, est un apocryphe composé en 169 ou 170 avant Jésus-Christ. Le livre de Judith est une impossibilité historique. L'attribution du Pentateuque à Moïse est insoutenable, et nier que plusieurs parties de la Genèse aient le caractère mythique, c'est s'obliger à expliquer comme réels des récits tels que celui du paradis terrestre, du fruit défendu, de l'arche de Noé. Or on n'est pas catholique si l'on s'écarte sur un seul de ces points de la thèse traditionnelle. Que devient ce miracle, si fort admiré de Bossuet : « Cyrus nommé deux cents ans avant sa naissance ? » Que deviennent les soixante-dix semaines d'années, bases des calculs de l'*Histoire universelle*, si la partie du livre d'Isaïe où Cyrus est nommé a été justement composée du temps de ce conquérant, et si pseudo-Daniel est contemporain d'Antiochus Épiphane?

L'orthodoxie oblige de croire que les livres bibliques sont l'ouvrage de ceux à qui les titres les attribuent. Les doctrines catholiques les plus mitigées sur l'inspiration ne permettent d'admettre dans le texte sacré aucune erreur caractérisée, aucune contradiction, même en des choses qui ne concernent ni la foi, ni les mœurs. Or mettons que, parmi les mille escarmouches que se livrent la critique et l'apologétique orthodoxe sur les détails du texte prétendu sacré, il y en ait quelques-unes où, par rencontre fortuite et contrairement aux apparences, l'apologétique ait raison : il est impossible qu'elle ait raison mille fois dans sa gageure, et il suffit qu'elle ait tort une seule fois pour que la thèse de l'inspiration soit mise à néant. Cette théorie de l'inspiration, impliquant un fait surnaturel, devient impossible à maintenir en présence des idées arrêtées du bon sens moderne. Un livre inspiré est un miracle. Il devrait se présenter dans des conditions où aucun livre ne se présente. « Vous n'êtes pas si difficile, dira-t-on, pour Hérodote, pour les poèmes homériques. » Sans doute; mais Hérodote, les poèmes homériques ne sont pas donnés pour des livres inspirés.

En fait de contradictions, par exemple, il n'y a pas d'esprit dégagé de préoccupations théologiques qui ne soit forcé de reconnaître des divergences inconciliables entre les synoptiques et le quatrième évangile, et entre les synoptiques comparés les uns avec les autres. Pour nous rationalistes, cela n'a pas grande conséquence; mais l'orthodoxe, obligé de prouver que son livre a toujours raison, se trouve engagé en des subtilités infinies. Silvestre de Sacy était surtout préoccupé des citations de l'Ancien Testament qui sont faites dans le Nouveau. Il trouvait tant de difficultés à les justifier, lui si exact en fait de citations, qu'il avait fini par admettre en principe que les deux Testaments, chacun de leur côté, sont infaillibles, mais que le Nouveau n'est pas infaillible quand il cite l'Ancien. Il faut n'avoir pas la moindre habitude des choses religieuses pour s'étonner que des esprits singulièrement appliqués aient tenu en des positions aussi désespérées. Dans ces naufrages d'une foi dont on avait fait le centre de sa vie, on s'accroche aux moyens de sauvetage les plus invraisemblables plutôt que de laisser tout ce qu'on aime périr corps et biens.

Les gens du monde qui croient qu'on se décide dans le choix de ses opinions par des raisons de sympathie ou d'antipathie s'étonneront certainement du genre de raisonnements qui m'écarta de la foi chrétienne, à laquelle j'avais tant de motifs de cœur et d'intérêt de rester attaché. Les personnes qui n'ont pas l'esprit scientifique ne comprennent guère qu'on laisse ses opinions se former hors de soi par une sorte de concrétion impersonnelle, dont on n'est en quelque sorte que le spectateur. En me livrant ainsi à la force des choses, je croyais me conformer aux règles de la grande école du xviie siècle, surtout de Malebranche, dont le premier principe est que la raison doit être contemplée, et qu'on n'est pour rien dans sa procréation ; en sorte que le devoir de l'homme est de se mettre devant la vérité, dénué de toute personnalité, prêt à se laisser traîner où voudra la démonstration prépondérante. Loin de viser d'avance certains résultats, ces illustres penseurs voulaient que, dans la recherche de la vérité, on s'interdît d'avoir un désir, une tendance, un attachement personnel. Quel est le grand reproche que les prédicateurs du xviie siècle adressent aux libertins ? C'est d'avoir embrassé ce qu'ils désiraient, c'est d'être arrivés aux opinions irréligieuses parce qu'ils avaient envie qu'elles fussent vraies.

Dans cette grande lutte engagée entre ma raison et mes croyances, j'évitai soigneusement de faire un seul raisonnement de philosophie abstraite. La méthode des sciences physiques et naturelles, qui, à Issy, m'était apparue comme la loi du vrai, faisait que je me défiais de tout système. Je ne m'arrêtai jamais à une objection sur les dogmes de la Trinité, de l'incarnation, envisagés en eux-mêmes. Ces dogmes, se passant dans l'éther métaphysique, ne choquaient en moi aucune opinion contraire. Rien de ce que pouvaient avoir de critiquable la politique et l'esprit de l'Église, soit dans le passé, soit dans le présent, ne me faisait la moindre impression. Si j'avais pu croire que la théologie et la Bible étaient la vérité, aucune des doctrines plus tard groupées dans le *Syllabus*, et qui, dès lors, étaient plus ou moins promulguées, ne m'eût causé la moindre émotion. Mes raisons furent toutes de l'ordre philologique et critique ; elles ne furent nullement de l'ordre métaphysique, de l'ordre politique, de l'ordre moral. Ces derniers ordres d'idées me paraissaient peu tangibles et pliables à tout sens. Mais la question de savoir s'il y a des contradictions entre le quatrième Évangile et les synoptiques est une question tout à fait saisissable. Je vois ces contradictions avec une évidence si absolue, que je jouerais là-dessus ma vie, et par conséquent mon salut éternel, sans hésiter un moment. Dans une telle question, il n'y a pas de ces arrière-plans qui rendent si douteuses toutes les opinions morales et politiques. Je n'aime ni Philippe II ni Pie V; mais, si je n'avais pas des raisons matérielles de ne pas croire au catholicisme, ce ne seraient ni les atrocités de Philippe II ni les bûchers de Pie V qui m'arrêteraient beaucoup.

De très bons esprits m'ont quelquefois fait entendre que je ne me serais pas détaché du catholicisme sans l'idée trop étroite que je m'en fis, ou, si l'on veut, que mes maîtres m'en donnèrent. Certaines personnes rendent un peu Saint-Sulpice responsable de mon incrédulité et lui reprochent, d'une part, de m'avoir inspiré pleine confiance dans une scolastique impliquant un rationalisme exagéré; de l'autre, de m'avoir présenté comme nécessaire à admettre le *summum* de l'orthodoxie; si bien qu'en même temps ils grossissaient outre mesure le bol alimentaire et rétrécissaient singulièrement l'orifice de déglutition. Cela est tout à fait injuste. Dans leur manière de présenter le christianisme, ces messieurs de Saint-Sulpice, en ne dissimulant rien de la carte de ce qu'il faut croire, étaient tout simplement d'honnêtes gens. Ce ne sont pas eux qui ont ajouté la qualification *Est de fide* à la suite de tant de propositions insoutenables. Une des pires malhonnêtetés intellectuelles est de jouer sur les mots, de présenter le christianisme comme n'imposant presque aucun sacrifice à la raison, et, à l'aide de cet artifice, d'y attirer des gens qui ne savent pas ce à quoi au fond ils s'engagent. C'est là l'illusion des catholiques laïques qui se disent libéraux. Ne sachant ni théologie ni exégèse, ils font de l'accession au christianisme une simple adhésion à une coterie. Ils en prennent et ils en laissent; ils admettent tel dogme, repoussent tel autre, et s'indignent après cela quand on leur dit qu'ils ne sont pas de vrais catholiques. Quelqu'un qui a fait de la théologie n'est plus capable d'une telle inconséquence. Tout reposant pour lui sur l'autorité infaillible de l'Ecriture et de l'Église, il n'y a pas à choisir. Un seul dogme abandonné, un seul enseignement de l'Église repoussé, c'est la négation de l'Église et de la révélation. Dans une Église fondée sur l'autorité divine, on est aussi hérétique pour nier un seul point que pour nier le tout. Une seule pierre arrachée de cet édifice, l'ensemble croule fatalement

Il ne sert non plus de rien d'alléguer que l'Église fera peut-être un jour des concessions, qui rendront inutiles des ruptures comme celle à laquelle je dus me résigner, et qu'alors on jugera que j'ai renoncé au royaume de Dieu pour des vétilles. Je sais bien la mesure des concessions que l'Eglise peut faire et de celles qu'il ne faut pas lui demander. Jamais l'Église catholique n'abandonnera rien de son système scolastique et orthodoxe; elle ne le peut pas; c'est comme si l'on demandait à M. le comte de Chambord de n'être pas légitimiste. Il y aura des scissions, je le crois, plus que jamais; mais le vrai catholique dira inflexiblement : « S'il faut lâcher quelque chose, je lâche tout; car je crois à tout par principe d'infaillibilité, et le principe d'infaillibilité est aussi blessé par une petite concession que par dix mille grandes. » De la part de l'Église catholique, avouer que Daniel est un apocryphe du temps des Macchabées serait avouer qu'elle s'est trompée ; si elle s'est trompée en cela, elle a pu se tromper en autre chose ; elle n'est plus divinement inspirée.

Je ne regrette donc nullement d'être tombé, pour mon éducation religieuse, sur des maîtres sincères qui se seraient fait scrupule de me laisser aucune illusion sur ce que doit admettre un catholique. Le catholicisme que j'ai appris n'est pas ce fade compromis, bon pour les laïques, qui a produit de nos jours tant de malentendus. Mon catholicisme est celui de l'Ecriture, des conciles et des théologiens. Ce catholicisme, je l'ai aimé, je le respecte encore ; l'ayant trouvé inadmissible, je me suis séparé de lui. Voilà qui est loyal de part et d'autre. Ce qui n'est pas loyal, c'est de dissimuler le cahier des charges, c'est de se faire l'apologiste de ce qu'on ignore. Je ne me suis jamais prêté à ces mensonges. Je n'ai pas cru respectueux pour la foi de tricher avec elle. Ce n'est pas ma faute si mes maîtres m'avaient enseigné la logique, et, par leurs argumentations impitoyables, avaient fait de mon esprit un tranchant d'acier. J'ai pris au sérieux ce qu'on m'a appris, scolastique, règles du syllogisme, théologie, hébreu; j'ai été un bon élève; je ne saurais être damné pour cela.

## IV

Telles furent ces deux années de travail intérieur, que je ne peux comparer qu'à une violente encéphalite, durant laquelle toutes les autres fonctions de la vie furent suspendues en moi. Par une petite pédanterie d'hébraïsant, j'appelai cette crise de mon existence *Nephtali* [1], et je me redisais souvent

---

1. *Lucta mea,* Genèse, xxx, 8.

le dicton hébraïque : *Naphtoulé élohim niphtalti :* « J'ai lutté des luttes de Dieu. » Mes sentiments intérieurs n'étaient pas changés ; mais, chaque jour, une maille du tissu de ma foi se rompait. L'immense travail auquel je me livrais m'empêchait de tirer les conséquences ; ma conférence d'hébreu m'absorbait ; j'étais comme un homme dont la respiration est suspendue. Mon directeur, à qui je communiquais mes troubles, me disait exactement comme M. Gosselin à Issy : « Tentations contre la foi ! N'y faites pas attention ; allez droit devant vous. » Il me fit lire un jour la lettre que saint François de Sales écrivait à madame de Chantal : « Ces tentations ne sont que des afflictions comme les autres. Sachez que j'ai vu peu de personnes avoir été avancées sans cette épreuve ; il faut avoir patience. Il ne faut nullement répondre, ni faire semblant d'entendre ce que l'ennemi dit. Qu'il clabaude tant qu'il voudra à la porte, il ne faut pas seulement dire : « Qui va là ? »

La pratique des directeurs ecclésiastiques

est, en effet, le plus souvent, de conseiller à celui qui avoue des doutes contre la foi de ne pas y faire attention. Loin de reculer les vœux pour ce motif, ils les précipitent, pensant que ces troubles disparaissent quand il n'est plus temps d'y donner suite, et que les soucis de la vie active du ministère chassent plus tard ces hésitations spéculatives. Ici, je dois le dire, je trouvai la sagesse de mes pieux directeurs un peu en défaut. Mon directeur de Paris, homme très éclairé cependant, voulait que je prisse résolument le sous-diaconat, le premier des ordres sacrés constituant un lien irrévocable. Je refusai net. Quant aux premiers degrés de la cléricature, je lui avais obéi. C'est lui-même qui me fit remarquer que la formule exacte de l'engagement qu'ils impliquent est contenue dans les paroles du psaume qu'on prononce : *Dominus pars hæreditatis meæ et calicis mei. Tu es qui restitues hæreditatem meam mihi*. Eh bien, la main sur la conscience, cet engagement-là, je n'y ai jamais manqué. Je n'ai jamais eu d'autre intérêt que celui de la vérité, et j'y ai fait des sacrifices. Une idée élevée m'a toujours soutenu dans la direction de ma vie ; si bien même, que l'héritage que Dieu devrait me rendre, d'après notre arrangement réciproque, ma foi! je l'en tiens quitte. Mon lot a été bon, et je peux ajouter en continuant le psaume : *Portio cecidit mihi in præclaris; etenim hæreditas mea præclara est mihi.*

Mon ami du séminaire de Saint-Brieuc[1], après de grandes hésitations, s'était décidé à prendre les ordres sacrés. Je retrouve la lettre que je lui écrivis à ce sujet le 29 mars 1844, dans un moment où mes doutes sur la foi me laissaient un calme relatif.

J'ai été heureux, mais non surpris, en apprenant que tu avais fait le pas décisif. Les inquiétudes dont tu étais agité devront toujours s'élever dans l'âme de celui qui envisage sérieusement la portée du sacerdoce chrétien. Ce sont des épreuves pénibles, mais au fond honorables et salutaires, et je n'estimerais pas beaucoup celui qui arriverait au sacerdoce sans les avoir traversées......

---

[1]. Il se nommait François Liart. C'était une très honnête et très droite nature. Il mourut à Tréguier dans les derniers jours de mars 1845. Sa famille me fit rendre, après sa mort, les lettres que je lui avais écrites ; je les ai toutes.

Je t'ai dit comment une force indépendante de moi ébranlait en moi les croyances qui ont fait jusqu'ici le fondement de ma vie et de mon bonheur. Oh! mon ami, que ces tentations sont cruelles et comme j'aurais des entrailles de compassion, si Dieu m'amenait jamais quelque malheureux qui en fût travaillé! Comme ceux qui ne les ont pas éprouvées sont maladroits envers ceux qui en souffrent! Cela est tout simple; on ne sent bien que ce qu'on a éprouvé, et ce sujet est si délicat, que je ne crois pas qu'il y ait deux hommes au monde plus incapables de s'entendre qu'un croyant et un doutant, quand ils se trouvent en face l'un de l'autre, quelles que soient leur bonne foi et même leur intelligence. Ils parlent deux langues inintelligibles, si la grâce de Dieu n'intervient entre eux comme interprète. Que j'ai bien senti combien ces grands maux sont au-dessus de tout remède humain et que Dieu s'en est réservé le traitement, *manu mitissima et suavissima pertractans vulnera mea*, comme dit saint Augustin, qu'on s'aperçoit bien avoir passé par cette filière, à la façon dont il en parle!... Parfois l'*Angelus Satanæ qui me colaphizet* se réveille. Que veux-tu, mon pauvre ami! c'est notre sort. *Converte te supra, converte te infra*, la vie de l'homme et surtout du chrétien est un combat, et en définitive, ces tempêtes lui sont peut-être plus avantageuses qu'un trop grand calme, où il s'endormirait..... Je ne reviens pas, mon cher ami, en songeant qu'avant un an tu seras prêtre, toi, mon cher Liart, qui as été mon condisciple, mon ami d'enfance. Nous voilà plus qu'à moitié de notre vie, selon l'ordre ordinaire, et l'autre moitié ne sera probablement pas la plus agréable. Comme cela nous engage à regarder ce qui passe comme n'étant pas et à supporter patiemment des peines de quelques jours, dont nous rirons dans quelques années et auxquelles nous ne penserons pas dans l'éternité! Vanité des vanités!

Un an après, le mal que je croyais passager avait envahi ma conscience tout entière. Le 22 mars 1845, j'écrivis à mon ami, une lettre qu'il ne put lire. Il était mourant quand elle lui parvint.

Ma position au séminaire n'a reçu, depuis nos derniers entretiens, aucun changement bien sensible. J'ai la faculté d'assister régulièrement au cours de syriaque de M. Quatremère, au Collège de France, et j'y trouve un intérêt extrême. Cela me sert à bien des fins : d'abord à acquérir des connaissances belles et utiles, puis à me distraire de certaines choses en m'occupant à d'autres... Il ne manquerait rien à mon bonheur, si les désolantes pensées que tu sais ne m'affligeaient continuellement l'âme, et cela selon une effroyable progression d'accroissement. Je suis bien décidé à ne pas accepter le sous-diaconat à la prochaine ordination. Cela ne devra paraître singulier à personne, puisque l'âge m'obligerait à mettre un intervalle entre mes ordres. Du reste, que m'importe l'opinion? Il faut que je m'habitue à la braver pour être prêt à tout sacrifice. Je passe bien des moments cruels; cette semaine sainte, surtout, a été pour moi douloureuse ; car toute circonstance qui m'arrache à ma vie ordinaire me replonge dans mes anxiétés. Je me console en pensant à Jésus, si beau, si pur, si idéal en sa souffrance, qu'en toute hypothèse j'aimerai toujours. Même si je venais à l'abandonner, cela devrait lui plaire ; car ce serait un sacrifice fait à la conscience, et Dieu sait s'il me coûterait !

Je crois que toi, au moins, tu saurais le comprendre. Oh! mon ami, que l'homme est peu libre dans le choix de sa destinée ! Voici un enfant qui n'agit encore que par impulsion et imitation ; et c'est à cet âge qu'on lui fait jouer sa vie ; une puissance supérieure l'enlace dans d'indissolubles liens ; elle poursuit son travail en silence, et, avant qu'il commence à se connaître, il est lié sans savoir comment. A un certain âge, il se réveille ; il veut agir. Impossible... ; ses bras et ses mains sont pris dans d'inextricables réseaux ; c'est Dieu même qui le serre, et la cruelle opinion est là, faisant un irrévocable arrêt des velléités de son enfance, et elle rira de lui s'il veut quitter le jouet qui amusa ses premières années. Oh! encore s'il n'y avait que l'opinion ! Mais tous les liens les plus doux de la vie entrent dans le tissu du filet qui l'entoure, et il faudra qu'il arrache la moitié de son cœur, s'il veut s'en délivrer. Que de fois j'ai désiré que l'homme naquît ou tout à fait libre ou dénué de liberté. Il serait moins à plaindre s'il naissait comme la plante invariablement fixée au sol qui doit la nourrir. Avec ce lambeau de liberté, il est assez fort pour résister, pas assez pour agir... O mon Dieu, mon Dieu, pourquoi m'avez-vous abandonné ? Comment concilier tout cela avec l'empire d'un père ? Il y a là des mystères, mon ami. Heureux qui peut ne les sonder qu'en spéculation !

Il faut que tu sois bien mon ami pour que je te dise tout cela. Je n'ai pas besoin de te demander le silence. Tu comprends qu'il faut des ménagements pour ma mère. J'aimerais mieux mourir que de lui causer une minute de peine. O Dieu, aurai-je la force de lui préférer mon devoir ? Je te la recommande ; elle aime beaucoup tes attentions ; c'est le plus grand service que tu puisses me rendre.

## V

J'arrivai ainsi aux vacances de 1845, que j'allai passer, comme les précédentes, en Bretagne. Là, j'eus beaucoup plus de temps pour réfléchir. Les grains de sable de mes doutes s'agglomérèrent et devinrent un bloc. Mon directeur, qui, avec les meilleures intentions du monde, me conseillait mal, n'était plus auprès de moi. Je cessai de prendre part aux sacrements de l'Église, tout en ayant le même goût que par le passé pour ses prières. Le christianisme m'apparaissait comme plus grand que jamais; mais je ne maintenais plus le surnaturel que par un effort d'habitude, par une sorte de fiction avec moi-même. L'œuvre de la logique était finie; l'œuvre de l'honnêteté commençait. Durant deux mois à peu près, je fus protestant; je ne pouvais me résoudre à quitter tout à fait la grande tradition religieuse dont j'avais vécu jusque-là; je rêvais des réformes futures, où la philosophie du christianisme, dégagée de toute scorie superstitieuse et conservant néanmoins son efficacité morale (là était mon rêve), resterait la grande école de l'humanité et son guide vers l'avenir. Mes lectures allemandes m'entretenaient dans ces pensées. Herder était l'écrivain allemand que je connaissais le mieux. Ses vastes vues m'enchantaient, et je me disais avec un vif regret : « Ah! que ne puis-je, comme un Herder, penser tout cela et rester ministre, prédicateur chrétien! » Mais, avec la notion précise et à la fois respectueuse que j'avais du catholicisme, je n'arrivais point à concevoir une honnête attitude d'âme qui me permît d'être prêtre catholique en gardant les opinions que j'avais. J'étais chrétien comme l'est un professeur de théologie de Halle ou de Tubingue. Une voix secrète me disait : « Tu n'es plus catholique ; ton habit est un mensonge : quitte-le. »

J'étais chrétien, cependant ; car tous les papiers que j'ai de ce temps me donnent, très clairement exprimé, le sentiment que j'ai plus tard essayé de rendre dans la *Vie de Jésus*, je veux dire un goût vif pour l'idéal évangélique et pour le caractère du fondateur du christianisme. L'idée qu'en abandonnant l'Église, je resterais fidèle à Jésus, s'empara de moi, et, si j'avais été capable de croire aux apparitions, j'aurais certainement vu Jésus me disant : « Abandonne-moi pour être mon disciple. » Cette pensée me soutenait, m'enhardissait. Je peux dire que, dès lors, la *Vie de Jésus* était écrite dans mon esprit. La croyance à l'éminente personnalité de Jésus, qui est l'âme de ce livre, avait été ma force dans ma lutte contre la théologie. Jésus a bien réellement toujours été mon maître. En suivant la vérité au prix de tous les sacrifices, j'étais convaincu de le suivre et d'obéir au premier de ses enseignements.

J'étais maintenant si loin de mes vieux maîtres de Bretagne, par l'esprit, par les études, par la culture intellectuelle, que je ne pouvais presque plus causer avec eux. Un d'eux entrevit quelque chose : « Ah! j'ai toujours pensé, me dit-il, qu'on vous faisait faire de trop fortes études. » L'habitude que j'avais prise de réciter mes psaumes en hébreu, dans un petit livre écrit de ma main que je m'étais fait pour cela, et qui était comme mon bréviaire, les surprenait beaucoup. Ils étaient presque tentés de me demander si je voulais me faire juif. Ma mère devinait tout sans bien comprendre. Je continuais, comme dans mon enfance, à faire avec elle de longues promenades dans la campagne. Un jour, nous nous assîmes dans la vallée du Guindy, près de la chapelle des Cinq-Plaies, à côté de la source. Pendant des heures, je lus à côté d'elle, sans lever les yeux. Le livre était bien inoffensif ; c'étaient les *Recherches philosophiques* de M. de Bonald. Ce livre néanmoins lui déplut ; elle me l'arracha des mains ; elle sentait que, si ce n'était lui, c'étaient ses pareils qui étaient les ennemis de sa plus chère pensée.

Le 6 septembre 1845[1], j'écrivis à M.***, mon directeur, la lettre suivante, dont je retrouve la copie dans mes papiers. Je la reproduis sans rien atténuer de ce qu'elle a de contradictoire et de légèrement fiévreux.

Monsieur,

Quelques voyages que j'ai dû faire au commencement de mes vacances m'ont empêché de correspondre avec vous aussitôt que je l'eusse désiré. C'était pourtant un besoin bien pressant pour moi que de m'ouvrir à vous sur des peines qui deviennent chaque jour de plus en plus vives, d'autant plus vives que je ne trouve ici personne à qui je puisse les confier. Ce

---

1. M. l'abbé Cognat, curé de Notre-Dame des Champs, qui fut, avec M. Foulon, actuellement archevêque de Besançon, mon meilleur ami au séminaire, a communiqué au *Figaro* (3 avril 1879) et publié dans *le Correspondant* (10 mai, 10 juin et 10 juillet 1882) divers extraits de lettres de moi écrites à la même date que celle que je donne ici. J'aimerais certes à relire toutes ces lettres, qui me rappelle-

qui devrait faire mon bonheur cause mon plus grand chagrin. Un devoir impérieux m'oblige à concentrer mes pensées en moi-même, pour en épargner le contre-coup aux personnes qui m'entourent de leur affection, et qui, d'ailleurs, seraient bien incapables de comprendre mon trouble. Leurs soins et leurs caresses me désolent. Ah! si elles savaient ce qui se passe au fond de mon cœur !

Depuis mon séjour en ce pays, j'ai acquis des données importantes pour la solution du grand problème qui me préoccupe. Plusieurs circonstances m'ont tout d'abord fait comprendre la grandeur du sacrifice que Dieu exigeait de moi, et dans quel abîme me précipitait le parti que me conseille ma conscience. Inutile de vous en présenter le pénible détail, puisqu'après tout, de pareilles considérations ne doivent être d'aucun poids dans la délibération dont il s'agit. Renoncer à une voie qui m'a souri dès mon enfance, et qui me menait sûrement aux fins nobles et pures que je m'étais proposées, pour en embrasser une autre où je n'entrevois qu'incertitudes et rebuts ; mé-

raient bien des nuances d'un état d'âme disparu depuis trente-sept ans. Pour moi, M. Foulon et M. Cognat sont d'anciens amis, qui me sont restés très chers. Pour eux, j'espère que je suis cela aussi ; mais je dois être de plus un adversaire du dogme qu'il professent, quoique, à vrai dire, dans l'état d'esprit où je suis, il n'y ait rien ni personne dont je sois l'adversaire. Depuis nos anciennes relations, je n'ai revu M. Cognat qu'une seule fois : c'était aux funérailles de M. Littré. Nous étions en chappe tous les deux, lui comme curé, moi comme directeur de l'Académie ; nous ne pûmes causer.

priser une opinion qui, pour une bonne action, ne me réserve que le blâme, eût été peu de chose, s'il ne m'eût fallu en même temps arracher la moitié de mon cœur, ou, pour mieux dire, en percer un autre auquel le mien s'était si fort attaché. L'amour filial avait grandi en moi de tant d'autres affections supprimées ! Eh bien, c'est dans cette partie la plus intime de mon être que le devoir exige de moi les sacrifices les plus douloureux. Ma sortie du séminaire sera pour ma mère une énigme inexplicable ; elle croira que c'est pour un caprice que je l'ai tuée.

En vérité, monsieur, quand j'envisage cet inextricable filet où Dieu m'a enlacé durant le sommeil de ma raison et de ma liberté, alors que je suivais docilement la ligne que lui-même traçait devant moi, de désolantes pensées s'élèvent dans mon âme. Dieu le sait, j'étais simple et pur ; je ne me suis ingéré à rien faire de moi-même ; le sentier qu'il ouvrait devant moi, je m'y précipitais avec franchise et abandon, et voilà que ce sentier m'a conduit à un abîme !... Dieu m'a trahi, monsieur ! Je n'ai jamais douté qu'une providence sage et bonne ne gouvernât l'univers, ne me gouvernât moi-même pour me conduire à ma fin. Ce n'est pourtant pas sans efforts que j'ai pu appliquer un démenti aussi formel aux faits apparents. Je me dis souvent que le bon sens vulgaire est peu capable d'apprécier le gouvernement providentiel soit de l'humanité, soit de l'univers, soit de l'individu. La considération isolée des faits ne mènerait guère à l'optimisme. Il faut du courage pour faire à Dieu cette générosité, en dépit de l'expérience. J'espère n'hésiter jamais sur ce point, et, quels que soient les maux que la Providence me réserve encore, je croirai toujours qu'elle me mène à mon plus grand bien possible par le moindre mal possible.

D'après des nouvelles que je viens de recevoir d'Allemagne, la place qui m'y était proposée est toujours à ma disposition[1] ; seulement je ne pourrai en prendre possession avant le printemps prochain. Tout cela me rend ce voyage bien problématique et me replonge dans de nouvelles incertitudes. On me propose toujours une année d'études libres dans Paris, durant laquelle je pourrais réfléchir sur l'avenir que je devrais embrasser, et aussi prendre mes grades universitaires. Je suis bien tenté, monsieur, de choisir ce dernier parti ; car, bien que je sois décidé à descendre encore au séminaire, pour conférer avec vous et avec mes supérieurs, néanmoins j'aurais beaucoup de répugnance à y faire un long séjour dans l'état d'âme où je me trouve. Je ne vois approcher qu'avec effroi l'époque où l'état intérieur le plus indéterminé devra se traduire par les démarches les plus décisives. Mon Dieu ! qu'il est cruel d'être obligé de remonter ainsi le courant qu'on a longtemps suivi, et où l'on était si doucement porté ! Encore si j'étais sûr de l'avenir, si j'étais sûr que je pourrai un jour faire à mes idées la place qu'elles réclament, et poursuivre à mon aise et sans préoccupations extérieures l'œuvre de mon perfectionnement intellectuel et moral ! Mais, quand je

---

1. Il s'agit ici d'une éducation privée dont il fut question pour moi durant quelque temps.

serais sûr de moi-même, serais-je sûr des circonstances qui s'imposent à nous si fatalement? En vérité, j'en viens à regretter la misérable part de liberté que Dieu nous a donnée; nous en avons assez pour lutter, pas assez pour dominer la destinée, tout juste ce qu'il faut pour souffrir.

Heureux les enfants qui ne font que dormir et rêver, et ne songent pas à s'engager dans cette lutte avec Dieu même! Je vois autour de moi des hommes purs et simples, auxquels le christianisme suffit pour être vertueux et heureux. Ah! que Dieu les préserve de jamais réveiller en eux une misérable faculté, cette critique fatale qui réclame si impérieusement satisfaction, et qui, après qu'elle est satisfaite, laisse dans l'âme si peu de douces jouissances! Plût à Dieu qu'il dépendît de moi de la supprimer! Je ne reculerais pas devant l'amputation si elle était licite et possible. Le christianisme suffit à toutes mes facultés, excepté une seule, la plus exigeante de toutes, parce qu'elle est de droit juge de toutes les autres. Ne serait-ce pas une contradiction de commander la conviction à la faculté qui crée la conviction? Je sais bien que l'orthodoxe doit me dire que c'est par ma faute que je suis tombé en cet état. Je ne disputerai pas; nul ne sait s'il est digne d'amour ou de haine. Volontiers donc je dirai: « C'est ma faute! » pourvu que ceux qui m'aiment consentent à me plaindre et à me garder leur amitié.

Un résultat qui me semble maintenant acquis avec certitude, c'est que je ne reviendrai plus à l'orthodoxie, en continuant à suivre la ligne que j'ai suivie, je veux dire l'examen rationnel et critique. Jusqu'ici, j'espérais qu'après avoir parcouru le cercle du doute, je reviendrais au point de départ ; j'ai totalement perdu cette espérance ; le retour au catholicisme ne me semble plus possible que par un recul, en rompant net la ligne où je me suis engagé, en stigmatisant ma raison, en la déclarant une fois pour toutes nulle et sans valeur, en la condamnant au silence respectueux. Chaque pas dans ma carrière critique m'éloigne de mon point de départ. Ai-je donc perdu toute espérance de revenir au catholicisme ? Ah ! cette pensée serait pour moi trop cruelle. Non, monsieur, je n'espère plus y revenir par le progrès rationnel ; mais j'ai été souvent assez près de me révolter à tout jamais contre un guide dont parfois je me défie. Quel serait alors le mobile de ma vie ? Je ne sais ; mais l'activité trouve partout son aliment. Croyez bien qu'il faut que j'aie été rudement éprouvé, pour m'être arrêté un instant à une pensée qui me paraît plus affreuse que la mort. Et pourtant, si ma conscience me la présentait comme licite, je la saisirais avec empressement, ne fût-ce que par pudeur humaine.

Au moins ceux qui me connaissent avoueront, j'espère, que ce n'est pas l'intérêt qui m'a éloigné du christianisme. Tous mes intérêts les plus chers ne devaient-ils pas m'engager à le trouver vrai ? Les considérations temporelles contre lesquelles j'ai à lutter eussent suffi pour en persuader bien d'autres ; mon cœur a besoin du christianisme ; l'Évangile sera toujours ma morale ; l'Église a fait mon éducation, je l'aime. Ah ! que ne puis-je continuer à me dire son fils ? Je la quitte malgré moi ; j'ai horreur de ces attaques déloyales où on la calomnie; j'avoue franchement que je n'ai rien de complet à mettre à la place de son enseignement; mais je ne puis me dissimuler les points vulnérables que j'ai cru y trouver et sur lesquels on ne peut transiger, vu qu'il s'agit d'une doctrine où tout se tient et dont on ne peut détacher aucune partie.

Je regrette quelquefois de n'être pas né dans un pays où les liens de l'orthodoxie fussent moins resserrés que dans les pays catholiques; car, à tout prix, je veux être chrétien, mais je ne puis être orthodoxe. Quand je vois des penseurs aussi libres et aussi hardis que Herder, Kant, Fichte, se dire chrétiens, j'aurais envie de l'être comme eux. Mais le puis-je dans le catholicisme? C'est une barre de fer; on ne raisonne pas avec une barre de fer. Qui fondera parmi nous le christianisme rationnel et critique? Je vous avouerai que je crois avoir trouvé dans quelques écrivains allemands le vrai mode de christianisme qui nous convient. Puissé-je voir le jour où ce christianisme prendra une forme capable de satisfaire pleinement tous les besoins de notre temps! Puissé-je moi-même coopérer à cette grande œuvre! Ce qui me désole, c'est que peut-être il faudra un jour être prêtre pour cela, et je ne peux me faire prêtre sans une coupable hypocrisie.

Pardonnez-moi, monsieur, ces pensées, qui doivent vous paraître coupables. Vous le savez, tout cela n'a pas en moi une consistance dogmatique, et, au milieu de tous ces troubles, je tiens encore à l'Église, ma vieille mère. Je récite les psaumes avec cœur; je passerais, si je me laissais aller, des heures dans les églises; la piété douce, simple et pure me touche au fond du cœur; j'ai même de vifs retours de dévotion. Tout cela ne peut coexister sans contradiction avec mon état général. Mais j'ai pris là-dessus franchement mon parti; je me suis débarrassé du joug importun de la conséquence, au moins provisoirement. Dieu me condamnera-t-il pour avoir admis simultanément ce que réclament simultanément mes différentes facultés, quoique je ne puisse concilier leurs exigences contraires? N'y a-t-il pas des époques dans l'histoire de l'esprit humain où la contradiction est nécessaire? Du moment que l'examen s'applique aux vérités morales, il faut qu'on en doute, et pourtant, durant cette époque de transition, l'âme pure et noble doit encore être morale, grâce à une contradiction. C'est ainsi que je parviens par moments à être à la fois catholique et rationaliste; mais prêtre, je ne puis l'être: on n'est pas prêtre par moments, on l'est toujours.

Les bornes d'une lettre m'obligent à terminer ici la longue confidence de mes luttes intérieures. Je bénis Dieu, qui me réservait de si pénibles épreuves, de m'avoir mis en rapports avec un esprit comme le vôtre, qui sait si bien les comprendre et à qui je peux les confier sans réserve.

M. *** fit à ma lettre une réponse pleine de cœur. Il n'y combattait plus que faiblement mon projet d'études libres. Ma sœur, dont la haute raison était, depuis des années, comme la colonne lumineuse qui marchait devant moi, m'encourageait, du fond de la Pologne, par ses lettres pleines de droiture et de bon sens. Je pris ma résolution dans les derniers jours de septembre. Ce fut un acte de grande honnêteté ; c'est maintenant ma joie et mon assurance d'y penser. Mais quel déchirement ! De beaucoup, c'était ma mère qui me faisait le plus saigner le cœur. J'étais obligé de lui porter un coup de poignard, sans pouvoir lui donner la moindre explication. Quoique fort intelligente à sa manière, ma mère n'était pas assez instruite pour comprendre qu'on changeât de foi religieuse parce qu'on avait trouvé que les explications messianiques des Psaumes sont fausses, et que Gesenius, dans son commentaire sur Isaïe, a raison sur presque tous les points contre les orthodoxes. Certes, il m'en coûtait aussi beaucoup de contrister mes anciens maîtres de Bretagne, qui continuaient d'avoir pour moi une si vive affection. La question critique, telle qu'elle était posée dans mon esprit, leur eût paru quelque chose d'inintelligible, tant leur foi était simple et absolue. Je partis donc pour Paris sans leur laisser entrevoir autre chose que des voyages à l'étranger et une interruption possible dans mes études ecclésiastiques.

Ces messieurs de Saint-Sulpice, habitués à une plus large vue des choses, ne furent pas trop surpris. M. Le Hir, qui avait une confiance absolue dans l'étude, et qui savait de plus le sérieux de mes mœurs, ne me détourna pas de donner quelques années aux recherches libres dans Paris, et me traça le plan des cours du Collège de France et de l'École des langues orientales que je devais suivre. M. Carbon fut peiné; il vit combien ma situation allait devenir difficile et me promit de chercher pour moi une position tranquille et honnête. Je trouvai chez M. Dupanloup cette grande et chaleureuse entente des choses de l'âme qui faisait sa supériorité. Je fus avec lui d'une extrême franchise. Le côté scientifique lui échappa tout à fait; quand je lui parlai de critique allemande, il fut surpris. Les travaux de M. Le Hir lui étaient presque inconnus. L'Écriture, à ses yeux, n'était utile que pour fournir aux prédicateurs des passages éloquents; or l'hébreu ne sert de rien pour cela. Mais quel bon, grand et noble cœur ! J'ai là sous mes yeux un petit billet de sa main : « Avez-vous besoin de quelque argent? ce serait tout simple dans votre situation. Ma pauvre bourse est à votre disposition. Je voudrais pouvoir vous offrir des biens plus précieux... Mon offre, toute simple, ne vous blessera pas, j'espère. » Je le remerciai, et n'eus à cela aucun mérite. Ma sœur Henriette m'avait donné douze cents francs pour traverser ce moment difficile. Je les entamai à peine. Mais cette somme, en m'enlevant l'inquiétude immédiate pour le lendemain, fut la base de l'indépendance et de la dignité de toute ma vie.

Je descendis donc, pour ne plus les remonter en soutane, les marches du séminaire Saint-Sulpice, le 6 octobre 1845 ; je traversai la place au plus court et gagnai rapidement l'hôtel qui occupait alors l'angle nord-ouest de l'esplanade actuelle, laquelle n'était pas encore dégagée.

# VI

## PREMIERS PAS HORS DE SAINT-SULPICE

### I

J'ai dit comment, le 6 octobre 1845, je quittai définitivement le séminaire de Saint-Sulpice et j'allai prendre une chambre à l'hôtel le plus voisin. Je ne sais pas quel était le nom de cet hôtel ; on l'appelait toujours « l'hôtel de mademoiselle Céleste », du nom de la personne recommandable qui en avait l'administration ou la propriété.

C'était sûrement un hôtel unique dans Paris

que celui de mademoiselle Céleste, une espèce d'annexe du séminaire, où la règle du séminaire se continuait presque. On n'y était reçu que sur une recommandation de ces messieurs ou de quelque autorité pieuse. C'était le lieu de séjour momentané des élèves qui, en entrant au séminaire ou en en sortant, avaient besoin de quelques jours libres ; les ecclésiastiques en voyage, les supérieures de couvent qui avaient des affaires à Paris, y trouvaient un asile commode et à bon marché. La transition de l'habit ecclésiastique à l'habit laïque est comme le changement d'état d'une chrysalide ; il y faut un peu d'ombre. Certes, si quelqu'un pouvait nous dire tous les romans silencieux et discrets que couvrit ce vieil hôtel maintenant disparu, nous aurions d'intéressantes confidences. Il ne faudrait cependant pas que les conjectures des romanciers fissent fausse route. Je me rappelle mademoiselle Céleste ; dans le souvenir reconnaissant que beaucoup d'ecclésiastiques conservaient d'elle, il n'y avait rien qui, au point de vue des canons les plus sévères, ne se pût avouer.

Pendant que j'attendais, chez mademoiselle Céleste, que ma métamorphose fût achevée, la bonté de M. Carbon ne restait pas inactive. Il avait écrit pour moi à M. l'abbé Gratry, alors directeur du collège Stanislas, et celui-ci me fit offrir un emploi de surveillant dans la division supérieure. Je vis M. Dupanloup, qui me conseilla d'accepter : « Ne vous y trompez pas, me dit-il ; M. Gratry est un prêtre distingué, tout ce qu'il y a de plus distingué. » J'acceptai ; je n'eus qu'à me louer de tout le monde ; mais cela dura quinze jours à peine. Je trouvai que ma situation nouvelle impliquait encore ce à quoi j'avais voulu mettre fin en sortant du séminaire, je veux dire une profession extérieure avouée de cléricature. Je n'eus ainsi avec M. Gratry que des rapports tout à fait passagers. C'était un homme de cœur, un écrivain assez habile; mais le fond était nul. Le vague de son esprit ne m'allait pas. M. Carbon et M. Dupanloup lui avaient dit le motif de ma sortie de Saint-Sulpice. Nous eûmes ensemble deux ou trois entretiens, où je lui exposai mes doutes positifs, fondés sur l'examen des textes. Il n'y comprit rien, et son transcendant dut trouver ma précision bien terre à terre. Il n'avait aucune science ecclésiastique, ni exégèse ni théologie. Tout se bornait à des phrases générales, à des applications puériles des mathématiques à ce qui est « matière de fait ». L'immense supériorité de la théologie de Saint-Sulpice sur ces combinaisons creuses, se donnant pour scientifiques, me frappa bien vite. Saint-Sulpice sait d'original ce qu'est le christianisme; l'École polytechnique ne le sait pas. Mais, je le répète, l'honnêteté de M. Gratry était parfaite, et c'était un homme très attachant, un vrai galant homme.

Je me séparai de lui avec regret, mais je le devais. J'avais quitté le premier séminaire du monde pour un autre qui ne le valait pas. La jambe avait été mal remise; j'eus le courage de la casser de nouveau. Le 2 ou 3 novembre 1845, je franchis le dernier seuil par lequel l'Église avait voulu me retenir, et j'allai m'établir dans une institution du quartier Saint-Jacques, relevant du lycée Henri IV, comme répétiteur *au pair*, c'est-à-dire, selon le langage du quartier Latin d'alors, sans appointements. J'avais une petite chambre, la table avec les élèves, à peine deux heures par jour occupées, beaucoup de temps par conséquent pour travailler. Cela me satisfaisait pleinement.

## II

Avec la faculté que j'ai de suffire à mon propre bonheur et d'aimer par conséquent la solitude, la petite pension de la rue des Deux-Églises[1] eût été, en effet, pour moi un paradis, sans la crise terrible que traversait ma conscience et le changement d'assise que je devais faire subir à ma vie. Les poissons du lac Baïkal ont mis, dit-on, des milliers d'années à devenir poissons d'eau douce après avoir été poissons d'eau de mer. Je dus

1. Maintenant rue de l'Abbé-de-l'Épée.

faire ma transition en quelques semaines. Comme un cercle enchanté, le catholicisme embrasse la vie entière avec tant de force, que, quand on est privé de lui, tout semble fade. J'étais terriblement dépaysé. L'univers me faisait l'effet d'un désert sec et froid. Du moment que le christianisme n'était pas la vérité, le reste me parut indifférent, frivole, à peine digne d'intérêt. L'écroulement de ma vie sur elle-même me laissait un sentiment de vide comme celui qui suit un accès de fièvre ou un amour brisé. La lutte qui m'avait occupé tout entier avait été si ardente, que maintenant je trouvais tout étroit et mesquin. Le monde se montrait à moi médiocre, pauvre en vertu. Ce que je voyais me semblait une chute, une décadence; je me crus perdu dans une fourmilière de pygmées.

Ma tristesse était redoublée par la douleur que j'avais été obligé de causer à ma mère. J'employai, pour lui arranger les choses de la manière qui pouvait lui être le moins pénible, quelques artifices auxquels j'eus peut-être tort de recourir. Ses lettres me déchiraient le cœur. Elle se figurait ma position encore plus difficile qu'elle ne l'était, et, comme, en me gâtant malgré notre pauvreté, elle m'avait rendu très délicat, elle croyait qu'une vie rude et commune ne pourrait jamais m'aller. « Toi qu'une pauvre petite souris empêchait de dormir, m'écrivait-elle, comment vas-tu faire?... » Elle passait ses journées à chanter les cantiques de Marseille, qui étaient son livre de prédilection[1], surtout le cantique de Joseph :

> O Joseph, ô mon aimable,
>    Fils affable,
> Les bêtes t'ont dévoré;
> Je perds avec toi l'envie
>    D'être en vie;
> Le Seigneur soit adoré!

Quand elle m'écrivait cela, mon cœur était navré. Dans mon enfance, j'avais l'habitude de lui demander dix fois par jour : « Maman, êtes-vous contente de moi? » Le sentiment

---

[1]. Recueil de cantiques du xviᵉ siècle, de la plus extrême naïveté. J'ai le vieux volume de ma mère; peut-être le décrirai-je un jour.

d'un déchirement entre elle et moi m'était cruel. Je m'ingéniais alors à inventer des moyens pour lui prouver que j'étais toujours le même « fils affable » que par le passé. Peu à peu, la blessure se cicatrisa. Quand elle me vit rester pour elle aussi bon et aussi tendre que je l'avais jamais été, elle admit volontiers qu'il y a plusieurs manières d'être prêtre et que rien n'était changé en moi que le costume ; et c'était bien la vérité.

Mon ignorance du monde était complète. Tout ce qui n'est pas dans les livres m'était inconnu. Comme, d'ailleurs, je n'ai jamais bien su que ce que j'ai appris à Saint-Sulpice, la conséquence a été qu'en affaires je suis toujours resté un enfant. Je ne fis donc aucun effort pour rendre ma situation aussi bonne que possible. Penser me paraissait l'objet unique de la vie. La carrière de l'instruction publique étant celle qui ressemble le plus à la cléricature, je la choisis presque sans réflexion. Certes, il était dur, après avoir touché à la plus haute culture de l'esprit et avoir occupé une place déjà honorée, de descendre au degré le plus humble. Je savais mieux que personne en France, après M. Le Hir, la théorie comparée des langues sémitiques, et ma position était celle du dernier maître d'étude; j'étais un savant et je n'étais pas bachelier. Mais la satisfaction intime de ma conscience me suffisait. Je n'eus jamais, au sujet de mes résolutions décisives du mois d'octobre 1845, une ombre de regret.

Une récompense, d'ailleurs me fut réservée dès le lendemain même de mon entrée dans la pension obscure où je devais occuper durant trois ans et demi la situation la plus chétive. Parmi les élèves, il y en avait un qui, à raison de ses succès et de son avancement, occupait un rang à part dans la maison. Il avait dix-huit ans, et déjà l'esprit philosophique, l'ardeur concentrée, la passion du vrai, la sagacité d'invention, qui plus tard devaient rendre son nom célèbre, étaient visibles pour ceux qui le connaissaient; je veux parler de M. Berthelot. Ma chambre était contiguë à la sienne, et, dès le jour où nous nous connûmes, nous fûmes pris d'une vive amitié l'un pour l'autre. Notre ardeur d'apprendre était égale ; nos cultures avaient été très diverses. Nous mîmes en commun tout ce que nous savions ; il en résulta une petite chaudière où cuisaient ensemble des pièces assez disparates, mais où le bouillonnement était fort intense. Berthelot m'apprit ce qu'on n'enseignait pas au séminaire ; de mon côté, je me mis en devoir de lui apprendre la théologie et l'hébreu. Berthelot acheta une Bible hébraïque, qui est encore, je crois, non coupée dans sa bibliothèque. Je dois dire qu'il n'alla pas beaucoup au delà des *shevas*; le laboratoire me fit bientôt une concurrence victorieuse. Notre honnêteté et notre droiture s'embrassèrent. Berthelot me fit connaître son père, un de ces caractères de médecins accomplis comme Paris sait les produire. M. Berthelot père était chrétien gallican de l'ancienne école et d'opinions politiques très libérales. C'était le premier républicain que j'eusse vu ; une telle apparition m'étonna. Il était quelque chose de plus : je veux dire homme admirable par la charité et le dévouement. Il fit la carrière scientifique de son fils en lui permettant de se livrer, jusqu'à l'âge de plus de trente ans, à ses recherches spéculatives, sans fonction, ni concours, ni école, ni travail rémunérateur. En politique, Berthelot resta fidèle aux principes de son père. C'est là le seul point sur lequel nous ne soyons pas toujours d'accord; car, pour moi, je me résignerais volontiers, si l'occasion s'en présentait (je dois dire qu'elle s'éloigne de jour en jour), à servir, pour le plus grand bien de la pauvre humanité, à l'heure qu'il est si désemparée, un tyran philanthrope, instruit, intelligent et libéral.

Nos discussions étaient sans fin, nos conversations toujours renaissantes. Nous passions une partie des nuits à chercher, à travailler ensemble. Au bout de quelque temps, M. Berthelot, ayant achevé ses mathématiques spéciales au lycée Henri IV, retourna chez son père, qui demeurait au pied de la tour Saint-Jacques de la Boucherie. Quand il venait me voir, le soir, à la rue de l'Abbé-de-l'Épée, nous causions pendant des heures; puis j'allais le reconduire à la tour Saint-Jacques ; mais, comme d'ordinaire la question était loin d'être épuisée quand nous arrivions à sa porte, il me ramenait à Saint-Jacques du Haut-Pas ; puis je le reconduisais, et ce mouvement de va-et-vient se continuait nombre de fois. Il faut que les questions sociales et philosophiques soient bien difficiles pour que nous ne les ayons pas résolues dans notre effort désespéré. La crise de 1848 nous émut profondément. Pas plus que nous, cette année terrible ne devait résoudre les problèmes qu'elle posait. Mais elle montra la caducité d'une foule de choses tenues pour solides ; elle fut, pour les esprits jeunes et actifs, comme la chute d'un rideau de nuages qui dissimulait l'horizon.

Le lien de profonde affection qui s'établit ainsi entre M. Berthelot et moi fut certainement du genre le plus rare et le plus singulier. Le hasard rapprocha en nous deux natures essentiellement objectives, je veux dire aussi dégagées qu'il est possible de l'étroit tourbillon qui fait de la plupart des consciences un petit gouffre égoïste comme le trou conique du formica-leo. Habitués à nous regarder très peu nous-mêmes, nous nous regardions très peu l'un l'autre. Notre amitié consista en ce que nous nous apprenions mutuellement, en une sorte de commune fermentation qu'une remarquable conformité d'organisation intellectuelle produisait en nous devant les mêmes objets. Ce que nous avions vu à deux nous paraissait certain. Quand nous entrâmes en rapports, il me restait un attachement tendre pour le christianisme; Berthelot tenait aussi de son père un reste de croyances chrétiennes. Quelques mois suffirent pour reléguer ces vestiges de foi dans la partie de nos âmes consacrée aux souvenirs. L'affirmation que tout est d'une même couleur dans le monde, qu'il n'y a pas de surnaturel particulier ni de révélation momentanée, s'imposa d'une façon absolue à notre esprit. La claire vue scientifique d'un univers où n'agit d'une façon appréciable aucune volonté libre supérieure à celle de l'homme devint, depuis les premiers mois de 1846, l'ancre inébranlable sur laquelle nous n'avons jamais chassé. Nous n'y renoncerons que quand il nous sera donné de constater dans la nature un fait spécialement intentionnel, ayant sa cause en dehors de la volonté libre de l'homme ou de l'action spontanée des animaux.

Notre amitié fut ainsi quelque chose d'analogue à celle des deux yeux quand ils fixent un même objet et que, de deux images, résulte au cerveau une seule et même perception. Notre croissance intellectuelle était comme ces phénomènes qui se produisent par une sorte d'action de voisinage et de tacite complicité. M. Berthelot aimait autant que moi ce que je faisais; j'aimais son œuvre presque autant qu'il l'aimait lui-même. Jamais il n'y eut entre nous, je ne dirai pas une détente morale, mais une simple vulgarité. Nous avons toujours été l'un avec l'autre comme on est avec une femme qu'on respecte. Quand je cherche à me représenter l'unique paire d'amis que nous avons été, je me figure deux prêtres en surplis se donnant le bras. Ce costume ne les gêne pas pour causer des choses supérieures; mais l'idée ne leur viendrait pas, en un tel habillement, de fumer un cigare ensemble, ou de tenir d'humbles propos, ou de reconnaître les plus légitimes exigences du corps. Ce pauvre Flaubert ne put jamais comprendre ce que Sainte-Beuve raconte, dans son *Port-Royal,* de ces solitaires qui passaient leur vie dans la même maison en s'appelant *monsieur* jusqu'à la mort. C'est que Flaubert ne se faisait pas une idée de ce que sont des natures abstraites. Non seulement, M. Berthelot et moi, nous n'avons jamais eu l'un avec l'autre la moindre familiarité; mais nous rougirions presque de nous demander un service, même un conseil. Nous demander un service serait à nos yeux un acte de corruption, une injustice à l'égard du reste du genre humain; ce serait au moins reconnaître que nous tenons à quelque chose. Or nous savons si bien que l'ordre temporel est vide, vain, creux et frivole, que nous craignons de donner du corps même à l'amitié. Nous nous estimons trop pour convenir l'un vis-à-vis de l'autre d'une faiblesse. Également convaincus de l'insignifiance des choses passagères, épris du même goût de l'éternel, nous ne pourrions nous résigner à l'aveu d'une distraction consentie vers le fortuit et l'accidentel. Il est certain, en effet, que l'amitié ordinaire suppose qu'on n'est pas trop convaincu que tout est vain.

Dans la suite de la vie, une telle liaison a pu par moments cesser de nous être nécessaire. Elle reprend toute sa vivacité chaque fois que la figure de ce monde, qui change sans cesse, amène quelque tournant nouveau sur lequel nous avons à nous interroger. Celui d'entre nous qui mourra le premier laissera à l'autre un grand vide. Notre amitié me rappelle celle de François de Sales et du président Favre : « Elles passent donc ces années temporelles, monsieur mon frère; leurs mois se réduisent en semaines, les semaines en jours, les jours en heures et les heures en moments, qui sont ceux-là seuls que nous possédons; mais nous ne les possédons qu'à mesure qu'ils périssent... » La conviction de l'existence d'un objet éternel, embrassée quand on est jeune, donne à la vie une assiette particulière de solidité. — Que tout cela, direz-vous, est peu humain, peu naturel! Sans doute, mais on n'est fort qu'en contrariant la nature. L'arbre naturel n'a pas de beaux fruits. L'arbre produit de beaux fruits dès qu'il est en espalier, c'est-à-dire dès qu'il n'est plus un arbre.

## III

L'amitié de M. Berthelot et l'approbation de ma sœur furent les deux grandes consolations qui me soutinrent dans ce difficile moment où le sentiment d'un devoir abstrait envers la vérité m'imposa de changer, à vingt-trois ans, la direction d'une vie déjà si fortement engagée. Ce ne fut, en réalité, qu'un changement de domicile et d'extérieur. Le fond resta le même; la direction morale de ma vie sortit de cette épreuve très peu infléchie; l'appétit de vérité, qui était le mobile de mon existence, ne fut en rien diminué. Mes habitudes et mes manières ne se trouvèrent presque en rien modifiées.

Saint-Sulpice, en effet, avait laissé en moi une si forte trace, que, pendant des années, je restai sulpicien, non par la foi, mais par les mœurs. Cette éducation excellente, qui m'avait montré la perfection de la politesse en M. Gosselin, la perfection de la bonté en M. Carbon, la perfection de la vertu en M. Pinault, M. Le Hir, M. Gottofrey, avait donné à ma nature docile un pli ineffaçable. Mes études, vivement continuées hors du séminaire, me confirmèrent si absolument dans mes présomptions contre la théologie orthodoxe, qu'au bout d'un an j'avais peine à comprendre comment autrefois j'avais pu croire. Mais, la foi disparue, la morale reste; pendant longtemps, mon programme fut d'abandonner le moins possible du christianisme et d'en garder tout ce qui peut se pratiquer sans la foi au surnaturel. Je fis en quelque sorte le tirage des vertus du sulpicien, laissant celles qui tiennent à une croyance positive, retenant celles qu'un philosophe peut approuver. Telle est la force de l'habitude. Le vide fait quelquefois le même effet que le plein. *Est pro corde locus*. La poule à qui l'on a arraché le cerveau continue néanmoins, sous l'action de certains excitants, à se gratter le nez.

Je m'efforçai donc, en quittant Saint-Sulpice, de rester aussi sulpicien que possible Les études que j'avais commencées au séminaire m'avaient tellement passionné, que je ne songeais qu'à les reprendre. Une seule occupation me parut digne de remplir ma vie : c'était de poursuivre mes recherches critiques sur le christianisme par les moyens beaucoup plus larges que m'offrait la science laïque. Je me figurais toujours en la compagnie de mes maîtres, discutant avec eux les objections et leur prouvant que des pages entières de l'enseignement ecclésiastique sont à réformer. Quelque temps, je continuai de les voir, surtout M. Le Hir. Puis je sentis que les rapports de l'homme de foi avec l'incrédule deviennent vite assez pénibles, et je m'interdis des relations qui ne pouvaient plus avoir d'agrément ni de fruit que pour moi seul.

Dans l'ordre des idées critiques, je cédai également le moins possible, et c'est ce qui fait que, tout en étant rationaliste sans réserve, j'ai néanmoins plus d'une fois paru un conservateur dans les discussions relatives à l'âge et à l'authenticité des textes. La première édition de mon *Histoire générale des langues sémitiques* contient ainsi, en ce qui concerne l'Ecclésiaste et le Cantique des cantiques, des faiblesses pour les opinions traditionnelles que j'ai depuis successivement éliminées. Dans mes *Origines du christianisme*, au contraire, cette réserve m'a bien guidé; car, dans ce travail, je me suis trouvé en présence d'une école exagérée, celle des protestants de Tuingue, esprits sans tact littéraire et sans mesure, auxquels, par la faute des catholiques, les études sur Jésus et l'âge apostolique se sont trouvées presque exclusivement abandonnées. Quand la réaction viendra contre cette école, on trouvera peut-être que ma critique, d'origine catholique et successivement émancipée de la tradition, m'a fait bien voir certaines choses et m'a préservé de plus d'une erreur.

Mais c'est surtout par le caractère que je suis resté essentiellement l'élève de mes anciens maîtres. Ma vie, quand je la repasse, n'a été qu'une application de leurs qualités et de leurs défauts. Seulement, ces qualités et ces défauts, transportés dans le monde, ont amené les dissonances les plus originales. Tout est bien qui finit bien, et, le résultat de l'existence ayant été en somme pour moi très agréable, je m'amuse souvent, comme Marc-Aurèle sur les bords du Gran, à supputer ce que je dois aux influences diverses qui ont traversé ma vie et en ont fait le tissu. Eh bien, Saint-Sulpice m'en apparaît toujours comme le facteur principal. Je parle de tout cela fort à mon aise, car j'y ai peu de mérite. J'ai été bien élevé ; voilà tout. Ma douceur, qui vient souvent d'un fonds d'indifférence ; — mon indulgence, qui, elle, est très sincère et tient à ce que je vois clairement combien les hommes sont injustes les uns pour les autres ; — mes habitudes consciencieuses, qui sont pour moi un plaisir ; — la capacité indéfinie que j'ai de m'ennuyer, venant peut-être d'une inoculation d'ennui tellement forte en ma jeunesse, que j'y suis devenu réfractaire pour le reste de ma vie ; — tout cela s'explique par le milieu où j'ai vécu et les impressions profondes que j'ai reçues. Depuis ma sortie de Saint-Sulpice, je n'ai fait que baisser, et pourtant, avec le quart des vertus d'un sulpicien, j'ai encore été, je crois, fort au-dessus de la moyenne.

Il me plairait d'expliquer par le détail et de montrer comment la gageure paradoxale de garder les vertus cléricales, sans la foi qui leur sert de base et dans un monde pour lequel elles ne sont pas faites, produisit, en ce qui me concerne, les rencontres les plus divertissantes. J'aimerais à raconter toutes les aventures que mes vertus sulpiciennes m'amenèrent et les tours singuliers qu'elles m'ont joués. Après soixante ans de vie sérieuse, on a le droit de sourire : et où trouver une source de rire plus abondante, plus à portée, plus inoffensive qu'en soi-même ? Si jamais un auteur comique voulait amuser le public de mes ridicules, je ne lui demanderais qu'une seule chose, c'est de me prendre pour collaborateur ; je lui conterais des choses vingt fois plus amusantes que celles qu'il pourrait inventer. Mais je m'aperçois que je manque outrageusement à la première règle que mes excellents maîtres m'avaient donnée, qui est de ne jamais parler de soi. Je ne traiterai donc cette dernière partie de mon sujet que tout à fait en raccourci.

## IV

Quatre vertus me semblent résumer l'enseignement moral que me donnèrent, surtout par leurs exemples, les pieux directeurs qui m'entourèrent de leurs soins jusqu'à l'âge de vingt-trois ans : le désintéressement ou la pauvreté, la modestie, la politesse et la règle des mœurs. Je vais m'examiner sur ces quatre points, non pour relever le moins du monde mes propres mérites, mais pour fournir à ceux qui professent la philosophie du doute aimable l'occasion de faire, à mes dépens, quelques-unes de leurs fines observations.

1. — La pauvreté est celle des vertus de la cléricature que j'ai le mieux gardée. M. Olier avait fait faire dans son église un tableau où saint Sulpice établissait la règle fondamentale de ses clercs : *Habentes alimenta et quibus tegamur, his contenti sumus.* Voilà bien ma règle. Mon rêve serait d'être logé, nourri, vêtu, chauffé, sans que j'eusse à y penser, par quelqu'un qui me prendrait à l'entreprise et me laisserait toute ma liberté. Le régime qui s'établit pour moi le jour où j'entrai « au pair » dans la petite pension du faubourg Saint-Jacques devait être la base économique de toute ma vie. Une ou deux leçons particulières me permettaient de ne pas toucher aux douze cents francs de ma sœur. C'était bien la règle que j'avais vue observée par mes maîtres de Tréguier et de Saint-Sulpice : *Victum et*

*vestitum*, la table, le logement, et de quoi s'acheter une soutane par an. Je n'avais jamais désiré autre chose pour moi-même. La petite aisance que j'ai maintenant ne m'est venue que tard et malgré moi. J'envisage le monde comme m'appartenant, mais je n'en prends que l'usufruit. Je quitterai la vie sans avoir possédé d'autres choses que « celles qui se consomment par l'usage », selon la règle fransciscaine. Toutes les fois que j'ai voulu acheter un coin de terre quelconque, une voix intérieure m'en a empêché. Cela m'a semblé lourd, matériel, contraire au principe : *Non habemus hic manentem civitatem*. Les valeurs sont choses plus légères, plus éthérées, plus fragiles ; elles attachent moins, et on risque plus de les perdre.

Au train que prend maintenant le monde, c'est là un amer contresens, et, quoique la règle que j'ai choisie m'ait mené au bonheur, je ne conseillerais à personne de la suivre. Je suis maintenant trop vieux pour changer, et d'ailleurs je suis content; mais je croirais duper les jeunes gens en leur disant de faire de même. Tirer de soi toute la mouture qu'on en peut tirer, voilà ce qui devient la règle du monde. L'idée que le noble est celui qui ne gagne pas d'argent, et que toute exploitation commerciale ou industrielle, quelque honnête qu'elle soit, ravale celui qui l'exerce et l'empêche d'être du premier cercle humain, cette idée s'en va de jour en jour. Voilà ce que produit une différence de quarante ans dans les choses humaines. Tout ce que j'ai fait autrefois paraîtrait maintenant acte de folie, et parfois, en regardant autour de moi, je crois vivre dans un monde que je ne reconnais plus.

L'homme voué aux travaux désintéressés est un mineur dans les affaires du monde; il faut qu'il ait un tuteur. Or notre monde est assez vaste pour que toute place à prendre soit prise; tout emploi crée en quelque sorte celui qui doit le remplir. Je n'avais jamais imaginé que le produit de ma pensée pût avoir une valeur vénale. Toujours j'avais songé à écrire; mais je ne croyais pas que cela pût rapporter un sou. Quel fut mon étonnement le jour où je vis entrer dans ma mansarde un homme à la physionomie intelligente et agréable, qui me fit compliment sur quelques articles que j'avais publiés et m'offrit de les réunir en volumes! Un papier timbré qu'il avait apporté stipulait des conditions qui me parurent étonnamment généreuses; si bien que, quand il me demanda si je voulais que tous les écrits que je ferais à l'avenir fussent compris dans le même contrat, je consentis. Il me vint un moment l'idée de faire quelques observations; mais la vue du timbre m'interdit : l'idée que cette belle feuille de papier serait perdue m'arrêta. Je fis bien de m'arrêter. M. Michel Lévy avait dû être créé par un décret spécial de la Providence pour être mon éditeur. Un littérateur qui se respecte doit n'écrire que dans un seul journal, dans une seule revue, et n'avoir qu'un seul éditeur. M. Michel Lévy et moi n'eûmes ensemble que des rapports excellents. Plus tard, il me fit remarquer que le contrat qu'il m'avait présenté n'était pas assez avantageux pour moi, et il en substitua un autre plus large encore. Après cela, on me dit que je ne lui ai pas fait faire de mauvaises affaires. J'en suis enchanté. En tout cas, je peux dire que, s'il y avait en moi quelque capital de production littéraire, la justice voulait qu'il y eût sa large part; c'est bien lui qui l'avait découvert, je ne m'en étais jamais douté.

2. — Il est très difficile de prouver qu'on est modeste, puisque, du moment qu'on dit l'être, on ne l'est plus. Je le répète, nos vieux maîtres chrétiens avaient là-dessus une règle excellente, qui est de ne jamais parler de soi, ni en bien, ni en mal. Voilà le vrai; mais le public est ici le grand corrupteur. Il encourage au mal. Il induit l'écrivain à des fautes pour lesquelles il se montre ensuite sévère, comme la bourgeoisie réglée d'autrefois applaudissait le comédien et en même temps l'excluait de l'Église. « Damne-toi, pourvu que tu m'amuses! » voilà bien souvent le sentiment qu'il y a au fond des invitations, en apparence les plus flatteuses, du public. On réussit surtout par ses défauts. Quand je suis très content de moi, je suis approuvé de dix personnes. Quand je me laisse aller à de périlleux

abandons, où ma conscience littéraire hésite et où ma main tremble, des milliers me demandent de continuer.

Eh bien, malgré tout, et une fois l'indulgence obtenue pour les péchés véniels, oui, j'ai été modeste, et ce n'est pas sur ce point que j'ai manqué à mon programme de sulpicien obstiné. La vanité de l'homme de lettres n'est pas mon fait. Je ne partage pas l'erreur des jugements littéraires de notre temps. Je sais que jamais un vrai grand homme n'a pensé qu'il fût grand homme, et que, quand on broute sa gloire en herbe de son vivant, on ne la récolte pas en épis après sa mort. Je n'ai quelque temps fait cas de la littérature que pour complaire à M. Sainte-Beuve, qui avait sur moi beaucoup d'influence. Depuis qu'il est mort, je n'y tiens plus. Je vois très bien que le talent n'a de valeur que parce que le monde est enfantin. Si le public avait la tête assez forte, il se contenterait de la vérité. Ce qu'il aime, ce sont presque toujours des imperfections. Mes adversaires, pour me refuser d'autres qualités qui contrarient leur apologétique, m'accordent si libéralement du talent, que je puis bien accepter un éloge qui dans leur bouche est une critique. Du moins n'ai-je jamais cherché à tirer parti de cette qualité inférieure, qui m'a plus nui comme savant qu'elle ne m'a servi par elle-même. Je n'y ai fait aucun fond. Jamais je n'ai compté sur mon prétendu talent pour vivre ; je ne l'ai nullement fait valoir. Ce pauvre Beulé, qui me regardait avec une sorte de curiosité affectueuse mêlée d'étonnement, ne revenait pas que j'en fisse si peu d'usage. J'ai toujours été le moins littéraire des hommes. Aux moments qui ont décidé de ma vie, je ne me doutais nullement que ma prose aurait le moindre succès.

Ce succès, je n'y ai point aidé. Qu'il me soit permis de le dire : il eût été plus grand si j'avais voulu. Je n'ai nullement cultivé ma veine ; je me suis plutôt appliqué à la dériver. Le public aime qu'on soit absolument ce que l'on est; il veut qu'on ait sa spécialité ; il n'accorde jamais à un homme des maîtrises opposées. Si j'avais voulu faire un *crescendo* d'anticléricalisme après la *Vie de Jésus*, quelle n'eût pas été ma popularité! La foule aime le style voyant. Il m'eût été loisible de ne pas me retrancher ces pendeloques et ces clinquants qui réussissent chez d'autres et provoquent l'enthousiasme des médiocres connaisseurs, c'est-à-dire de la majorité. J'ai passé un an à éteindre le style de la *Vie de Jésus*, pensant qu'un tel sujet ne pouvait être traité que de la manière la plus sobre et la plus simple. Or on sait combien la déclamation a d'attrait pour les masses. Je n'ai jamais forcé mes opinions pour me faire écouter. Ce n'est pas ma faute si, par suite du mauvais goût du temps, un filet de voix claire a retenti au milieu de notre nuit, comme répercuté par mille échos.

**3.** — Sur le chapitre de la politesse, je trouverai moins d'objections que sur celui de la modestie ; car, à s'en tenir aux apparences, j'ai été beaucoup plus poli que modeste. La civilité extrême de mes vieux maîtres m'avait laissé un si vif souvenir, que je n'ai jamais pu m'en détacher. C'était la vraie civilité française, je veux dire celle qui s'exerce, non seulement envers les personnes que l'on connaît, mais envers tout le monde sans exception[1]. Une telle politesse implique un parti général sans lequel je ne conçois pas pour la vie d'assiette commode ; c'est que toute créature humaine, jusqu'à preuve du contraire, doit être tenue pour bonne et traitée avec bienveillance. Beaucoup de personnes, surtout en certains pays, suivent la règle justement opposée ; ce qui les mène à de grandes injustices. Pour moi, il m'est impossible d'être dur pour quelqu'un *a priori.* Je suppose que tout homme que je vois pour la première fois doit être un homme de mérite et un homme de bien, sauf à changer d'avis (ce qui m'arrive souvent) si les faits m'y forcent. C'est ici la règle sulpicienne qui, dans le monde, m'a mené aux situations les plus singulières et a fait le plus souvent de moi un être démodé, d'ancien régime, étranger à son temps. La vieille poli-

---

[1]. J'ajouterai même envers les animaux. Il me serait impossible de manquer d'égards envers un chien, de le traiter rudement et avec un air d'autorité.

tesse, en effet, n'est plus guère propre qu'à faire des dupes. Vous donnez, on ne vous rend pas. La bonne règle à table est de se servir toujours très mal, pour éviter la suprême impolitesse de paraître laisser aux convives qui viennent après vous ce qu'on a rebuté. Peut-être vaut-il mieux encore prendre la part qui est la plus rapprochée de vous, sans la regarder. Celui qui, de nos jours, porterait dans la bataille de la vie une telle délicatesse serait victime sans profit; son attention ne serait même pas remarquée. « Au premier occupant » est l'affreuse règle de l'égoïsme moderne. Observer, dans un monde qui n'est plus fait pour la civilité, les bonnes règles de l'honnêteté d'autrefois, ce serait jouer le rôle d'un véritable niais, et personne ne vous en saurait gré. Dès qu'on se sent poussé par des gens qui veulent prendre les devants, le devoir est de se reculer, d'un air qui signifie : « Passez, monsieur. » Mais il est clair que celui qui tiendrait à cette prescription en omnibus, par exemple, serait victime de sa déférence; je crois même qu'il manquerait aux règlements.

En chemin de fer, combien y en a-t-il qui sentent que se presser sur le quai pour gagner les autres de vitesse et s'assurer de la meilleure place est une suprême grossièreté?

En d'autres termes, nos machines démocratiques excluent l'homme poli. J'ai renoncé depuis longtemps à l'omnibus; les conducteurs arrivaient à me prendre pour un voyageur sans sérieux. En chemin de fer, à moins que je n'aie la protection d'un chef de gare, j'ai toujours la dernière place. J'étais fait pour une société fondée sur le respect, où l'on est salué, classé, placé d'après son costume, où l'on n'a point à se protéger soi-même. Je ne suis à l'aise qu'à l'Institut et au Collège de France, parce que nos employés sont tous des hommes très bien élevés et nous témoignent une haute estime. L'habitude de l'Orient de ne marcher dans les rues que précédé d'un kavas me convenait assez; car la modestie est relevée par l'appareil de la force. Il est bien d'avoir sous ses ordres un homme armé d'une courbache dont on l'empêche de se servir. Je serais assez aise d'avoir le droit de vie et de mort, pour ne pas en user, et j'aimerais fort à posséder des esclaves, pour être extrêmement doux avec eux et m'en faire adorer.

4. — Mes idées cléricales m'ont encore bien plus dominé en tout ce qui touche à la règle des mœurs. Il m'eût semblé qu'il y avait de ma part un manque de bienséance à changer sur ce point mes habitudes austères. Les gens du monde, dans leur ignorance des choses de l'âme, croient, en général, qu'on ne quitte l'état ecclésiastique que pour échapper à des devoirs trop pesants. Je ne me serais point pardonné de prêter une apparence de raison à des manières de voir aussi superficielles. Consciencieux comme je le suis, je voulus être en règle avec moi-même et je continuai de vivre dans Paris ainsi que j'avais fait au séminaire. Plus tard, je vis bien la vanité de cette vertu comme de toutes les autres; je reconnus, en particulier, que la nature ne tient pas du tout à ce que l'homme soit chaste. Je n'en persistai pas moins, par convenance, dans la vie que j'avais choisie, et je m'imposai les mœurs d'un pasteur protestant. L'homme

ne doit jamais se permettre deux hardiesses à la fois. Le libre penseur doit être réglé en ses mœurs. Je connais des ministres protestants, très larges d'idées, qui sauvent tout par leur cravate blanche irréprochable. J'ai de même fait passer ce que la médiocrité humaine regarde comme des hardiesses grâce à un style modéré et à des mœurs graves.

Les raisonnements du monde en ce qui concerne les rapports des deux sexes sont bizarres comme les volontés de la nature elle-même. Le monde, dont les jugements sont rarement tout à fait faux, voit une sorte de ridicule à être vertueux quand on n'y est pas obligé par un devoir professionnel. Le prêtre, ayant pour état d'être chaste, comme le soldat d'être brave, est, d'après ces idées, presque le seul qui puisse sans ridicule tenir à des principes sur lesquels la morale et la mode se livrent les plus étranges combats. Il est hors de doute qu'en ce point, comme en beaucoup d'autres, mes principes cléricaux, conservés dans le siècle, m'ont nui aux yeux du monde. Ils ne m'ont pas nui pour le bonheur. Les femmes ont, en général, compris ce que ma réserve affectueuse renfermait de respect et de sympathie pour elles. En somme, j'ai été aimé des quatre femmes dont il m'importait le plus d'être aimé, ma mère, ma sœur, ma femme et ma fille. Ma part a été bonne et ne me sera pas enlevée; car je m'imagine souvent que les jugements qui seront portés sur chacun de nous dans la vallée de Josaphat ne seront autres que les jugements des femmes, contresignés par l'Éternel.

Ainsi, tout bien examiné, je n'ai manqué presque en rien à mes promesses de cléricature. Je suis sorti de la spiritualité pour rentrer dans l'idéalité. J'ai observé mes engagements mieux que beaucoup de prêtres en apparence très réguliers. En m'obstinant à conserver dans le monde des vertus de désintéressement, de politesse, de modestie qui n'y sont pas applicables, j'ai donné la mesure de ma naïveté. Je n'ai jamais cherché le succès; je dirai presque qu'il m'ennuie. Le plaisir de vivre et de produire me suffit. Ce qu'il y a d'égoïste dans cette façon de jouir du plaisir d'exister est corrigé par les sacrifices que je crois avoir faits au bien public. J'ai toujours été aux ordres de mon pays; sur un signe, en 1869, je me mis à sa disposition. Peut-être lui aurais-je rendu quelques services; il ne l'a pas cru; je suis en règle. Je n'ai jamais flatté les erreurs de l'opinion; je n'ai pas manqué une seule occasion d'exposer ces erreurs, jusqu'à en paraître aux superficiels un mauvais patriote. On n'est pas obligé au charlatanisme ni au mensonge pour obtenir un mandat dont la première condition est l'indépendance et la sincérité. Dans les malheurs publics qui pourront venir, j'aurai donc ma conscience tout à fait en repos.

Tout pesé, si j'avais à recommencer ma vie, avec le droit d'y faire des ratures, je n'y changerais rien. Les défauts de ma nature et de mon éducation, par suite d'une sorte de providence bienveillante, ont été atténués et réduits à être de peu de conséquence. Un certain manque apparent de franchise dans le commerce de la vie m'est pardonné par mes amis, qui mettent cela sur le compte de mon éducation cléricale. Je l'avoue, dans la première partie de ma vie, je mentais assez souvent, non par intérêt, mais par bonté, par dédain, par la fausse idée qui me porte toujours à présenter les choses à chacun comme il peut les comprendre. Ma sœur me montra très fortement les inconvénients de cette manière d'agir, et j'y renonçai. Depuis 1851, je ne crois pas avoir fait un seul mensonge, excepté naturellement les mensonges joyeux, de pure eutrapélie, les mensonges officieux et de politesse, que tous les casuistes permettent, et aussi les petits faux-fuyants littéraires exigés, en vue d'une vérité supérieure, par les nécessités d'une phrase bien équilibrée ou pour éviter un plus grand mal, qui est de poignarder un auteur. Un poète, par exemple, vous présente ses vers. Il faut bien dire qu'ils sont admirables, puisque sans cela ce serait dire qu'ils ne valent rien et faire une sanglante injure à un homme qui a eu l'intention de vous faire une politesse.

Il a fallu bien plus d'indulgence à mes amis pour me pardonner un autre défaut : je veux parler d'une certaine froideur, non à les aimer, mais à les servir. Une des choses les plus recommandées au séminaire était d'éviter « les amitiés particulières ». De telles amitiés étaient présentées comme un vol fait à la communauté. Cette règle m'est restée très profondément gravée dans l'esprit. J'ai peu encouragé l'amitié ; j'ai fait peu de chose pour mes amis, et ils ont fait peu de chose pour moi. Une des idées que j'ai le plus souvent à combattre, c'est que l'amitié, comme on l'entend d'ordinaire, est une injustice, une erreur, qui ne vous permet de voir que les qualités d'un seul et vous ferme les yeux sur les qualités d'autres personnes plus dignes peut-être de votre sympathie. Je me dis quelquefois, selon les idées de mes anciens maîtres, que l'amitié est un larcin fait à la société humaine et que, dans un monde supérieur, l'amitié disparaîtrait. Quelquefois même je suis blessé, au nom de la bienveillance générale, de voir l'attachement particulier qui lie deux personnes ; je suis tenté de m'écarter d'elles comme de juges faussés, qui n'ont plus leur impartialité ni leur liberté. Cette société à deux me fait l'effet d'une coterie qui rétrécit l'esprit, nuit à la largeur d'appréciation et constitue la plus lourde chaîne pour l'indépendance. Beulé me plaisantait souvent sur ce travers. Il m'aimait assez et essaya de me rendre service, quoique je n'eusse rien fait pour lui. Dans une circonstance, je votai contre lui pour une personne qui s'était montrée malveillante à mon égard. « Renan, me dit-il, je vais vous faire quelque mauvais trait; par impartialité, vous voterez pour moi. »

Tout en ayant beaucoup aimé mes amis, je leur ai donc très peu donné. Le public m'a eu autant qu'eux. Voilà pourquoi je reçois un si grand nombre de lettres d'inconnus et d'anonymes; voilà pourquoi aussi je suis si mauvais correspondant. Il m'est arrivé fréquemment, en écrivant une lettre, de m'arrêter pour tourner en propos général les idées qui me venaient. Je n'ai existé pleinement que pour le public. Il a eu tout de moi; il n'aura après ma mort aucune surprise: je n'ai rien réservé pour personne.

Ayant ainsi préféré par instinct tous à quelques-uns, j'ai eu la sympathie de mon siècle, même de mes adversaires, et cependant peu d'amis. Dès qu'un peu de chaleur commence à naître, mon principe sulpicien : « Pas d'amitiés particulières, » vient comme un glaçon troubler le jeu de toutes les affinités. A force d'être juste, j'ai été peu serviable. Je vois trop bien que, rendre un bon service à quelqu'un, c'est d'ordinaire en rendre un mauvais à un autre; que s'intéresser à un compétiteur, c'est le plus souvent commettre un passe-droit envers son rival. L'image de l'inconnu que je lèse vient ainsi m'arrêter tout court dans mon zèle. Je n'ai obligé presque personne; je n'ai pas su comment l'on réussit à faire donner un bureau de tabac. Cela m'a rendu sans influence en ce monde. Mais cela m'a été bon au point de vue littéraire. Mérimée eût été un homme de premier ordre s'il n'eût pas eu d'amis. Ses amis se l'approprièrent. Comment peut-on écrire des lettres quand on a la facilité de parler à tous? La personne à qui vous écrivez vous rapetisse; vous êtes obligé de prendre sa mesure. Le public a l'esprit plus large que n'importe qui. « Tous » renferme beaucoup de sots ; c'est vrai ; mais « tous » renferme les quelques milliers d'hommes ou de femmes d'esprit pour qui seuls le monde existe. Écrivez en vue de ceux-là.

## V

Je termine ici ces souvenirs, en demandant pardon au lecteur de la faute insupportable qu'un tel genre fait commettre à chaque ligne. L'amour-propre est si habile en ses calculs secrets, que, tout en faisant la critique de soi-même, on est suspect de ne pas y aller de franc jeu. Le danger, en pareil cas, est, par une petite rouerie inconsciente, d'avouer, avec une humilité sans grand mérite, des défauts légers et tout extérieurs pour s'attribuer par ricochet de grandes qualités. Ah! le subtil démon que celui de la vanité! Aurais-je, par hasard, été sa dupe? Si les gens de goût me reprochent de m'être montré fils de mon siècle en prétendant ne pas l'être, je les prie d'être bien persuadés au moins que cela ne m'arrivera plus.

Claudite jam rivos, pueri; sat prata biberunt.

Il me reste trop de choses à faire pour que je m'amuse désormais à un jeu que plusieurs taxeront de frivole. Ma famille maternelle de Lannion, du côté de laquelle vient mon tempérament, a offert beaucoup de cas de longévité; mais des troubles persistants me portent à croire que l'hérédité sera dérangée en ce qui me concerne. Dieu soit loué, si c'est pour m'épargner des années de décadence et d'amoindrissement, qui sont la seule chose dont j'aie horreur! Le temps qui peut me rester à vivre, en tout cas, sera consacré à des recherches de pure vérité objective. Si ces lignes étaient les dernières confidences que j'échange avec le public, qu'il me permette de le remercier de la façon intelligente et sympathique dont il m'a soutenu. Autrefois toute la faveur à laquelle pouvait aspirer l'homme qui maintenait sa personnalité en dehors des routines établies était d'être toléré. Mon siècle et mon pays ont eu pour moi bien plus d'indulgence. Malgré de sensibles défauts, malgré l'humilité de son origine, ce fils de paysans et de pauvres marins, couvert du triple ridicule d'échappé de séminaire, de clerc défroqué, de cuistre endurci, on l'a tout d'abord accueilli, écouté, choyé même, uniquement parce qu'on trouvait dans sa voix des accents sincères. J'ai eu d'ardents adversaires, je n'ai pas eu un ennemi personnel. Les deux seules ambitions que j'aie avouées, l'Institut et le Collège de France, ont été satisfaites. La France m'a fait bénéficier des faveurs qu'elle réserve à tout ce qui est libéral, de sa langue admirable, de sa belle tradition littéraire, de ses règles de tact, de l'audience dont elle jouit dans le monde. L'étranger même m'a aidé dans mon œuvre autant que mon pays; je mourrai ayant au cœur l'amour de l'Europe autant que l'amour de la France; je voudrais parfois me mettre à genoux pour la supplier de ne pas se diviser par des jalousies fratricides, de ne pas oublier son devoir, son œuvre commune, qui est la civilisation.

Presque tous les hommes avec lesquels j'ai été en rapport ont été pour moi d'une bienveillance extrême. Au sortir du séminaire, je traversai, ainsi que je l'ai dit, une période de solitude, où je n'eus pour me soutenir que les lettres de ma sœur et les entretiens de M. Berthelot; mais bientôt je trouvai de tous côtés des sourires et des encouragements. M. Egger, dès les premiers mois de 1846, devenait mon ami et mon guide dans l'œuvre difficile de reprendre tardivement mes études classiques. Eugène Burnouf, sur la vue d'un essai bien imparfait que je présentai au concours du prix Volney, en 1847, m'adopta comme son élève. M. et madame Adolphe Garnier furent pour moi de la plus grande bonté. C'était un couple charmant Madame Garnier, rayonnante de grâce et de naturel, fut ma première admiration dans un genre de beauté dont la théologie m'avait sevré. M. Victor Le Clerc faisait revivre devant mes yeux toutes les qualités d'étude et de savante application de mes anciens maîtres. Dès mon séjour à Saint-Sulpice, j'avais appris à l'estimer : c'était le seul laïque dont ces messieurs fissent cas; ils lui enviaient son extraordinaire érudition ecclésiastique. M. Cousin, quoiqu'il m'ait plus d'une fois témoigné de l'amitié, était trop entouré de disciples pour que j'essayasse de percer cette foule, un peu liée à la parole du maître. M. Augustin Thierry, au contraire, fut pour moi un vrai père spirituel. Ses conseils me sont tous présents à l'esprit, et c'est à lui que je dois d'avoir évité dans ma manière d'écrire quelques défauts tout à fait choquants, que de moi-même je n'aurais peut-être pas découverts. C'est par lui que je connus la famille Scheffer, à laquelle je dois une compagne qui s'est toujours montrée si parfaitement assortie aux conditions assez serrées de mon programme de vie, que parfois je suis tenté, en réfléchissant à tant d'heureuses coïncidences, de croire à la prédestination.

Ma philosophie, selon laquelle le monde dans son ensemble est plein d'un souffle divin, n'admet pas les volontés particulières dans le gouvernement de l'univers. La providence individuelle, comme on l'entendait autrefois, n'a jamais été prouvée par un fait caractérisé. Sans cela, certainement, je m'inclinerais reconnaissant devant des concours de circonstances où un esprit moins dominé que le mien par les raisonnements généraux verrait les traces d'une protection particulière de dieux bienveillants. Les hasards qu'il faut pour amener un terne ou un quaterne ne sont rien auprès de ce qu'il a fallu pour que la combinaison dont je touche es fruits ne fût pas dérangée. Si mes origines eussent été moins disgraciées selon le monde, je ne fusse point entré, je n'eusse point persévéré dans cette royale voie de la vie selon l'esprit, à laquelle un vœu de nazaréen m'attacha dès mon enfance. Le déplacement d'un atome rompait la chaîne de faits fortuits qui, au fond de la Bretagne, me prépara pour une vie d'élite; qui me fit venir de Bretagne à Paris ; qui, à Paris, me conduisit dans la maison de France où l'on pouvait recevoir l'éducation la plus sérieuse; qui, au sortir du séminaire, me fit éviter deux ou trois fautes mortelles, lesquelles m'auraient perdu ; qui, en voyage, me tira de certains dangers où, selon les chances ordinaires, je devais succomber ; qui fit, en particulier, que le docteur Suquet put venir à Amschit me tirer des bras de la mort, où j'étais déjà enserré. Je ne conclus rien de là, sinon que l'effort inconscient vers le bien et le vrai qui est dans l'univers joue son coup de dé par chacun de nous. Tout arrive, les quaternes comme le reste. Nous pouvons déranger le dessein providentiel dont nous sommes l'objet ; nous ne sommes pour presque rien dans sa réussite. *Quid habes quod non accepisti?* Le dogme de la grâce est le plus vrai des dogmes chrétiens.

Mon expérience de la vie a donc été fort douce, et je ne crois pas qu'il y ait eu, dans la mesure de conscience que comporte maintenant notre planète, beaucoup d'êtres plus heureux que moi. J'ai eu un goût vif de l'univers. Le scepticisme subjectif a pu m'obséder par moments ; il ne m'a jamais fait sérieusement douter de la réalité ; ses objections sont par moi tenues en séquestre dans une sorte de parc d'oubli ; je n'y pense jamais. Ma paix d'esprit est parfaite. D'un autre côté, j'ai trouvé une bonté extrême dans la nature et dans la société. Par suite de la chance particulière qui s'est étendue à toute ma vie et qui a fait que je n'ai rencontré sur mon chemin que des hommes excellents, je n'ai jamais eu à changer violemment les partis pris généraux que j'avais adoptés. Une bonne humeur, difficilement altérable, résultat d'une bonne santé morale, résultat elle-même d'une âme bien équilibrée et d'un corps supportable, malgré ses défauts, m'a jusqu'ici maintenu dans une philosophie tranquille, soit qu'elle se traduise en optimisme reconnaissant, soit qu'elle aboutisse à une ironie gaie. Je n'ai jamais beaucoup souffert. Il ne dépendrait que de moi de croire que la nature a plus d'une fois mis des coussins pour m'épargner les chocs trop rudes. Une fois, lors de la mort de ma sœur, elle m'a, à la lettre, chloroformé pour que je ne fusse pas témoin d'un spectacle qui eût peut-être fait une lésion rofonde dans mes sens et nui à la sérénité ultérieure de ma pensée.

Ainsi, sans savoir au juste qui je dois remercier, pourtant je remercie. J'ai tant joui dans cette vie, que je n'ai vraiment pas le droit de réclamer une compensation d'outre-tombe; c'est pour d'autres raisons que je me fâche parfois contre la mort; elle est égalitaire à un degré qui m'irrite; c'est une démocrate qui nous traite à coups de dynamite; elle devrait au moins attendre, prendre notre heure, se mettre à notre disposition. Je reçois plusieurs fois par an une lettre anonyme, contenant ces mots, toujours de la même écriture : « Si pourtant il y avait un enfer! » Sûrement la personne pieuse qui m'écrit cela veut le salut de mon âme, et je la remercie. Mais l'enfer est une hypothèse bien peu conforme à ce que nous savons par ailleurs de la bonté divine. D'ailleurs, la main sur la conscience, s'il y en a un, je ne crois pas l'avoir mérité. Un peu de purgatoire serait peut-être juste; j'en accepterais la chance, puisqu'il y aurait le paradis ensuite, et que de bonnes âmes me gagneraient, j'espère, des indulgences pour m'en tirer. L'infinie bonté que j'ai rencontrée en ce monde m'inspire la conviction que l'éternité est remplie par une bonté non moindre, en qui j'ai une confiance absolue.

Et maintenant je ne demande plus au bon génie qui m'a tant de fois guidé, conseillé, consolé, qu'une mort douce et subite, pour l'heure qui m'est fixée, proche ou lointaine. Les stoïciens soutenaient qu'on a pu mener la vie bienheureuse dans le ventre du taureau de Phalaris. C'est trop dire. La douleur abaisse, humilie, porte à blasphémer. La seule mort acceptable est la mort noble, qui est non un accident pathologique, mais une fin voulue et précieuse devant l'Éternel. La mort sur le champ de bataille est la plus belle de toutes; il y en a d'autres illustres. Si parfois j'ai pu désirer d'être sénateur, c'est que j'imagine que, sans tarder peut-être, ce mandat fournira de belles occasions de se faire assommer, fusiller, des formes de trépas, enfin, bien préférables à une longue maladie qui vous tue lentement et par démolitions successives. La volonté de

Dieu soit faite! Désormais, je n'apprendrai plus grand'chose ; je vois bien à peu près ce que l'esprit humain, au moment actuel de son développement, peut apercevoir de la vérité. Je serais désolé de traverser une de ces périodes d'affaiblissement où l'homme qui a eu de la force et de la vertu n'est plus que l'ombre et la ruine de lui-même, et souvent, à la grande joie des sots, s'occupe à détruire la vie qu'il avait laborieusement édifiée. Une telle vieillesse est le pire don que les dieux puissent faire à l'homme. Si un tel sort m'était réservé, je proteste d'avance contre les faiblesses qu'un cerveau ramolli pourrait me faire dire ou signer. C'est Renan sain d'esprit et de cœur, comme je le suis aujourd'hui, ce n'est pas Renan à moitié détruit par la mort et n'étant plus lui-même, comme je le serai si je me décompose lentement, que je veux qu'on croie et qu'on écoute. Je renie les blasphèmes que les défaillances de la dernière heure pourraient me faire prononcer contre l'Éternel. L'existence qui m'a été donnée sans que je l'eusse demandée a été pour moi un bienfait. Si elle m'était offerte, je l'accepterais de nouveau avec reconnaissance. Le siècle où j'ai vécu n'aura probablement pas été le plus grand, mais il sera tenu sans doute pour le plus amusant des siècles. A moins que mes dernières années ne me réservent des peines bien cruelles, je n'aurai, en disant adieu à la vie, qu'à remercier la cause de tout bien de la charmante promenade qu'il m'a été donné d'accomplir à travers la réalité.

# APPENDICE

L'impression de ce volume était achevée quand M. l'abbé Cognat a publié, dans *le Correspondant* (25 janvier 1883), les lettres que je lui écrivis en 1845 et 1846[1]. Quelques amis m'ayant témoigné les avoir lues avec intérêt, je les reproduis ici.

Tréguier, 24 août 1845.

Mon cher ami,

Peu d'événements considérables, mais beaucoup de pensées et de sentiments se sont pressés pour moi depuis le jour de notre séparation. Je cède d'autant plus volontiers au besoin de vous les dire, que je n'ai personne ici à qui je les puisse confier. Sans doute

---

1. Voir ci-dessus, p. 314-315.

je ne suis pas seul quand je suis auprès de ma mère ; mais que de choses que ma tendresse pour elle me commande de lui taire, et qu'après tout elle ne pourrait comprendre !...

Nul fait important n'est venu avancer la solution du grand problème qui me préoccupe à si juste titre. Je n'ai rien appris, sinon l'énormité du sacrifice que Dieu allait exiger de moi. Mille circonstances désolantes que je ne soupçonnais pas sont venues compliquer ma situation et me prouver que le parti que ma conscience me conseillait ouvrait devant moi un abîme de peines. Il me faudrait de longs et pénibles détails pour vous les faire comprendre : qu'il vous suffise de savoir que les obstacles dont nous avons quelquefois causé ne sont rien en comparaison de ceux que j'ai vus tout à coup surgir devant moi. Mépriser une opinion qui sera bien sévère, traverser de longues années d'une vie pénible pour arriver à un but incertain, était déjà beaucoup, mais ne suffisait pas. Dieu me commande encore de percer de ma propre main un cœur sur lequel s'est déversée toute l'affection du mien. L'amour filial avait absorbé en moi toutes les autres affections dont j'étais capable et auxquelles Dieu ne m'a pas appelé ; et puis il y avait entre ma mère et moi des liens tout spéciaux tenant à mille circonstances délicates qu'on ne peut que sentir. Eh bien, c'est là que Dieu a placé mon sacrifice le plus pénible. Je ne lui ai parlé encore que de l'Allemagne, et cela a suffi pour la désoler. O mon Dieu ! que sera-ce ?... Ses caresses me désolent ; ses beaux rêves, dont ell me parle sans cesse et que je n'ai pas le courage d contredire, me navrent le cœur. Elle est là, à deux pas de moi, pendant que je vous écris ces lignes. Ah! si elle savait!... Je lui sacrifierais tout, excepté mon devoir et ma conscience. Oui, si Dieu me demandait, pour lui épargner cette peine, d'éteindre ma pensée, de me condamner à une vie simple et vulgaire, j'accepterais. Que de fois j'ai cherché à me mentir à moi-même ? Mais est-il au pouvoir de l'homme de croire ou de ne pas croire? Je voudrais qu'il me fût possible d'étouffer la faculté qui en moi requiert l'examen; c'est elle qui a fait mon malheur. Heureux les enfants qui ne font toute leur vie que dormir et rêver! Je vois autour de moi des hommes purs et simples auxquels le christianisme a suffi pour les rendre vertueux et heureux; mais j'ai remarqué que nul d'entre eux n'a la faculté critique; qu'ils en bénissent Dieu!

Je suis ici choyé, caressé, plus que je ne peux vous le dire; cela me désole. Ah! s'ils savaient ce qui se passe dans mon cœur! Je tremble quelquefois de voir en ma conduite une sorte d'hypocrisie; mais j'ai sérieusement raisonné là-dessus ma conscience : Dieu me garde de scandaliser ces simples !

Quand je considère dans quel inextricable filet Dieu m'a englobé tandis que je dormais, il me vient des pensées de fatalisme; et souvent j'ai pu pécher en cela; pourtant je n'ai jamais douté de mon Père qui est au ciel, ni de sa bonté. Toujours, au contraire, je l'ai remercié; jamais je ne l'avais touché de plus près que dans ces moments-là. Le cœur n'apprend que par la souffrance, et je crois, comme Kant, que Dieu ne s'apprend que par le cœur. Alors aussi j'étais chrétien et j'ai juré que je le serais toujours. Mais l'orthodoxie est-elle critique? Ah! si j'étais né protestant en Allemagne!... Là était ma place. Herder a bien été évêque, et certes il n'était que chrétien; mais, dans le catholicisme, il faut être orthodoxe. C'est une barre de fer; il n'entend pas raison.

Pardonnez-moi, mon ami, un souhait comme celui que je viens d'énoncer, et que je ne fais même pas en ma partie qui croit encore sans savoir pourquoi. Vous êtes obligé, pour être orthodoxe, de croire que je suis en cet état par ma faute; cela est dur. Pourtant je suis bien disposé à croire qu'il y a beaucoup de ma faute. Celui qui connaît son cœur dira toujours: « Oui, oui! » sitôt qu'on lui dira: « C'est ta faute. » Rien dans ma position ne m'est plus facile à admettre que cela. Je ne serai pas aussi tenace que Job sur le chapitre de mon innocence. Me croirais-je pur, je prierais seulement Dieu d'avoir pitié de moi. Cette lecture de Job me ravit; j'y trouve tout mon cœur; là est le divin de la poésie, j'entends la haute poésie. Elle vous fait toucher ces mystères qu'on sent en son propre cœur, et qu'on cherche péniblement à se formuler.

Je continue cependant avec courage l'avancement de ma pensée. Rien ne me fera abandonner cette œuvre, dussé-je être obligé de la sacrifier en apparence à l'acquisition de mon pain matériel. Dieu, pour me soutenir, m'avait réservé pour ce moment un vrai événement intellectuel et moral. J'ai étudié l'Allemagne et j'ai cru entrer dans un temple. Tout ce que j'y ai trouvé est pur, élevé, moral, beau et touchant. O mon âme, oui, c'est un trésor, c'est la continuation de Jésus-Christ. Leur morale me transporte. Ah! qu'ils sont doux et forts! Je crois que le Christ nous viendra de là. Je considère cette apparition d'un nouvel esprit comme un fait analogue à la naissance du christianisme, sauf la différence de forme. Mais ceci importe peu; car il est sûr que, quand le fait rénovateur du monde reviendra, il ne ressemblera pas pour le mode de son accomplissement à celui qui a déjà eu lieu. Je suis avec attention l'étonnant mouvement enthousiaste qui la travaille en ce moment dans le Nord. M. Cousin vient de partir afin de l'étudier aussi de plus près. Je veux parler de Ronge et de Czerski, dont vous avez dû entendre parler. Dieu me pardonne de les aimer, même quand ils ne seraient pas purs: car ce que j'aime en eux, comme dans tous les autres hommes à qui je voue mon enthousiasme, c'est un certain type beau et moral que je m'en forme; c'est mon idéal que j'aime en eux. Maintenant sont-ils conformes à ce type? C'est ce qui m'importe assez peu.

Oui, cette Allemagne me ravit, moins dans sa partie scientifique que dans son esprit moral. La morale de Kant est bien supérieure à toute sa logique ou philosophie intellectuelle, et nos Français n'en ont pas dit un mot. Cela se comprend; nos hommes du jour n'ont pas de sens moral. La France me paraît de plus en plus un pays voué à la nullité pour le grand œuvre du renouvellement de la vie dans l'humanité. On n'y trouve qu'une orthodoxie sèche, anticritique, raide, inféconde, petite : type Saint-Sulpice; ou bien un niais creux et superficiel, plein d'affectation et d'exagération : le néo-catholicisme ; ou bien enfin une philosophie sèche et sans cœur, revêche et méprisante : l'Université et son esprit. Jésus-Christ n'est nulle part. J'ai été tenté de croire qu'il nous viendrait de l'Allemagne ; non que j'imagine que ce soit un individu, ce sera un esprit ; et, quand nous disons Jésus-Christ, nous entendons, sans doute, désigner plutôt un certain esprit qu'un individu : c'est l'Évangile. Non que je croie aussi que cette apparition soit un renversement ou une découverte ; Jésus-Christ n'a ni renversé ni découvert. Il faut être chrétien, mais on ne peut être orthodoxe. Il faut un christianisme pur. L'archevêque serait disposé à comprendre cela ; il est capable de fonder le christianisme pur en France. J'imagine que l'une des suites du mouvement d'instruction et d'étude qui a lieu en France dans le clergé, sera de nous *rationaliser* un peu. D'abord, ils s'ennuieront de la scolastique ; la scolastique jetée de côté, on changera la forme des idées, et puis on reconnaîtra l'impossibilité de l'explication orthodoxe de la Bible, etc., etc. Mais il y aura bataille. Car vos bonnes gens ont une verve de dogmatisme tout à fait tenace ; et puis ils se donneront un certain vernis d'Athanases qui leur fera boucher les yeux et les oreilles. Mon Dieu! oui, je voudrais être là! Et je vais peut-être me couper les bras ; car les prêtres feront beaucoup en ce moment ; peut-être faudra-t-il être prêtre pour y pouvoir quelque chose ; Ronge et Czerski étaient prêtres. J'ai lu une lettre de la mère de Czerski à son fils, où elle lui rappelle les sacrifices qu'elle a faits pour son éducation cléricale, et le supplie de rester fidèle au catholicisme. Mais peut-il le servir plus sincèrement qu'en se vouant à ce qu'il croit la vérité?

Ami, pardonnez-moi ce que je viens de vous dire. Ah! si vous connaissiez ma tête et mon cœur! Ne croyez pas que tout cela ait en moi une consistance dogmatique; non, je n'exclus rien. J'admets des contradictoires, au moins provisoirement. Eh! n'y a-t-il pas des états où il faut de force que l'individu et l'humanité posent sur l'instable. On n'y peut tenir, direz-vous, c'est une souffrance. Oui, mais qu'y faire? Il faut passer par là. Il a été nécessaire qu'à une époque on fût scientifiquement sceptique sur la morale, et pourtant, à cette époque, les hommes purs étaient et pouvaient être moraux, moyennant une contradiction. Les scolastiques se moqueraient de cela et triompheraient à montrer là un défaut de logique. En vérité, beau triomphe de montrer ce qui est clair! Ils veulent un état moral où tout soit rigoureusement formulé, et ils se contenteront d'un fond misérable, pourvu qu'on leur accorde cette forme à laquelle ils tiennent tant. Ils ne connaissent ni l'homme ni l'humanité tels qu'ils existent de fait.

Oui, mon ami, je crois encore : je prie, je dis le *Pater* avec délices. J'aime beaucoup à être dans les églises; la piété pure, simple, naïve me touche beaucoup dans mes moments lucides, quand je sens l'odeur de Dieu; j'ai même des accès de dévotion, j'en aurai toujours, je crois; car la piété a une valeur, ne fût-elle que psychologique. Elle nous moralise délicieusement

nous élève au-dessus des misérables soucis de l'utile ;
or là où finit l'utile commence le beau, Dieu, l'infini,
et l'air pur qui vient de là est la vie.

Ils me prennent ici pour un bon petit séminariste,
bien pieux et bien doux. Ma foi, ce n'est pas ma faute.
Cela me peine quelquefois, car je crains d'y voir quelque chose qui ne soit pas vrai et droit ; mais je ne
feins rien, Dieu le sait ; seulement je ne dis pas tout.
Vaudrait-il mieux engager avec eux ces misérables controverses, où ils auraient l'avantage de soutenir le beau
et le pur, et où j'aurais l'air de m'assimiler à ce qu'il
y a de plus vil ; car l'antichristianisme a, dans ce pays,
une couleur si détestable, si basse, si dégoûtante,
qu'en vérité il y aurait de quoi m'éloigner, ne fût-ce
que par modestie naturelle. Et puis ils n'y entendraient rien. On ne trouve pas mauvais que je ne leur
parle pas allemand. D'ailleurs, je vous l'ai dit, mon
ami, telle est ma position intellectuelle, que je puis
paraître telle chose à celui-ci, telle chose à celui-là,
sans rien feindre, sans que l'un ni l'autre se trompe,
grâce au joug de la contradiction dont je me suis débarrassé pour un temps.

Et puis savez-vous qu'il y a des moments où j'ai été à
deux doigts d'un revirement complet, et où j'ai délibéré
si je ne serais pas plus agréable à Dieu en coupant net,
au point où j'en suis, le fil de mon examen, et en me
reculant de deux ou trois ans ! C'est que je ne vois plus
en progressant la possibilité d'arriver au catholicisme ;
chaque pas m'en éloigne de plus en plus. Quoi qu'il en
soit, l'alternative s'est présentée à moi très nettement :

je ne puis plus revenir au catholicisme que par l'amputation d'une faculté, en stigmatisant définitivement ma raison et lui commandant pour toujours le silence respectueux, et même plus, le silence absolu. Oui, si je revenais, je cesserais ma vie d'étude et d'examen, persuadé qu'elle ne peut me mener qu'au mal, et je ne vivrais plus que de la vie mystique, telle que l'entendent les catholiques. Car, pour la vie banale, Dieu, je l'espère, m'en délivrera toujours. Le catholicisme suffit à toutes mes facultés, sauf ma raison critique; je n'espère pas pour l'avenir de satisfaction plus complète; il faut donc ou renoncer au catholicisme, ou amputer cette faculté. Cette opération est difficile et douloureuse; mais croyez bien que, si ma conscience morale ne s'y opposait pas, si Dieu venait ce soir me dire que cela lui est agréable, je le ferais. Vous ne me reconnaîtriez plus alors, je n'étudierais plus, et ne penserais plus critiquement, je serais un mystique déterminé. Croyez bien aussi qu'il faut que j'aie été rudement secoué pour m'arrêter à la possibilité d'une pareille hypothèse, qui se présente à moi plus affreuse que la mort. Mais je ne désespérerais pas d'y trouver une veine d'activité qui pût me suffire.

Et en pratique, que ferai-je? C'est avec un effroi indicible que je vois approcher la fin des vacances, époque où je devrai nécessairement traduire par les actes les plus décisifs l'état intérieur le plus indéterminé. C'est cette complication de l'extérieur et de l'intérieur qui fait le cruel de ma position. Tout ce souci m'ennuie, me distrait. Et puis je sens si bien que je n'entends rien à ces sortes de choses, que je n'y ferai que des sottises, que j'aurai à essuyer des risées et des rebuts. Je ne suis pas né chevalier d'industrie. Ils se moqueront de ma simplicité et me prendront pour un imbécile. Encore si j'étais sûr de moi! Mais si j'allais perdre par leur contact la pureté de mon cœur et ma conception de la vie? s'ils venaient à m'infecter de leur positivisme? Et quand je serais sûr de moi, serais-je sûr de l'extérieur, qui agit sur nous si fatalement? Et qui peut se connaître lui-même sans craindre sa faiblesse? En vérité, mon ami, n'est-il pas vrai que Dieu m'a joué un bien mauvais tour? Il semble qu'il ait déployé toutes ses voies pour m'envelopper de toutes parts; et il n'en fallait pas tant contre un pauvre enfant qui n'y voyait pas malice. N'importe, je l'aime, et je suis persuadé qu'il a tout fait pour mon bien, malgré la contradiction des faits. Il faut être optimiste pour l'individu comme pour l'humanité, malgré la perpétuelle opposition des faits isolés. C'est là qu'est le courage; il n'y a que moi qui puisse me faire du mal à moi-même.

Je pense souvent à vous, mon bon ami; vous devez être bien heureux. Un avenir favorable et déterminé s'ouvre devant vous; vous voyez le but, vous n'avez qu'à marcher vers lui... Vous aurez un avantage immense, un dogme rigoureusement formulé... Vous conserverez de la largeur ; puissiez-vous ne jamais découvrir une désolante incompatibilité entre deux besoins de votre cœur et de votre esprit. Une cruelle option vous serait alors imposée. Quelque opinion que vous soyez obligé d'avoir de ma situation actuelle et de l'innocence de mon âme, conservez-moi du moins votre amitié. Des erreurs et même des fautes ne peuvent suffire pour la rompre. D'ailleurs, je le répète, j'ai confiance en votre largeur, et Dieu me garde de chercher à vous prouver qu'elle n'est pas orthodoxe; car je veux que vous la conserviez, et pourtant je veux aussi que vous soyez orthodoxe. Vous êtes presque le seul dépositaire de mes pensées les plus secrètes; au nom du ciel, montrez-moi de l'indulgence, et consentez encore à m'appeler votre frère. Quant à mon affection, mon bon ami, elle vous est acquise pour toujours...

Paris, 12 novembre 1845.

Ce n'était pas sans surprise, mon cher ami, que j'avais vu se terminer les vacances sans recevoir de réponse de vous. Aussi ma première question en arrivant à Saint-Sulpice fut pour vous demander, afin d'apprendre la cause de ce silence, et plus encore afin de m'entretenir avec vous. Jugez de la peine que j'éprouvai quand j'appris qu'une maladie grave avait été la cause qui avait entravé votre correspondance. Bientôt, il est vrai, les détails que l'on me donna suffirent pour lever toutes mes inquiétudes; mais ils me laissèrent toujours le regret de voir reculée peut-être pour longtemps l'époque où nous pourrons nous entretenir. Que de réflexions, mon bon ami, fit naître en moi cette nouvelle inattendue qui concourait avec une phase si singulière de mon existence ! Croiriez-vous que j'ai envié votre sort, et que j'appelais de mes vœux une cause quelconque qui retardât pour moi mon entrée dans le tourbillon de la vie active, en prolongeant l'assoupissement de la vie domestique si calme, si insoucieuse. Vous le comprendrez, mon ami, quand je vous aurai exposé les épreuves par lesquelles j'ai dû passer, et celles qui me sont encore réservées. Je n'entreprendrai pas de vous en faire un récit détaillé, ce sera l'objet de nos futures conversations. Je vous en dirai seulement les faits principaux et ceux qui ont amené un résultat durable.

Ma résolution inébranlable en venant à Saint-Sulpice était de rompre enfin avec un passé qui n'était plus en harmonie avec mes dispositions actuelles et de quitter un extérieur qui ne pouvait plus être qu'un mensonge. Mais je voulais tout faire gravement et lentement, d'autant plus qu'une réaction dans un avenir plus ou moins éloigné ne me paraissait pas improbable. Une circonstance extérieure vint hâter, malgré moi, mes pas un peu lents. A mon arrivée à Saint-Sulpice, on m'apprend que je ne fais plus partie du séminaire, mais bien de la maison des Carmes, que l'archevêque vient enfin de fonder définitivement, et l'on m'intime l'ordre d'aller dans la journée lui porter moi-même ma réponse. Jugez de mon embarras. Il redouble encore quand, quelques heures après, on m'apprend que l'archevêque est venu lui-même au séminaire et demande à nous parler. Accepter était immoral, donner la vraie raison du refus était impossible, en donner une fausse me répugnait. J'eus recours au bon

M. Carbon, qui se chargea de tout et m'épargna cette fatale entrevue. Je crus devoir poursuivre dès lors ce que les circonstances avaient si bien commencé pour moi ; je fis en un jour ce que je comptais faire en quelques semaines, et, le soir même de mon arrivée, je ne faisais partie ni du séminaire ni de la maison des Carmes.

Que de liens, mon ami, rompus en quelques heures ! J'en étais effrayé ; j'eusse voulu arrêter cette marche fatale, trop rapide à mon sens ; mais la nécessité me poussait en avant, et il n'y avait plus moyen de reculer. C'est alors, mon ami, que je passai les jours les plus cruels de ma vie. Figurez-vous l'isolement le plus complet, sans ami, sans conseil, sans connaissance, sans appui au milieu de personnes froides et indifférentes, moi qui venais de quitter ma mère, ma Bretagne, ma vie toute dorée, tant d'affections pures et simples. Seul maintenant dans ce monde, pour qui je suis un étranger. O maman, ma petite chambre, mes livres, mes études calmes et douces, mes promenades à côté de ma mère, adieu pour toujours ! Adieu à ces joies pures et douces où je me croyais près de Dieu ; adieu à mon aimable passé, adieu à ces croyances qui m'ont si doucement bercé. Plus pour moi de bonheur pur. Plus de passé, pas encore d'avenir. Et ce monde nouveau voudra-t-il de moi ? J'en quitte un autre qui m'aimait et me caressait. Et ma mère, dont la pensée autrefois était mon soulagement dans mes peines, cette fois c'était mon souvenir le plus douloureux. Je la poignardais presque. O Dieu, fallait-il me rendre le devoir si cruel ? Et l'opinion qui rira de moi ! Et l'avenir !... Oh ! qu'il m'apparaissait pâle et décoloré. L'ambition ne pouvait soulever ce voile de tristesse et de regrets qui enveloppait mon cœur. Je maudissais ma destinée, qui m'avait amené de force entre de si fatales contradictions. Et la vie matérielle qui m'apparaissait avec ses besoins grossiers et impérieux ! J'enviais le sort des simples qui naissent, vivent et meurent sans bruit et sans pensée, suivant bonnement le courant qui les entraîne, adorant un Dieu qu'ils appellent leur Père. Oh ! que j'en voulais à ma raison de m'avoir ravi mes rêves ! Je passais une partie de mes soirées dans l'église de Saint-Sulpice, et là je cherchais à croire ; mais je ne pouvais. Oh ! oui, mon ami, ces jours compteront dans ma vie ; s'ils n'en furent les plus décisifs, ils en furent au moins les plus pénibles. A vingt-trois ans, recommencer comme si je n'avais pas encore vécu ! Je me figurais au milieu d'une foule turbulente, grossièrement ambitieuse, et moi, au milieu, simple et timide ; et il fallait se mêler à cette tourbe. Que de fois je fus tenté de choisir une vie simple et vulgaire, que j'aurais su ennoblir par l'intérieur. J'avais perdu le besoin de savoir, de scruter, de critiquer ; il me semblait qu'il m'eût suffi d'aimer et de sentir ; mais je sentais bien qu'au premier jour où le cœur cesserait de battre si fort, la tête recommencerait à crier famine.

Il fallait pourtant chercher à me créer une nouvelle existence dans ce monde pour lequel j'étais si peu fait. Je vous épargne le récit de ces complications, qui vous seraient aussi ennuyeuses qu'elles me furent pénibles. Figurez-vous votre pauvre ami courant des journées entières de visite en visite. J'en avais honte; mais que faire contre la nécessité? L'homme ne vit pas seulement de pain, mais il vit aussi de pain. Je n'ai pourtant pas cessé un instant de regarder le ciel.

Il suffit de vous dire que, pour obéir aux conseils de M. Carbon et pour une autre raison péremptoire dont je vous parlerai tout à l'heure, je crus devoir refuser quelques propositions assez avantageuses, pour accepter, à l'école préparatoire annexée au collège Stanislas, une petite place qui, sous plusieurs rapports, était assez bien en harmonie avec ma situation actuelle. Cette place ne m'occupait pas plus d'une heure et demie par jour, et je trouvais là des cours spéciaux de mathématiques, de physique, etc., sans parler des cours préparatoires à la licence dont l'un, entre autres, fait deux fois par semaine par M. Lenormant. J'ai été d'ailleurs surpris de la bonté cordiale et franche que j'ai trouvée en ces jeunes gens: je puis dire que je n'ai pas eu en cette maison une ombre de désagrément et que j'ai éprouvé de sincères regrets en la quittant. Mais ce que cette courte période de ma vie a eu de remarquable, ce sont certainement mes rapports avec M. Gratry, directeur du collège. Je vous en parlerai beaucoup, et je suis enchanté d'avoir fait sa connaissance. C'est une miniature exacte de M. Bautain, dont il est l'élève et l'ami. Nous entrâmes, dès la première minute, en contact immédiat, et dès lors nos rapports se continuèrent sur un pied tout à fait singulier et dont je n'avais jamais trouvé l'analogue en moi. Sur plusieurs points nos idées se rencontraient merveilleusement : pour lui aussi, tout est philosophie. En somme, c'est un esprit spéculatif remarquable, mais sur certains points il sonne creux.

Qu'est-ce donc, me demanderez-vous, qui m'a obligé à quitter cette position où, après tout, je ne me trouvais pas si mal, et où je pouvais si facilement poursuivre mes projets actuels? Ceci est, mon ami, une des passes les plus singulières de ma vie ; j'aurais mille peines à le faire comprendre à qui que ce soit : nul ne l'a, je pense, bien compris. C'est encore le devoir. Oui, mon ami, la même raison qui m'a obligé à quitter Saint-Sulpice, à refuser les Carmes, m'a obligé encore à quitter le collège Stanislas... M. Dupanloup et M. Manier m'entraînaient d'ailleurs en avant ; je marchai en avant, et ce fut à recommencer. En vérité, mon cher, il faut qu'il m'arrive toujours des aventures uniques, et je me réjouirais de celle-ci, ne fût-ce que pour les singulières positions où elle m'a placé, lesquelles m'ont fourni l'occasion d'apprendre une foule de choses.

Il me fut facile, en sortant de Stanislas, de renouer une des négociations que j'avais rompues pour y entrer, et de suivre mon plan primitif qui était simplement de prendre dans Paris une chambre d'étudiant. Telle est, mon ami, ma position actuelle. J'ai pris une chambre comme pensionnaire libre dans une institution, près du Luxembourg, et quelques répétitions de mathématiques et de littérature dont je me suis chargé me mettent à peu près, comme l'on dit, *au pair*. Je n'en demandais pas tant. Du reste j'ai ma journée à moi, et je peux faire à la Sorbonne et dans les bibliothèques des séances aussi longues qu'il me plaît. Ce sont là mes vrais domiciles et ceux où je passe les moments les plus agréables. Cette vie me serait bien douce, si de pénibles souvenirs, des inquiétudes trop bien fondées, et surtout un terrible isolement n'y mêlaient encore bien des peines. Venez donc avec moi, cher ami, et nous passerons ensemble d'agréables moments.

Je ne vous ai entretenu jusqu'ici que des faits qui ont concouru à fixer momentanément ma position dans Paris, et je ne vous ai encore rien dit des projets ultérieurs auxquels ces démarches se rattachent; car vous présumez, je pense, que je n'ai prétendu en tout ceci que me procurer une position transitoire, commode pour la continuation de mes études. C'est, en effet, vers un avenir ultérieur que se dirigent mes pensées, depuis que ma position actuelle est fixée. Nouvelles sources de peines intellectuelles excessivement vives, et auxquelles je suis actuellement en proie; car c'est pour moi un supplice de me spécialiser, et, de plus, nulle spécialité ne cadre parfaitement avec les divisions de mon esprit. Et pourtant il le faut. O mon ami, qu'il est cruel d'être gêné dans son développement intellectuel par des circonstances extérieures! Jugez combien je souffre, moi surtout qui avais donné à mon esprit une si franche liberté pour suivre sa ligne de développement.

J'ai d'abord fait quelques démarches du côté des langues orientales; on m'a promis des conférences avec

M. Quatremère et M. Julien, professeur de chinois au Collège de France, et le résultat a été que telle ne serait pas ma spécialité extérieure (je dis extérieure, car intérieurement je n'en aurai jamais, à moins qu'on n'appelle la philosophie une spécialité, ce qui à mon sens serait inexact). L'Université s'est alors offerte à moi : ici, vous le comprendrez, nouvelles difficultés. Le professorat proprement dit m'est à peine supportable, et, en supposant qu'on n'y reste pas toujours, il faut au moins y passer longtemps. La philosophie seule me sourirait, encore faudrait-il me laisser faire, et ils ne me laisseraient pas. Et puis il faudrait pour y arriver faire des années de ce que j'appelle littérature écolière, vers latins, discours de rhétorique, etc. Jugez quel supplice!... J'ai été tellement effrayé de cette perspective, que je fus quelque temps décidé à m'agréger à la classe des sciences; mais ce serait alors plus que jamais qu'il faudrait me spécialiser; car, enfin, dans leur *littérature,* ils admettent bien encore une sorte d'universalité. Et puis cela m'écarterait de mes idées chéries. Non, non; je me rapprocherai le plus possible de ce centre qui est philosophie, théologie, science, littérature, etc., *qui est Dieu,* suivant moi. Ainsi donc, mon ami, je regarde comme probable que je viserai aux lettres, afin de m'agréger à la philosophie. Ah! croyez que tout cela est pâle pour moi, et que cet esprit universitaire m'est profondément antipathique. Mais il faut être quelque chose, et j'ai dû chercher à être ce qui s'écarte le moins de mon type idéal. Et puis, qui sait? j'arriverai peut-être par là à faire jour à mes idées. Il arrive tant de choses inattendues, qui déjouent tous les calculs! Il faut donc se préparer à tout, et se tenir prêt à déployer sa voile au premier vent qui souffle[1]...

Il faut aussi que je vous parle, mon ami, d'un fait intellectuel qui m'a beaucoup soutenu et consolé en ces moments pénibles; ce sont mes rapports avec M. Dupanloup. Je lui fis d'abord connaître par une lettre mon état intérieur et les démarches que je croyais devoir faire en conséquence. Il me comprit parfaitement, et il s'ensuivit entre nous une longue conférence d'une heure et demie, où, pour la première fois de ma vie, j'exposais à un homme le fond de mes idées et de mes doutes sur le catholicisme. Ah! j'avoue n'avoir jamais rien rencontré de plus distingué; j'ai trouvé en lui de

---

[1]. M. Cognat se contente d'analyser ce qui suit en ces termes : « M. Renan entre ensuite dans quelques détails sur sa préparation à l'examen d'admission à l'École normale et à la licence ès lettres. Quant à l'examen du baccalauréat qu'il n'a pas encore passé, il s'en inquiète peu. Il a eu cependant de grandes difficultés pour s'y faire admettre et ne s'en est tiré qu'en produisant un certificat d'études domestiques, malgré la répugnance que lui inspirait ce moyen obreptice. Il n'avait pas cru devoir se refuser une faculté que tout le monde s'accordait et qui semblait tolérée par la loi du monopole de l'enseignement universitaire, afin de diminuer l'odieux de sa prescription. « Quoi qu'il en soit, ajoute-t-il, je lui en veux beaucoup de m'avoir forcé à mentir; et le directeur de l'École normale qui venait, après cela, me vanter la libéralité de l'Université! »

la vraie philosophie et un esprit décidément supérieur; ce n'est que de ce moment que j'ai appris à le connaître. Nous ne nous abordâmes point de front; nous ne fîmes qu'exposer, moi, la nature de mes doutes, lui, le jugement qu'il devait en porter comme orthodoxe. Il fut extrêmement sévère et me déclara nettement : 1° qu'il n'était nullement question de *tentations* contre la foi, terme dont je m'étais servi dans ma lettre, par l'habitude que j'avais contractée de me conformer à la terminologie sulpicienne pour me faire entendre, mais bien d'une perte totale de la foi; 2° que j'étais hors de l'Église; 3° qu'en conséquence je ne pouvais approcher d'aucun sacrement, et qu'il ne m'engageait pas à pratiquer l'extérieur de la religion; 4° que je ne pouvais sans mensonge continuer un jour de plus à paraître ecclésiastique, etc., etc. Du reste, en tout ce qui ne tenait pas à l'appréciation de mon état, il fut bon autant qu'on peut l'être... Ces messieurs de Saint-Sulpice et M. Gratry étaient bien loin d'en juger aussi rondement, et prétendaient que je devais toujours me considérer comme tenté... J'ai obéi à M. Dupanloup et je le ferai toujours désormais. Pourtant je me confesse encore, et, comme je n'ai plus M. B., je le fais à M. Le Hir, que j'aime à la folie. Je remarque que cela m'améliore et me console beaucoup. Je me confesserai à vous quand vous serez prêtre. — Pourtant, par condescendance, comme il disait, pour le sentiment des autres, M. Dupanloup voulut qu'avant de quitter Stanislas je fisse une retraite. Cette proposition, dans sa bouche surtout, me fit d'abord éclater de rire. Je changeai de ton, quand il me proposa de la faire avec M. de Ravignan. J'aurais accepté; car c'eût été finir noblement avec le catholicisme. Malheureusement M. de Ravignan ne devait être à Paris que vers le 10 novembre, et dans l'intervalle M. Dupanloup a cessé d'être supérieur du petit séminaire, et moi de faire partie du collège Stanislas. La réalisation de ce projet me paraît au moins bien ajournée...

Adieu, bon et cher ami, pardonnez-moi de ne vous avoir parlé que de moi. Pour vous et pour vos amis, je vous supplie de ménager votre santé durant la convalescence et de ne point la compromettre de nouveau par un travail prématuré. Je ne demande de réponse qu'au cas où cela ne vous fatiguerait pas. La vraie réponse sera quand nous nous embrasserons. En attendant, croyez à ma bien sincère amitié.

Paris, 5 septembre 1846.

Merci, mon cher ami, pour votre excellente letre. Elle m'a été une grande joie et un grand secours durant ces tristes vacances que je passe dans le plus pénible isolement qui se puisse imaginer. Pas une âme humaine à qui je puisse ouvrir mon cœur, bien plus, avec qui je puisse avoir de ces conversations qui, pour être indifférentes, ne laissent pas de délasser l'esprit et de satisfaire au besoin de société. On peut être à Paris bien plus seul qu'au fond d'un désert, et je l'éprouve. Ce n'est pas de voir des hommes qui constitue la société, c'est d'avoir avec eux quelques-uns de ces rapports qui rappellent qu'on n'est pas seul au monde. Quelquefois, quand l'occasion m'engage dans ces foules indifférentes qui remplissent nos rues, je me figure au milieu d'une forêt d'arbres qui marcheraient. C'est absolument la même chose. Quand je songe au bonheur si pur dont je jouissais autrefois, à pareille époque, je suis pris d'une grande tristesse, surtout quand je songe que j'ai dit à ces jours un adieu éternel. Je ne sais si vous êtes comme moi; mais il n'y a rien qui me pèse plus que de dire, même pour les choses les plus indifférentes: « C'est fini, absolument fini pour toujours! » Jugez donc quand il s'agit des jouissances les seules chères à mon cœur. Mais qu'y faire, mon ami? Je ne me repens de rien, et il y a à souffrir pour son devoir une joie bien supérieure à toutes celles dont on a pu faire le sacrifice. Je bénis Dieu, mon cher, de m'avoir donné en vous quelqu'un qui sait si bien me deviner que je n'ai pas besoin de lui exposer l'état de mon cœur; oui, c'est une de mes plus grandes peines que de songer que les personnes dont l'approbation me serait la plus chère doivent me blâmer et me trouver coupable. Heureusement que cela ne doit pas les empêcher de me plaindre et de m'aimer.

Je ne suis pas, mon cher, de ceux qui prêchent sans cesse la tolérance aux orthodoxes; c'est là pour les esprits superficiels de l'un et de l'autre parti la cause d'innombrables sophismes. C'est faire tort au catholicisme que de l'accommoder ainsi à nos idées modernes, outre qu'on ne le fait que par des concessions verbales qui dénotent mauvaise foi ou frivolité. Tout ou rien, les néo-catholiques sont les plus sots de tous.

Non, mon ami, ne craignez pas de me dire que je suis dans cet état par ma faute ; je sais que vous devez le croire. Il m'est sans doute bien pénible de songer que la moitié peut-être du genre humain éclairé me dirait que je suis dans l'inimitié de Dieu, et, pour parler la vieille langue chrétienne, qui est la vraie, que, si la mort venait à me surprendre, je serais damné à l'instant même. Cela est affreux, et me faisait frémir autrefois, car je ne sais pourquoi la pensée de la mort m'apparaît toujours comme très prochaine. Mais je m'y suis aguerri, et je ne souhaite aux orthodoxes qu'une paix d'âme égale à celle dont je jouis. Je puis dire que, depuis que j'ai accompli mon sacrifice, au milieu de peines extérieures plus grandes qu'on ne saurait croire et qu'une délicatesse fausse peut-être me force de cacher à tous, j'ai goûté un calme qui m'était inconnu à des époques de ma vie en apparence plus sereines. Il faut se garder, mon cher ami, de croire sur le bonheur certaines généralités très fausses, supposant toutes qu'on ne peut être heureux que conséquemment et avec un système intellectuel parfaitement harmonisé. A ce prix, nul ne serait heureux, ou celui-là seul le serait dont l'intelligence bornée ne pourrait s'élever à la conception du problème et du doute. Heureusement il n'en est pas ainsi ; nous sommes heureux grâce à une inconséquence et à un certain tour qui nous fait prendre en patience ce qui avec un autre tour deviendrait un supplice. J'imagine que vous avez dû éprouver ceci : il se passe en nous.

relativement au bonheur, une espèce de délibération, où du reste nous sommes fatalement déterminés, par laquelle nous décidons sur quel tour nous prendrons telle ou telle chose; car il n'est personne qui ne doive reconnaître qu'il porte en lui mille causes actuelles qui pourraient le rendre le plus malheureux des hommes. Il s'agit de savoir s'il leur donnera droit d'agir ou s'il en fera abstraction. Nous ne sommes heureux qu'à la dérobée, mon cher ami; mais qu'y faire? Le bonheur n'est pas quelque chose d'assez saint pour qu'il ne faille l'accepter que d'une parfaite raison

Vous trouverez peut-être singulier, mon cher ami, que, ne croyant pas au christianisme, je puisse me tenir en une telle assurance. Sans doute, mon cher, si je doutais encore; mais, s'il faut tout vous dire, je vous avouerai que je ne doute plus guère. Expliquez-moi donc un peu comment vous faites pour croire. Mon pauvre ami, c'est trop tard pour vous dire : « Prenez garde! » Si vous n'étiez pas ce que vous êtes, je me jetterais à vos genoux, devant vous, pour vous demander, au nom de notre amitié, si vous vous sentez capable de jurer de vous-même que vous ne changerez d'avis à aucune époque de votre existence. Songez-y, jurer de l'avenir de sa pensée!... J'ai été désolé que notre pauvre ami X*** se soit lié; je parierais mille contre un qu'il a douté ou qu'il doutera. On verra dans vingt ans. Mon cher ami, je ne sais ce que je vous dis; mais je ne puis m'empêcher de désirer, comme saint Paul, *omnes fieri qualis et ego sum,* heureux de n'avoir pas à ajouter *expectis vinculis his.* Quant aux chaînes qui me liaient déjà, je ne me repens pas de les avoir acceptées. Quelle est la philosophie qui ne doit dire : *Dominus pars...?* C'est la profession de la vie belle et pure, et, grâce à Dieu, j'en conserve toujours un goût très sensible. Je vous ferai une confidence, mon cher, puisque je puis vous tout dire; aussi bien est-ce une des pensées qui me reviennent avec le plus de charme.

Au moment où je marchais à l'autel pour recevoir la tonsure, des doutes terribles me travaillaient déjà; mais on me poussait et j'entendais dire qu'il est toujours bon d'obéir. Je marchai donc; mais je prends Dieu à témoin de la pensée intime qui m'occupait et du vœu que je fis au fond de mon cœur. Je pris pour mon partage cette vérité qui est le Dieu caché; je me consacrai à sa recherche, renonçant pour elle à tout ce qui n'est que profane, à tout ce qui peut éloigner l'homme de la fin sainte et divine à laquelle l'appelle sa nature. Ainsi je l'entendais, et mon âme m'attestait que je ne me repentirais jamais de ma promesse. Et je ne m'en repens pas, mon ami, et je répète sans cesse avec bonheur ces douces et suaves paroles : *Dominus pars...* et je crois être tout aussi agréable à Dieu, tout aussi fidèle à ma promesse, que celui qui croit pouvoir les prononcer avec un cœur vain et un esprit frivole. Alors seulement elles me seront un reproche quand, prostituant ma pensée à des soins vulgaires, je donnerai à ma vie un de ces mobiles grossiers qui suffisent aux hommes profanes, et préférerai les jouissances inférieures à la sainte poursuite du beau et du vrai. Jusque-là, mon ami, je me rappellerai sans regrets le jour où je les prononçai.

L'homme ne peut jamais être assez sûr de sa pensée pour jurer fidélité à tel ou tel système qu'il regarde maintenant comme le vrai. Tout ce qu'il peut, c'est de se consacrer à la vérité, quelle qu'elle soit, et de disposer son cœur à la suivre partout où il croira la voir, dût-il lui en coûter les plus pénibles sacrifices.

Je vous écris ces lignes, mon ami, à la hâte et tout préoccupé du travail, fort peu attrayant, de ma préparation à la licence... Excusez donc le désordre de mes pensées. J'attends de vous une longue lettre qui me rafraîchisse un peu au milieu de ces aridités.

Adieu, cher ami, croyez à la sincérité de mon affection et promettez-moi que la vôtre m'est toujours acquise.

Paris, 11 septembre 1846.

Je voudrais pouvoir commenter, ligne par ligne, votre lettre que je viens de recevoir, il y a une heure, et vous communiquer les réflexions qu'elle a fait naître en moi en mille sens divers. Mais d'impérieux travaux me l'interdisent. Je ne puis pourtant m'empêcher de jeter à la hâte sur le papier les principaux points sur lesquels il est important que, à l'heure même, nous nous entendions.

J'ai beaucoup souffert de vous entendre dire qu'il y a désormais un abîme entre vos croyances et les miennes. Non, mon cher; nous croyons les mêmes choses, vous sous une forme, moi sous une autre. Les orthodoxes sont trop concrets; ils tiennent à des faits, à des riens, à des minuties. Rappelez-vous cette définition que donnait du christianisme ce proconsul (*ni fallor*) dont il est parlé dans les *Actes* : « Il s'agit d'un certain Jésus. Paul dit qu'il est en vie, les autres disent qu'il est mort. » Prenez garde de ramener la question à de si misérables termes. Que peut faire, je vous le demande, à la valeur morale d'un homme la croyance à tel fait, ou plutôt la manière d'apprécier et de critiquer tel fait? Oh! que Jésus était bien plus philosophe! Il n'a pas été dépassé; mais l'Église, de bonne foi, l'a été.

Vous me direz : « Dieu veut que l'on croie ces petites choses, puisqu'il les a révélées. » Prouvez-le; là est mon fort. Je n'aime pas la méthode par objections. Mais vous n'avez pas une preuve qui tienne devant la critique psychologique ou historique. Jésus seul tient. Mais il est pour moi comme pour vous. Pour être platonicien, fallait-il adorer Platon et croire toutes ses paroles?

Je ne trouve pas, dans la classe des hommes qui ont écrit, des gens plus sots que tous vos apologistes modernes : esprits plats, têtes sans critique. Il en est d'autres plus fins, mais ils n'abordent pas la question.

Vous me direz, comme j'entendais dire au séminaire : « Ne jugez pas l'intrinsèque des preuves par la petite manière dont elles sont présentées. Nous n'avons pas de vigoureux hommes, mais nous pourrions en avoir : cela ne fait rien à la vérité intrinsèque. » Je réponds : 1° une bonne preuve, surtout en critique historique, est toujours bonne, de quelque manière qu'elle soit présentée; 2° si la cause était absolument la vraie, elle aurait de meilleurs défenseurs. Je classe ainsi les orthodoxes :

1. Esprits vifs, non dénués de finesse, mais superficiels. Ceux-là se défendent mieux; mais l'orthodoxie rejette leur système de défense, ils ne comptent donc plus.

2. Esprits déprimés, vieux radoteurs... Ceux-ci sont les stricts orthodoxes.

3. Ceux qui ne croient que par le cœur, comme des enfants, sans entrer dans tout cet attirail apologétique. Oh! ceux-ci, je les aime, j'en conçois un ravissant idéal; mais nous sommes en critique, ils ne comptent pas. En morale, je fraterniserais avec eux.

D'autres ne se définissent pas, sont incrédules sans le savoir : l'incrédulité est dans leurs principes, mais ils ne les poussent pas à bout... D'autres croient en rhéteurs, parce que les auteurs auxquels ils ont voué un culte ont été de cette opinion : sorte de religion classique, littéraire. Ils croient au christianisme comme les sophistes de la décadence croyaient au paganisme. — Je regrette de n'avoir pas le temps d'achever et de mettre en ordre cette classification.

Vous vous défiez de la raison individuelle, quand elle cherche à se dresser un système de vie. Fort bien; donnez-moi mieux, j'y croirai. Je la suis, faute de mieux, cette raison, et je me dépite souvent contre elle.

Quant à la position extérieure que tout cela me fera, n'importe. Je ne me classerai nulle part. Si par le fait je me trouve classé, ce sera un fait, rien de plus. Si je trouve des personnes qui voient comme moi, nous sympathiserons; sinon je serai seul. Je suis fort égoïste : retranché en moi-même, je me moque de tout. J'espère me faire de quoi vivre. Les gens qui ne me connaîtront pas me classeront parmi ceux avec qui je sympathise le moins : tant pis, ils se tromperont.

Pour avoir de l'influence, il faut arborer un drapeau et être dogmatique. Allons, tant mieux pour ceux qui en ont le cœur. Moi, j'aime mieux caresser ma petite pensée et ne pas mentir.

Que si, par un retour qui n'est pas sans exemple, une telle manière devient influente, c'est bon; on viendra à moi, mais je ne me mêlerai pas à ces tourbes. J'aurais pu mettre dans la classification que je faisais tout à l'heure une catégorie de plus : ceux qui ne voient rien au-dessus de l'action et prennent le christianisme comme un moyen d'action : esprits communs, si on les compare au penseur. Celui-là est le Jupiter Olympien, l'homme spirituel qui juge tout et n'est jugé par personne. Que les âmes simples possèdent beaucoup de vrai, oh! mon Dieu! je le crois; mais la forme sous laquelle elles le possèdent ne peut suffire à celui dont la raison est en juste proportion avec les autres facultés. Cette faculté élimine, discute, épure, et impossible de l'étouffer. Ah! si j'avais pu, je l'eusse fait. Quant au *cupio omnes fieri,* voici mon idée. Je ne l'applique qu'à ma liberté. Il faut, autant que possible, se maintenir dans une position où l'on soit prêt à virer de bord, alors que change le vent de la croyance. Et combien de fois doit-il changer dans la vie? Cela dépend de sa longueur. Or, un lien n'est pas ce qu'il y a de plus propre à cela. On respecte plus la vérité en se tenant dans une position telle qu'on puisse lui dire : « Traîne-moi où tu voudras; je suis prêt. » Un prêtre ne peut pas dire cela commodément. Il lui faut plus que du courage pour reculer. S'il n'est pas céleste, après cela, il est horrible; et cela est si vrai, que je ne vois pas un seul beau type en ce genre, pas même M. de Lamennais. Il faut marcher et se déclarer très positivement : « Je verrai toujours comme j'ai vu par le passé, et je ne verrai pas autrement. » Comment vivre un instant en se disant cela?

Quant à l'affaire de M. X., en dehors de toute considération personnelle, voici mon syllogisme. On ne doit pas jurer de ce dont on n'est pas sûr. Or, on n'est pas sûr de ne pas changer de croyance à l'avenir, quelque certitude qu'on ait du présent et du passé. Donc... Moi aussi, autrefois, j'aurais juré, et pourtant...

Ce que vous dites des antagonistes du christianisme est très vrai. J'ai même fait incidemment sur ce point des recherches assez curieuses qui, complétées, pourraient faire une histoire intéressante, intitulée : *Histoire de l'incrédulité dans le christianisme*. Les résultats paraîtraient triomphants aux orthodoxes et surtout le premier, à savoir que le christianisme n'a guère été attaqué jusqu'ici qu'au nom de l'immoralité et des doctrines abjectes du matérialisme, par des polissons, en un mot. Voilà le fait et je le prouverai. Mais j'explique cela. A ces époques-là, on devait croire aux religions. C'était la loi d'alors; et ceux qui n'y ont pas cru ont été en dehors de l'ordre commun. Il est temps qu'un autre ordre commence. Je crois même qu'il a commencé, et la dernière génération de l'Allemagne en a offert d'admirables exemples : Kant, Herder, Jacobi, Gœthe même.

Mon cher ami, excusez-moi, je vous prie, de vous écrire de la sorte. Mais je fais pour vous ce que je ne fais pas pour ce que j'ai de plus cher au monde, ma sœur, par exemple, à qui hier j'ai expédié une lettre d'un quart de page, tant je suis accablé de travail. Je me délecte en songeant aux conversations que nous aurons ensemble, après mon examen surtout, car alors je prendrai mes vacances. J'aurais pourtant encore mille choses à vous dire sur ce que vous me dites de vous. Là encore, je jouerais le rôle réfutatif, à meilleur droit sans doute. Mon ami, concevoir certaines choses, c'est être appelé à les réaliser.

Adieu, mon très cher... Croyez à mon affection toute sincère.

# TABLE

|  | Pages |
|---|---|
| Préface. | I |
| I. Le broyeur de lin | 1 |
| II. Prière sur l'Acropole. — Saint-Renan. — Mon oncle Pierre. — Le bonhomme Système et la petite Noémi. | 57 |
| III. Le petit séminaire Saint-Nicolas du Chardonnet | 129 |
| IV. Le séminaire d'Issy | 199 |
| V. Le séminaire Saint-Sulpice. | 265 |
| VI. Premiers pas hors de Saint-Sulpice | 325 |
| Appendice. | 379 |

ÉMILE COLIN — IMPRIMERIE DE LAGNY

www.ingramcontent.com/pod-product-compliance
Lightning Source LLC
Chambersburg PA
CBHW071110230426

43666CB00009B/1902